DER WEG ZUM LESEN

SECOND EDITION

Wm. Grassie

DER
WEG
ZUM
LESEN

A German Structural Reader

SECOND EDITION

Van Horn Vail
Middlebury College

Kimberly Sparks
Middlebury College

HARCOURT BRACE JOVANOVICH, INC.

New York   Chicago   San Francisco   Atlanta

ISBN: 0-15-595152-1

Library of Congress Catalog Card Number: 74-193

Printed in the United States of America

Contents

Introduction

Like its predecessor, this Second Edition of *Der Weg zum Lesen* is designed to help both instructor and students over one of the most difficult hurdles in all language instruction—the transition from working through lessons in a grammar book to reading unedited literary texts. A grammar book is necessarily compartmentalized; the students work in a tightly controlled atmosphere, concentrating on one or two points at a time. In the parlance of the beginner, the students "had" the modals last month, are "having" the passive now, and will "have" the subjunctive next month. Most readers, on the other hand—even the elementary ones— plunge students into the random area of complete language experience where they are expected to function with nearly all of German grammar on every page of text.

This book offers a solution to the problems of such a transition. It employs drill techniques that

    (1) teach students to function in the natural, uncompartmentalized language of unedited texts,

    (2) further their active skills so that they are able to work with progressively difficult material, and

    (3) fill the class hour with meaningful exercises.

The Second Edition

The basic goals of the First Edition of *Der Weg zum Lesen* remain unchanged in this edition.

The major aim of this revision has been to allow students to achieve these goals with far less effort and with far greater ease and accuracy. To facilitate this, the following basic changes have been made:

    (1) introductory exercises have been added to the first eight stories. These precede the synthetic exercises and prepare students for the drills that follow.

    (2) the more complex drill sentences have been shortened and streamlined so that students can perform them with greater fluency and accuracy.

    (3) the cue-sheets accompanying the stories at the end of the book have been revised so that students can easily use them to retell the stories with a minimum of reliance on memory.

    (4) the facing-page vocabulary has been substantially increased, saving students the time-wasting effort of looking up words in the vocabulary at the end of the book.

Drill Types

1. Introductory Exercises

The introductory exercises direct the students' attention to one or two problems while allowing them to see and understand how the rest of the sentence is constructed.

Here is a sample of text with the introductory exercises derived from it:

D er Milchmann schrieb auf einen Zettel: „Heute keine Butter mehr, leider." Frau Blum las den Zettel und rechnete zusammen, schüttelte den Kopf und rechnete noch einmal, dann schrieb sie: „Zwei Liter, 100 Gramm Butter, Sie hatten gestern keine Butter und berechneten sie mir gleichwohl."

Introductory Exercises

Supply the correct forms of the verbs in parentheses. Do each sentence in the present tense, past tense, and present perfect tense, except where otherwise indicated.

A.

1. Der Milchmann _____ es auf einen Zettel.
      (*schreiben)
   Der Milchmann _____ auf einen Zettel, daß er keine
      (*schreiben)
   Butter _____. (*pres. and past*)
      (haben)
2. Frau Blum _____ den Zettel und _____ den Kopf.
      (*lesen)   (schütteln)
3. Sie _____ noch einmal.
      (zusammen·rechnen)
4. Der Milchmann _____ keine Butter und _____ sie
      (haben)   (berechnen)
   der Frau doch.

As you can see:

(a) At this point the students' attention is focused on one of the most difficult areas of the German language: its verb forms. These include strong and weak verbs; verbs with separable and inseparable prefixes; passive, subjunctive, and occasionally even imperative. But students are given ample help: for example, all strong verbs are provided with an asterisk (e.g., *schreiben, *lesen, and so on) and all verbs with separable prefixes have a dot between the prefix and the verb (e.g., zusammen·rechnen)

(b) At the same time, students are provided with a great deal of additional information, which will be needed for subsequent drills—such as gender (einen Zettel, den Zettel, den Kopf, die Butter), prepositional usage (schreiben auf + *accusative*), and so on. In fact, students are continually drilling these forms while supplying the correct form of the verb. For this reason all the drill sequences of the Second Edition of *Der Weg zum Lesen* go much faster in class than did those of the First Edition.

(c) Lastly, this type of exercise provides a stable environment for constructing sentences that are, in some ways, different from those in the text and yet help students to retell the story more smoothly and easily. For instance, in the retelling of the story, the first sentence found in the text (Der Milchmann schrieb auf einen Zettel: „Heute keine Butter mehr, leider.") is replaced by the smoother narrative sentence:

> Der Milchmann schrieb auf einen Zettel, daß er keine Butter mehr hatte.

Moreover, this type of drill also allows the substitution of simpler words for less common ones. The last line of the text reads *gleichwohl*, a word that is rather precious. So the common, colloquial *doch* has been substituted for it.

2. Synthetic Exercises

Once the sentences in the introductory exercises have been drilled in a stable environment, synthetic exercises are used to give students better control of the grammar involved. Synthetic exercises are, in effect, "dehydrated" sentences. Students are given the thought content and vocabulary of a particular sentence in a series of key words and are asked to reconstruct the sentence by "adding grammar."

The following are the synthetic exercises that match the introductory drills that you have already seen:

Synthetic Exercises

Use the following elements to make complete sentences. Form the present tense, past tense, and present perfect tense, except where otherwise indicated.

A.

1. Milchmann / schreiben / es / auf / Zettel
   Milchmann / schreiben / auf / Zettel // daß / er / haben / kein / Butter (*pres. and past*)
2. Frau Blum / lesen / Zettel // und / schütteln / Kopf
3. Sie / zusammenrechnen / noch einmal
4. Milchmann / haben / kein / Butter // und / berechnen / sie / Frau / doch

As you can see, the underlying sentences are the same as those that students have already drilled. As a result, the students' performance of these drills is far more fluent and accurate than was the case in the First Edition, where the first drills confronted by students were the synthetic exercises.

3. Express in German

Now that the preceding exercises have provided an active vocabulary, it is possible for students to master it by responding to English cues with the proper German sentences.

Strictly speaking, the express-in-German drills are neither translations nor memory exercises. Students have already dealt with the *same sentences* in the introductory exercises and the synthetic exercises, that is, in all-German contexts. The express-in-German exercises make students aware that they are responsible for the meaning as well as the structure of what they have been practicing, and they also provide a safeguard against future English carry-over by allowing students to contrast German and English structures (for example, *wait **for*** with *warten **auf***).

The following are the express-in-German exercises that match the other two drills that you have already seen:

Express in German

A.

1. The milkman wrote it on a slip of paper.
2. He wrote that he didn't have any butter.
3. Mrs. Blum read it and shook her head.
4. She added (it) up again.
5. The milkman didn't have any butter and *charged the woman for it* anyway. (*lit.:* "charged it to the woman anyway")

4. Questions

Students are now prepared to answer questions and to answer them correctly. The introductory exercises and the synthetic exercises have made students manipulate the grammar and have given them the vocabulary they are expected to control, and the express-in-German drills have confirmed their comprehension of the story line and their mastery of the vocabulary. They can therefore answer a large number of questions fluently and accurately— something they could not have done if they had been confronted by the questions after merely reading the story.

5. Cue-sheets and the Structure of the Reader

As a glance at the table of contents will show, *Der Weg zum Lesen* has three distinct phases.

(a) The first phase employs the four types of drills previously discussed (introductory exercises, synthetic exercises, express in German, and questions) to progressively build up the students' ability to deal with random grammar. At the same time, the students are building a large vocabulary and stock of idioms.

This phase (which includes the first eight stories of the book) is graded, both as to the level of difficulty of the texts and as to the manner in which the exercises are constructed and manipulated. In the earlier stories, for example, students normally perform each sentence in the introductory exercises and the synthetic exercises in the three tenses that will best allow them to master the principle parts of the verbs (i.e., the present, past, and present perfect tenses). In later stories, individual tenses are selected—except in the case of new verbs—reflecting the students' growing mastery of the language.

(b) The second phase is basically a transitional one, involving two stories.

"Vor dem Gesetz" omits the introductory drills and starts directly with the synthetic exercises. At this point in the reader, the students' command of the language is such that this initial drill is no longer needed.

"Geschichte von Isidor" goes one step further and replaces the questions with a cue-sheet. Now the students are asked to relate short paragraphs rather than produce single sentences. But they are only asked to do so after the synthetic exercises and the express-in-German drills have given them a firm grasp of the grammar and vocabulary of the story.

(c) The final phase is the use of cue-sheets alone. The students are given a series of key words as cues that enable them to retell entire passages in a connected series of correct sentences. As previously mentioned, the cue-sheets following the final three stories have been revised and the number of cues, or key words, supplied has been substantially increased. Common sense and the mastery the students have attained in the earlier phases of the book should now allow them to retell the stories from the cues with a minimum of reliance on memory.

Notes on the Use of This Book

1. All exercises in the book are divided into sections indicated by letters (A, B, C, and so on). These sections are related. Section A of the introductory exercises refers to the same portion of the text as do section A of the synthetic exercises, section A of the express in German, section A of the questions and, in the case of "Geschichte von Isidor," section A of the cue-sheet. Moreover, the material covered in these sections is essentially the same. The same material is merely drilled in different ways: first in an introductory exercise, next as a synthetic exercise, then as an express-in-German exercise, and finally through a question-and-answer technique.

2. The class tempo will be much better and the students' performance more fluent and accurate if the drills are done according to the logic implicit in the first note. That is to say, during a first drilling all the exercises relating to section A should be done before moving on to section B (with the possible exception of the questions, which could be reserved as a review exercise). Thus, the best student performance will come from a sequence that looks like this:

Section A: Introductory Exercises
Synthetic Exercises
Express in German
(Questions)

Section B: Introductory Exercises
Synthetic Exercises
Express in German
(Questions)

After the students have been drilled in this way and have a firm command of the material, the instructor can run the class through the material in any manner he chooses—for example, doing all the synthetic exercises consecutively.

3. *Pacing.* The amount of material that can be covered in a given "class hour" clearly depends upon the previous preparation of the class.

4. *Tempo and Performance.* All the exercises in this book are designed primarily for *oral* performance by students. As is the case with any oral exercise, the instructor should demand *fluent* responses from the students. In addition to using the exercises for oral performance, the instructor can use them as the basis for testing.

Van Horn Vail

Kimberly Sparks

DER WEG ZUM LESEN

SECOND EDITION

zu·schauen + *dat. obj.*   to watch
das **As, -se**   ace (cards)
die **Achter und die Zehner**   the eights and the tens

Bier temperieren   to warm up beer
verchromt   chromium-plated   das **Gefäß, -e**   container
***heben**   to raise, lift   **vorsichtig**   carefully, cautiously   **ab·tropfen**
to drip off
HoB   GEHoBEN

· separable prefix (**zu·schauen**)
* strong verb (See page 209 for a list of strong and irregular verbs.)
(s) verb with auxiliary **sein**

Das Kartenspiel

Peter Bichsel

Herr Kurt sagt nichts. Er sitzt da und schaut dem Spiel zu.
Die vier legen ihre Karten auf den Tisch, die Asse und die
Könige, die Achter und die Zehner, die roten zu den roten und
die schwarzen zu den schwarzen.
Herr Kurt läßt sich sein Bier temperieren. Sein Glas steht in   5
einem verchromten Gefäß mit heißem Wasser. Von Zeit zu Zeit
hebt er es vorsichtig, läßt das Wasser abtropfen. Oft stellt er es
zurück, ohne zu trinken; denn er schaut dem Spiel zu.
Herr Kurt hat seinen Platz, niemand weiß seit wann und
weshalb. Aber um fünf Uhr ist er da, setzt sich oben an den   10

grüßen to greet (people)

jüngere younger (people)
der **Geschäftsmann,** die **Geschäftsleute** businessman **ehemalig** former
der **Schulkollege, -n** schoolmate **Jahrgang 1912** born in 1912
übrig other
irgendwelche vier some four (people) or other **oben** at the head
spannend exciting, tense

selbst *here:* even der **Wirt** inkeeper

niemand nobody (**niemanden** *is accusative form*) **neugierig** curious

das **Gratisbier, -e** free glass of beer
sich erinnern (an + *acc.*) to remember

die **Kreide** chalk **zusammen·zählen** to add, total (things) up
der **Verlierer, —** the loser
die **Zeche, -n** the (bar) tab, bill **sich ereifern über** + *acc.* to get excited, riled about (something)
gegenseitig to each other, back and forth der **Vorwurf, ⁼e** reproach, rebuke **aus·rechnen** to figure out, calculate
aus·spielen to play a card **nicken** to nod **ab und zu** now and then
schütteln to shake der **Kopf** head

wahrscheinlich probably

die **Beerdigung, -en** funeral ***erfahren über** + *acc.* to find out about
die **Todesursache, -n** cause of death das **Alter** age der **Ge-burtsort** place of birth der **Beruf** profession
überrascht surprised
unvermeidlich unavoidable **vermissen** to miss
bestimmt definite

· separable prefix
* strong verb
(s) verb with auxiliary **sein**

Tisch, grüßt, wenn er gegrüßt wird, bestellt sein Bier und man bringt ihm das heiße Wasser dazu.

Um fünf Uhr sind auch die andern da, die vier, und spielen Karten, nicht immer dieselben vier, am Montag meist jüngere, am Dienstag Geschäftsleute, am Freitag vier ehemalige 5 Schulkollegen, Jahrgang 1912, und an den übrigen Wochentagen irgendwelche vier. Oben am Tisch sitzt immer Herr Kurt. Er trinkt ein Bier und sitzt bis sieben Uhr da. Ist das Spiel spannend, bleibt er eine Viertelstunde länger, später geht er nie. Im Restaurant sitzen auch andere, aber kein anderer kommt 10 jeden Tag. Selbst der Wirt ist nicht jeden Abend da und die Kellnerin hat am Mittwoch ihren freien Tag.

Herr Kurt macht niemanden neugierig. Trotzdem hat man ihn in den Jahren kennengelernt. In der Agenda des Wirts steht unter dem 14. Juli ,,Herr Kurt''. An diesem Tag, es ist sein 15 Geburtstag, bekommt Herr Kurt sein Gratisbier. Der Wirt kann sich nicht erinnern, woher er Herrn Kurts Geburtstag kennt. Man würde Herrn Kurt nicht danach fragen.

Nach dem Spiel werfen die vier ihre Karten auf den Tisch, nehmen die Kreide und zählen zusammen, die Verlierer bezahlen 20 die Zeche. Dann ereifern sie sich über Spielregeln und Taktik, machen sich gegenseitig Vorwürfe und rechnen sich aus, was geschehen wäre, wenn man den König später und den Zehner früher ausgespielt hätte. Herr Kurt nickt ab und zu oder schüttelt den Kopf. Er sagt nichts. 25

Wenn Herr Kurt die Regeln des Kartenspiels nicht kennen würde, sähe er sein Leben lang nur rote und schwarze Karten. Aber er kennt die Karten und er kennt das Spiel. Es ist wahrscheinlich, daß er es kennt.

Bei Herrn Kurts Beerdigung wird man alles über ihn erfahren, 30 die Todesursache, sein Alter, seinen Geburtsort, seinen Beruf. Man wird vielleicht überrascht sein. Und später wird, weil es unvermeidlich ist, ein Spieler sagen, daß er Herrn Kurt vermisse. Aber das ist nicht wahr, das Spiel hat ganz bestimmte Regeln.

Exercises

Introductory Exercises

Supply the correct forms of the verbs in parentheses. Do each sentence in the present tense, past tense, and present perfect tense, except where otherwise indicated.

A.

1. Herr Kurt _____ da, und _____ dem Spiel.
   (*sitzen)   (zu·schauen)
2. Die Leute _____ ihre Karten auf den Tisch.
   (legen)
3. Herr Kurt _____ sich sein Bier temperieren.
   (*lassen)
4. Sein Glas _____ in einem Gefäß mit heißem Wasser.
   (*stehen)
5. Von Zeit zu Zeit _____ er sein Glas.
   (*heben)
6. Er _____ es vorsichtig und _____ das Wasser abtropfen.
   (*heben)   (*lassen)
7. Oft _____ er das Glas, ohne zu trinken.
   (zurück·stellen)
8. Herr Kurt _____ seinen Platz, niemand _____ seit wann. (*pres.*
   (haben)   (wissen)
   and past)
9. Er _____ sich an den Tisch.
   (setzen)
10. Er _____, wenn er gegrüßt _____. (*pres. and past*)
    (grüßen)   (werden)
11. Man _____ Herrn Kurt sein Bier und heißes Wasser.
    (*bringen)

_____

· separable prefix
* strong or irregular verb (See page 209 for a list of strong and irregular verbs.)
Note: since they occur so frequently and are so basic to the language, *sein, haben, werden*, and the modal auxiliaries (e.g., *können*) have not been marked with an asterisk.

B.

1. Es _____ nicht immer dieselben Leute, die Karten _____.
   (sein)   (spielen)

2. Herr Kurt _____ oben am Tisch und _____ sein Bier.
   (*sitzen)   (*trinken)

3. Wenn das Spiel spannend _____, _____ er eine Viertelstunde
                          (sein)   (*bleiben)
   länger. (*pres. and past*)

4. Kein anderer _____ jeden Tag.
   (*kommen)

5. In der Agenda des Wirts _____ unter dem 14. Juli „Herr Kurt". (*pres.*
   (*stehen)
   and past)

6. An seinem Geburtstag _____ er ein Gratisbier.
   (*bekommen)

7. Der Wirt _____ sich an seinen Geburtstag.
   (erinnern)

8. Er _____ sich nicht daran erinnern.
   (können)

9. Er _____ sich nicht daran erinnern, woher er seinen Geburtstag
   (können)
   _____. (*pres. and past*)
   (*kennen)   KANNTE   WARF, GEWORFEN

C.

1. Nach dem Spiel _____ die Leute ihre Karten auf den Tisch.
   (*werfen)

2. Sie _____, und die Verlierer _____ die Zeche.
   (zusammen·zählen)   (bezahlen)

3. Was _____, wenn man den König später _____. (*subj.*
   (*geschehen)   (aus·spielen)
   II pres. and past)

4. Herr Kurt _____ ab und zu, oder er _____ den Kopf.
   (nicken)   (schütteln) ? PAST · PART. ·

5. Wenn er die Regeln nicht _____, _____ er nur rote und
                          (*kennen)   (*sehen)
   schwarze Karten. (*subj. II pres. and past*)

6. Bei seiner Beerdigung _____ man alles über ihn. (*pres., past,*
   (*erfahren)
   perf., and fut.)

7. Man _____ die Todesursache, sein Alter, seinen Geburtsort und
   (*erfahren)
   seinen Beruf. (*pres. and past*)

8. Ein Spieler _____ später, daß er Herrn Kurt _____. (*1st clause*
   (sagen)   (vermissen)
   fut., 2nd clause pres.)

9. Das Spiel _____ ganz bestimmte Regeln.
   (haben)

LASSEN ?

8 *Der Weg zum Lesen*

Synthetic Exercises

Use the following elements to make complete sentences. Form the present tense, past tense, and present perfect tense, except where otherwise indicated.

A.

1. Herr Kurt / sitzen / da // und / zuschauen / Spiel
2. Leute / legen / Karten / auf / Tisch
3. Herr Kurt / lassen / temperieren / Bier
4. Glas / stehen / in / Gefäß / mit / heiß / Wasser
5. ... Zeit ... Zeit / er / heben / Glas
6. Er / heben / es / vorsichtig // und / lassen / abtropfen / Wasser (*pres. and past*)
7. Oft / er / zurückstellen / Glas // ohne / trinken
8. Herr Kurt / haben / sein- / Platz // niemand / wissen / seit wann (*pres. and past*)
9. Er / setzen ... / an / Tisch
10. Er / grüßen // wenn / er / gegrüßt (*passive*) (*pres. and past*)
11. Man / bringen / Herr Kurt / Bier / und / heiß / Wasser

B.   *DATIVE ENDING*

1. Es / sein / nicht immer / dieselb- / Leute // die / spielen / Karten
2. Herr Kurt / sitzen / oben / an / Tisch // und / trinken / Bier
3. Wenn / Spiel / sein / spannend // er / bleiben / Viertelstunde / länger (*pres. and past*)
4. Kein ander- / kommen / jed- / Tag
5. In / Agenda / Wirts / stehen / unter / 14. Juli / „Herr Kurt" (*pres. and past*) *das*
6. An / Geburtstag / bekommen / er / Gratisbier
7. Er / erinnern ... / an / sein / Geburtstag
8. Er / können / erinnern ... / nicht / daran
9. Er / können / erinnern ... / nicht // woher / er / kennen / Geburtstag (*pres. and past*)

C.

1. Nach / Spiel / werfen / Leute / Karten / auf / Tisch
2. Sie / zusammenzählen // und / Verlierer / bezahlen / Zeche
3. Was / geschehen // wenn / man / ausspielen / König / später (*subj. // pres. and past*)
4. Herr Kurt / nicken / ab und zu // oder / schütteln / Kopf
5. Wenn / er / nicht / kennen / Regeln // er / sehen / nur / rot / und / schwarz / Karten (*subj. // pres. and past*)
6. Bei / sein / Beerdigung / man / erfahren / alles / über / (*him*) (*pres., past, perf., and fut.*)
7. Man / erfahren / Todesursache / Alter / Geburtsort / Beruf (*pres. and past*) *cause*

DIE   DAS   DER   DER

8. Spieler / sagen / später // daß / er / vermissen / Herr Kurt   (*1st clause fut., 2nd clause pres.*)
9. Spiel / haben / ganz / bestimmt / Regeln

Express in German

A.

1. Mr. Kurt sat there and watched the game.
2. The people laid their cards on the table.
3. His glass stood in a container (filled) with hot water.
4. From time to time he raised his glass.
5. He let the water drip off.
6. Often he put the glass back without drinking.
7. He sat down at the table.
8. They brought him his beer and hot water.

B.

1. It wasn't always the same people who played cards.
2. He sat at the table and drank his beer.
3. Whenever the game was exciting he stayed a quarter of an hour longer.
4. Nobody else came every day.
5. He got a *free glass of beer*[1] on his birthday.
6. The innkeeper remembered his birthday.

C.

1. After the game the people threw their cards on the table.
2. They totaled (things) up, and the losers paid the bar bill.
3. What would have happened if he had played the king later?
4. Mr. Kurt nodded now and then, or he shook his head.
5. If he didn't know the rules, he'd only see red and black cards.
6. At his funeral they'll find out everything about him.
7. Later, a player will say that he misses Mr. Kurt.
8. The game has very definite rules.

Questions

A.

1. Was tut Herr Kurt in dem Wirtshaus?   (das **Wirthaus** inn)
2. Wo steht sein Glas Bier?
3. Was tut er von Zeit zu Zeit mit seinem Glas?

---

[1] Italics denote constructions that differ markedly in the two languages.

4. Was tut er, wenn er um fünf Uhr hereinkommt?
5. Was bringt man ihm?

B.

1. Wie lange bleibt Herr Kurt normalerweise?
2. Wie lange bleibt er, wenn das Spiel spannend ist?
3. Warum ist der 14. Juli wichtig?
4. Was bekommt er an diesem Tag?

C.

1. Was tun die Spieler gleich nach dem Spiel?
2. Was müssen die Verlierer tun?
3. Was würde Herr Kurt sehen, wenn er die Regeln nicht kennen würde?
4. Was wird man bei seiner Beerdigung erfahren?
5. Was wird ein Spieler später sagen?

der **Zettel,** — slip of paper
leider unfortunately   **zusammen·rechnen** to add or total (things) up

einem etwas berechnen to charge a person for something   **gleichwohl** anyway, nevertheless

kennen·lernen to meet, make the acquaintance of
einem (*dat.*) **böse sein** to be mad at someone

Der Milchmann

Peter Bichsel

Der Milchmann schrieb auf einen Zettel: „Heute keine Butter
mehr, leider." Frau Blum las den Zettel und rechnete zusammen,
schüttelte den Kopf und rechnete noch einmal, dann schrieb
sie: „Zwei Liter, 100 Gramm Butter, Sie hatten gestern keine
Butter und berechneten sie mir gleichwohl."   5
Am andern Tag schrieb der Milchmann: „Entschuldigung."
Der Milchmann kommt morgens um vier, Frau Blum kennt ihn
nicht, man sollte ihn kennen, denkt sie oft, man sollte einmal
um vier aufstehen, um ihn kennenzulernen.
Frau Blum fürchtet, der Milchmann könnte ihr böse sein, der   10

der **Topf,** ⸚**e** pot, jar; *here:* a milk jug into which the milkman pours the two liters of milk   **verbeult** battered

lesbar legible

die **Schrift** handwriting   **sich Gedanken machen über**+*acc.* to think or worry about (something)

die **Schuld, -en** debt

*****vor·kommen** (s) to happen, occur   der **Rappen, —** Swiss cent

ander- next

anstandslos unhesitating

nicht der Rede wert not worth mentioning, don't mention it   **keine Ursache** no cause, *i.e.,* no reason for saying "Entschuldigung"; *like:* don't mention it

der **Briefwechsel** correspondence

unten down below   die **Treppe** steps, staircase

die **Mannschaft, -en** team; *here:* a soccer team

abstehende Ohren protruding ears

sauber clean

plump *here:* pudgy   **verwaschen** pale, "washed-out"   *****denken an**+*acc.* to think of

die **Nachbarin** woman next door   **ins Gespräch *kommen** (s) to get into a conversation

einer von denen one of those (people)   die **Pflicht, -en** duty

fehlen (es fehlt ihnen Geld) to be missing (they are missing money, *i.e.,* are short money)   **bei der Abrechnung** when the accounts are settled

Schuld *haben (an+*dat.*) to be at fault

· separable prefix
* strong or irregular verb
(s) verb with auxiliary **sein**

Milchmann könnte schlecht denken von ihr, ihr Topf ist verbeult. Der Milchmann kennt den verbeulten Topf, es ist der von Frau Blum, sie nimmt meistens 2 Liter und 100 Gramm Butter. Der Milchmann kennt Frau Blum. Würde man ihn nach ihr fragen, würde er sagen: ,,Frau Blum nimmt 2 Liter und 100 Gramm, sie hat einen verbeulten Topf und eine gut lesbare Schrift.'' Der Milchmann macht sich keine Gedanken, Frau Blum macht keine Schulden. Und wenn es vorkommt—es kann ja vorkommen—daß 10 Rappen zu wenig daliegen, dann schreibt er auf einen Zettel: ,,10 Rappen zu wenig.'' Am andern Tag hat er die 10 Rappen anstandslos und auf dem Zettel steht: ,,Entschuldigung.'' ,Nicht der Rede wert' oder ,keine Ursache', denkt dann der Milchmann und würde er es auf den Zettel schreiben, dann wäre das schon ein Briefwechsel. Er schreibt es nicht.

Den Milchmann interessiert es nicht, in welchem Stock Frau Blum wohnt, der Topf steht unten an der Treppe. Er macht sich keine Gedanken, wenn er nicht dort steht. In der ersten Mannschaft spielte einmal ein Blum, den kannte der Milchmann, und der der hatte abstehende Ohren. Vielleicht hat Frau Blum abstehende Ohren.

Milchmänner haben unappetitlich saubere Hände, rosig, plump und verwaschen. Frau Blum denkt daran, wenn sie seine Zettel sieht. Hoffentlich hat er die 10 Rappen gefunden. Frau Blum möchte nicht, daß der Milchmann schlecht von ihr denkt, auch möchte sie nicht, daß er mit der Nachbarin ins Gespräch käme. Aber niemand kennt den Milchmann, in unserm Quartier niemand. Bei uns kommt er morgens um vier. Der Milchmann ist einer von denen, die ihre Pflicht tun. Wer morgens um vier die Milch bringt, tut seine Pflicht, täglich, sonntags und werktags. Wahrscheinlich sind Milchmänner nicht gut bezahlt und wahrscheinlich fehlt ihnen oft Geld bei der Abrechnung. Die Milchmänner haben keine Schuld daran, daß die Milch teurer wird.

Und eigentlich möchte Frau Blum den Milchmann gern kennenlernen.

Der Milchmann kennt Frau Blum, sie nimmt 2 Liter und 100 Gramm und hat einen verbeulten Topf.

Exercises

Introductory Exercises

Supply the correct forms of the verbs in parentheses. Do each sentence in the present tense, past tense, and present perfect tense, except where otherwise indicated.

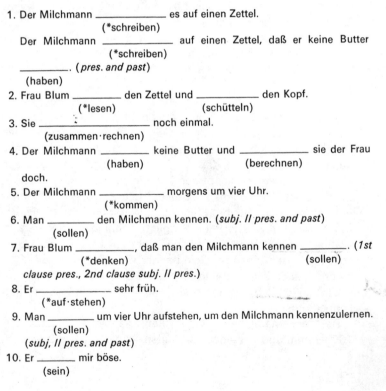

A.

1. Der Milchmann _____ es auf einen Zettel.
   (*schreiben)
   Der Milchmann _____ auf einen Zettel, daß er keine Butter
   (*schreiben)
   _____. (*pres. and past*)
   (haben)
2. Frau Blum _____ den Zettel und _____ den Kopf.
   (*lesen)   (schütteln)
3. Sie _____ noch einmal.
   (zusammen·rechnen)
4. Der Milchmann _____ keine Butter und _____ sie der Frau
   (haben)   (berechnen)
   doch.
5. Der Milchmann _____ morgens um vier Uhr.
   (*kommen)
6. Man _____ den Milchmann kennen. (*subj. II pres. and past*)
   (sollen)
7. Frau Blum _____, daß man den Milchmann kennen _____. (*1st
   (*denken)   (sollen)
   clause pres., 2nd clause subj. II pres.*)
8. Er _____ sehr früh.
   (*auf·stehen)
9. Man _____ um vier Uhr aufstehen, um den Milchmann kennenzulernen.
   (sollen)
   (*subj, II pres. and past*)
10. Er _____ mir böse.
    (sein)

11. Er _____ mir böse sein. (*subj. II pres. and past*)
    (können)
12. Der Milchmann _____ ihr böse sein und _____ schlecht von ihr
    (können)   (können)
    denken. (*subj. II pres. and past*)

B.

1. Der Milchmann _____ den verbeulten Topf.
   (*kennen)
2. Frau Blum _____ 2 Liter Milch und _____ eine lesbare Schrift.
   (*nehmen)   (haben)
   (*pres. and past*)
3. Der Milchmann _____ sich keine Gedanken, weil Frau Blum keine
   (machen)
   Schulden _____.
   (machen)
4. Es_____.
   (*vor·kommen)
5. Es _____, daß 10 Rappen zu wenig _____. (*pres. and*
   (*vor·kommen)   (*da›liegen)
   past)
6. Wenn es _____, dann _____ der Milchmann: „10
   (*vor·kommen)   (*schreiben)
   Rappen zu wenig." (*pres. and past*)
7. Es _____ ein Briefwechsel, wenn er „keine Ursache" _____.
   (sein)   (*schreiben)
   (*subj. II pres. and past*)   !
8. Es _____ den Milchmann nicht, in welchem Stock Frau Blum
   (interessieren)
   _____. (*pres. and past*)
   (wohnen)
9. Ein Blum _____ in der ersten Mannschaft.
   (spielen)
10. Der Milchmann _____ einen Blum, der in der ersten Mannschaft
    (*kennen)
    _____. (*pres. and past*)
    (spielen)

C.

1. Wenn sie seine Zettel _____, _____ Frau Blum, daß Milch-
   (*sehen)   (*denken)
   männer saubere, plumpe Hände _____. (*pres.*)
   (haben)
2. Frau Blum _____ nicht, daß der Milchmann schlecht von ihr
   (wollen)
   _____. (*pres.*)
   (*denken)

Man — ins Gespräch kommen.

18 Der Weg zum Lesen

3. Er _____ mit einer Nachbarin ins Gespräch.
    (*kommen)
4. Frau Blum _____ nicht, daß er mit einer Nachbarin ins Gespräch
        (wollen)
    _____. (pres.)
    (*kommen)
5. Niemand _____ den Milchmann, weil er um vier Uhr _____.
        (*kennen)   (*kommen)
6. Wer um vier Uhr _____, _____ seine Pflicht. (pres.)
        (*kommen)   (*tun)
7. Milchmänner _____ nicht gut bezahlt. (pres. and past)
        (sein)
8. Die Milchmänner _____ keine Schuld daran, daß die Milch teurer
        (haben)
_____.
(werden)

Synthetic Exercises

Use the following elements to make complete sentences. Form the present
tense, past tense, and present perfect tense, except where otherwise indicated.

A.

1. Milchmann / schreiben / es / auf / Zettel
   Milchmann / schreiben / auf / Zettel // daß / er / haben / kein / Butter
   (pres. and past)
2. Frau Blum / lesen / Zettel // und / schütteln / Kopf
3. Sie / zusammenrechnen / noch einmal
4. Milchmann / haben / kein / Butter // und / berechnen / sie / Frau / doch
5. Milchmann / kommen / morgens / vier Uhr
6. Man / sollen / kennen / Milchmann   (subj. II pres. and past)
7. Frau Blum / denken // daß / man / sollen / kennen / Milchmann   (1st
   clause pres., 2nd clause subj. II pres.)
8. Er / aufstehen / sehr früh
9. Man / sollen / aufstehen / vier Uhr // um / kennenlernen / Milchmann
   (subj. II pres. and past; keep final clause an infinitival (zu) construction)
10. Er / sein / mir / böse
11. Er / können / sein / mir / böse   (subj. II pres. and past)
12. Milchmann / können / sein / ihr / böse // und / können / denken /
    schlecht von ihr   (subj. II pres. and past)

B.

1. Milchmann / kennen / verbeult / Topf
2. Frau Blum / nehmen / 2 Liter Milch // und / haben / lesbar / Schrift
   (pres. and past)

3. Milchmann / machen... / kein / Gedanken // weil / Frau Blum / machen / kein / Schulden
4. Es / vorkommen
5. Es / vorkommen // daß / 10 Rappen zu wenig / daliegen (*pres. and past*)
6. Wenn / es / vorkommen // dann / Milchmann / schreiben / „10 Rappen zu wenig" (*pres. and past*)
7. Es / sein / Briefwechsel // wenn / er / schreiben / „keine Ursache" (*subj. II pres. and past*)
8. Es / interessieren / Milchmann / nicht // in / welch- / Stock / Frau Blum / wohnen (*pres. and past*)
9. Ein Blum / spielen / in / erst / Mannschaft
10. Milchmann / kennen / ein / Blum // der / spielen / in / erst / Mannschaft (*pres. and past*)

C.

1. Wenn / sie / sehen / Zettel // Frau Blum / denken // daß / Milchmänner / haben / sauber / plump / Hände (*pres.*)
2. Frau Blum / wollen / nicht // daß / Milchmann / denken / schlecht von (*her*) (*pres.*)
3. Er / kommen / in / Gespräch / mit / Nachbarin
4. Frau Blum / wollen / nicht // daß / er / kommen / mit / Nachbarin / in / Gespräch (*pres.*)
5. Niemand / kennen / Milchmann // weil / er / kommen / vier Uhr
6. Wer / kommen / vier Uhr // tun / Pflicht (*pres.*)
7. Milchmänner / sein / nicht / gut bezahlt (*pres. and past*)
8. Milchmänner / haben / kein / Schuld... // daß / Milch / werden / teurer

Express in German

A.

1. The milkman wrote it on a slip of paper.
2. He wrote that he didn't have any butter.
3. Mrs. Blum read it and shook her head.
4. She added (it) up again.
5. The milkman didn't have any butter and charged the woman for it anyway. (*lit.:* "charged it to the woman anyway")
6. The milkman came at four in the morning.
7. One should know the milkman. One should have known the milkman.
8. Mrs. Blum thinks that one should know the milkman.
9. He got up very early. (*past and perf.*)
10. One should get up at four in order to meet him.
11. He's mad at me. He could be mad at her.
12. He could think badly of her.

B.

1. Mrs. Blum took two liters of milk and had a legible hand.
2. It happens now and then. (**dann und wann**)
3. Whenever it happens the milkman writes "ten Rappen too little."
4. It would be a correspondence if he wrote "don't mention it."
5. That doesn't interest me.
6. The milkman knew a Blum who played on the first team.

C.

1. She doesn't *want him to* think badly of her.
2. Did he get into a conversation with a neighbor?
3. No one knows the milkman because he comes at four o'clock.
4. Whoever comes at four o'clock is doing his duty.
5. Milkmen aren't well paid.
6. It's not their fault that milk is getting more expensive.

Questions

A.

1. Was schrieb der Milchmann auf einen Zettel?
2. Was tat Frau Blum, als sie den Zettel las?
3. Warum tat sie das?
4. Wann kommt der Milchmann?
5. Was, denkt Frau Blum, sollte man einmal tun?
6. Was fürchtet Frau Blum?
7. Warum könnte der Milchmann so etwas denken?

B.

1. Was würde der Milchmann sagen, wenn man ihn nach Frau Blum fragen würde?
2. Warum macht sich der Milchmann keine Gedanken über Frau Blum?
3. Was kann vorkommen?
4. Was tut der Milchmann, wenn das vorkommt?
5. Warum schreibt der Milchmann nicht „keine Ursache"?
6. Was interessiert den Milchmann nicht?

C.

1. Was denkt Frau Blum, wenn sie die Zettel des Milchmanns sieht?
2. Was will Frau Blum nicht?
3. Warum kennt niemand den Milchmann?
4. Woran haben die Milchmänner keine Schuld?

verliehen lent (to someone)

prächtig magnificent   **mit Goldschnitt** gilt-edged   der **Da-masteinband** damask binding (silken figured weave)
die **gute Stube** parlor
langweilig boring

der **Stolz** pride

der **Festtag, -e** holiday   **sonntagsangezogen** dressed in his Sunday best
***vor·lesen** + *dat.* to read aloud to   **sonor** sonorous
die **Betonung** stress, emphasis (he put the emphasis in the wrong places)
  würdevoll with dignity
prätentiös pretentiously   **häufig** frequently   ***unterbrechen** interrupt
die **Abbildung, -en** illustration

Das verliehene Buch

Hermann Harry Schmitz

Es war ein prächtiges Buch mit Goldschnitt und Damasteinband, das in der guten Stube auf dem Tisch lag.

Es war ein sehr langweiliges Buch mit schlechten, sehr
schlechten Illustrationen.

Es war der Stolz der ganzen Familie.

Nur der Vater durfte das Buch in die Hand nehmen. An 5
Festtagen setzte sich der Vater sonntagsangezogen in die gute
Stube und las der Mutter und den Kindern mit sonorer Stimme
und falscher Betonung aus dem feinen Buch vor. Würdevoll und
prätentiös wusch er sich vorher die Hände. Häufig unterbrach er
das Vorlesen und erklärte die Abbildungen. Die Kinder machten 10

verständig intelligent   das **Gesicht, -er** face (the children put intelligent expressions on their faces)   **große Augen** a look of awe or surprise   **sich gegenseitig *kneifen in** + *acc.* to pinch each other
heimlich secretly
der **Kolonialwarenladen** grocery store   ***an·schreiben** to let (people) charge (things); give credit
der **Haushalt** household   das **Gehalt** salary
er möchte . . . ihm leihen to lend him (*lit.:* "would he please lend him")
*erbleichen to turn pale   **gut** *here:* very well

auf ein paar Tage for a couple of days   **bestimmt** certainly
   selbstverständlich it goes without saying

sich verteidigen to defend oneself
brummen growl, grumble

viereckig square, rectangular   der **Fleck** spot   der **Plüsch** plush
verschossen faded

einem schmecken to taste good to someone
sich kümmern um to worry about, look after, take care of   **über die Bleiche tollen (herum·tollen)** to scamper about anywhere they wanted   **ungestört** without troubling about it   **unreif** unripe
   die **Stachelbeere, -n** gooseberry
verweint tear-reddened   ***ab·schließen** to lock up, lock, close

vernachlässigen to neglect   **verwildern** (s) to run wild
bekam . . . noch was still owed (still was supposed to get)
wagen dare
unheimlich uncanny, strange, spooky
hantieren occupy oneself with, be busy with
*zurück·gehen (s) *here:* to degenerate, deteriorate

der **Rock** coat
die **Manschette, -n** cuff (detachable cuff of a shirt)

verständige Gesichter und große, kluge Augen; sie kniffen sich heimlich gegenseitig in die Beine.

Herr Mehlenzell war ein Bekannter des Vaters; er hatte einen Kolonialwarenladen und schrieb an.

Man brauchte viel im Haushalt, und das Gehalt des Vaters war 5 klein.

Herr Mehlenzell bat eines Tages den Vater, er möchte ihm das prächtige Buch leihen. Der Vater erbleichte; er konnte nicht gut „nein" sagen.

„Auf ein paar Tage. —Bestimmt, selbstverständlich haben Sie 10 es nächsten Sonntag zurück", hatte Herr Mehlenzell gesagt.

Man sprach in der Familie nur über das Buch. Die Mutter meinte, man hätte es ihm nicht geben sollen. Der Vater war sehr ernst. „,,Bestimmt haben Sie es nächsten Sonntag zurück', hat Herr Mehlenzell gesagt", verteidigte sich der Vater. „Wir wollen 15 sehen", brummte die Mutter.

Wo das Buch in der guten Stube gelegen hatte, war ein viereckiger Fleck auf der Tischdecke; der Plüsch war da nicht so verschossen.

Der Sonntag kam. Man war schon sehr früh aufgestanden. Es 20 wurde Mittag; Herr Mehlenzell hatte das Buch nicht gebracht. Der Vater saß mit der Mutter in der guten Stube und war sehr ernst. Keinem hatte das Essen so recht geschmeckt. Um die Kinder kümmerte sich niemand. Man ließ sie im Garten über die Bleiche tollen und ungestört die unreifen Stachelbeeren essen. 25 —Der Vater trank eine halbe Flasche Rum. Die Mutter hatte verweinte Augen. Die gute Stube wurde abgeschlossen.

Der Vater mußte Montag und Dienstag im Bett liegen. Die Mutter vernachlässigte den Haushalt. Die Kinder verwilderten.

Hundertundvierzig Mark bekam Herr Mehlenzell noch. Man 30 durfte nicht wagen, ihn an das Buch zu erinnern.

Es war unheimlich im Hause, wie wenn jemand gestorben wäre. Den Vater sah man viel mit der Rumflasche hantieren. Die Familie ging zurück. —

Der dritte Sonntag kam, und das Buch war noch immer nicht da. 35 Es konnte so nicht mehr weitergehen.

Nach dem Mittagessen schrie der Vater nach seinem schwarzen Rock und den Manschetten, rasierte sich und ging zu Mehlenzells.

mürrisch   in a bad mood, grouchy
gestört   disturbed
dringend   urgent
beharren   to persist

schimpfen   to curse, be abusive   **einen ungeschoren *lassen**   to
   leave a person in peace (*lit.:* "unshorn")
der **Hungerleider**   wretch

sich kurz fassen   to be brief

an·stöhnen   to groan at
ab·bezahlen (**ab·zahlen**)   to pay off (*here:* an installment, partial
   payment)
schüchtern   shyly, timidly
sich auf·richten   to sit up straight
einem etwas *hin·schieben   to push something over to someone
   das **Zigarrenetui**   cigar box
quittieren über   to make out a receipt for (followed by the amount of
   money)

das **Nebenzimmer**   next room   **üben**   practice   **sehr**   a great deal,
   intensively
hervor·quetschen   to force out, squeeze out

*aus·haben   (**ausgelesen haben**)   to be finished with it

das **schöne Buch, was**...   *standard German would be* "**das schöne
   Buch, das**..."
*leihen   to lend
einem *ein·fallen (s)   to occur to someone, remember
die **Angstperle, -n**   pearl of sweat (caused by fear)   die **Stirn**   forehead
nötig *haben   to need

*verlassen   to leave (a place)   **murmelnd**   muttering

hinein·schauen   to look in

Frau Mehlenzell öffnete selbst.

Er fragte nach Herrn Mehlenzell.

Frau Mehlenzell war mürrisch und fragte, was es sei. Ihr Mann wolle nach dem Essen nicht gestört sein; was es sei.

Es sei sehr dringend, er müsse mit Herrn Mehlenzell sprechen, 5 beharrte der Vater.

Frau Mehlenzell ging brummend in ein Zimmer und ließ den Vater auf dem Korridor stehen.

Frau Mehlenzell hatte die Tür nicht fest hinter sich zugemacht. Herr Mehlenzell schimpfte, man solle ihn ungeschoren lassen. 10 Was denn der Hungerleider wolle? Dann wurde von innen die Tür zugeschlagen.

Nach einer Weile kam Frau Mehlenzell zurück; ihr Mann hätte nicht viel Zeit, er möge sich kurz fassen. —

Herr Mehlenzell lag auf dem Sofa und rauchte eine Zigarre. 15 Er stöhnte den Vater an und blieb ruhig liegen.

Er wolle ihm auf die Rechnung etwas abbezahlen, fing der Vater schüchtern an.

Herr Mehlenzell richtete sich auf und bat den Vater, doch Platz zu nehmen; er schob ihm auch das Zigarrenetui hin. 20

„Über wieviel darf ich quittieren, bitte?"

„Über zwanzig Mark."

Herr Mehlenzell nahm das Zigarrenetui wieder an sich.

Im Nebenzimmer übte jemand sehr auf dem Klavier.

„. . . und dann, was ich sagen wollte", quetschte der Vater 25 hervor, „ich möchte mal nach dem Buch fragen, ob es Ihnen gefallen hat und ob Sie es vielleicht aushaben?"

„Welches Buch?"

„Sie wissen doch—das Buch von mir, das schöne Buch, was ich Ihnen vor drei Wochen geliehen habe." 30

„Ach so, ja. Jetzt fällt es mir ein. —Ja, wo habe ich das?"

Dem Vater standen dicke Angstperlen auf der Stirn.

„Warten Sie einmal, da muß ich meine Frau fragen. Haben Sie denn das Buch so nötig?"

Herr Mehlenzell verließ murmelnd das Zimmer. 35

Im Nebenzimmer spielte man zum siebenten Male „Mädchen, warum weinest Du".

Der Vater ging an die halb geöffnete Tür und schaute hinein.

Lenchen Mehlenzell saß am Klavier.

nahe+*dat.* close to

die **Ohnmacht** fainting

sonst otherwise, normally   **roh** rough, harsh, coarse   **stürzen** (s)
auf+*acc.* to pounce on   der **Hinterhalt** ambush
nichtsahnend unsuspecting   der **Sitz** seat
***ergreifen** to seize, grab   ***fliehen** (s) to flee
prüfen to test; *here:* to look over, inspect   ***leiden** to suffer
der **Deckel** cover (someone had cut something on the cover, *i.e.*, used
the cover as a carving board)   **fettig** fatty
scheinbar apparently
verbogen bent   **teilweise** partially   **lose** loose   **im Rücken**
in the back (of the cover)
zitternd trembling   **blättern** to turn the pages
stutzig ***werden** (s) to stop short, be startled
dem Vater fiel sein Glasauge aus dem Kopf the father's glass eye fell
out

***schließen** to conclude, stop (the last words on the page were)   der
Wanderbursche, -n youthful wanderer   **zu·wandern** (s) to keep
on wandering
gewellt waved
erregt excitedly   ***zu·gehen** (s) **auf**+*acc.* to go toward, make for
***vor·kommen** (s) *here:* to appear (a "Leonie" didn't appear in his
book)   **ein eiförmiger Kopf** *lit.:* "an egg-shaped head," swelled up
as though it were going to burst
***erschlagen** to kill
die **Ansichtskarte** picture postcard   **an** addressed to
denkwürdig notable, memorable
der **Kragen, —** collar   das **Taschentuch** handkerchief   das **Vor-**
hemdchen small shirt front, dickey
am Fenster hinaus (zum Fenster hinaus) out of the window   das
Genick neck
***verderben** (s) to go to ruin
schauderhaft frightful

Man hatte auf einen Stuhl Bücher gelegt, damit Lenchen hoch genug saß.

Der Vater war einer Ohnmacht nahe; Lenchen saß auf dem prächtigen Buch!

Der Vater war sonst nicht roh. Er stürzte aus dem Hinterhalt 5 auf das nichtsahnende Kind und warf es von seinem Sitz, ergriff das Buch und floh.

Zu Hause. —Das Buch wurde geprüft, es hatte gelitten. Man hatte auf dem Deckel etwas geschnitten, etwas Fettiges, scheinbar Wurst. Es mußte häufig gefallen sein, die Ecken 10 waren verbogen, und die Seiten saßen teilweise lose im Rücken.

Mit zitternder Hand blätterte der Vater in dem Buch.

Seite 1, 2, 3, 4, 5, 6, 7, 8, 9, 10, 11, 12, 40—der Vater wurde stutzig . . . 41, 42, 43, 44, 13, 14, 15, 58, 59, 60, 61, 16—der Vater wurde grün im Gesicht . . . 17, 18, 19, 20, 21, 22, 23, 24, 15 25, 105, 106, 107, 108—dem Vater fiel sein Glasauge aus dem Kopf . . . 109, 110—jetzt wurden die Seiten kleiner, sehr seltsam . . . 111, 112. Seite 110 schloß ,,Wanderburschen, wandert zu in die weite Welt hinaus'', und es ging weiter auf Seite 111 ,,mit der weißen, aristokratischen Hand durch das gewellte Haar und 20 ging erregt auf Leonie zu''. In Vaters Buch kam keine Leonie vor.

Der Vater bekam einen eiförmigen Kopf.

Der Vater erschlug die Mutter.

Aus dem Buch fiel eine Ansichtskarte an Frau Mehlenzell aus Saarbrücken und ein Zettel mit den denkwürdigen Worten: ,,2 25 Paar Socken, 3 Kragen, 1 Taschentuch, 1 Vorhemdchen, 1 Paar Manschetten.''

Der Vater sprang am Fenster hinaus und brach das Genick.

Die Kinder verdarben. —

Schauderhaft, höchst schauderhaft. —   30

Exercises

Introductory Exercises

Supply the correct forms of the verbs in parentheses. Do each sentence in the present tense, past tense, and present perfect tense, except where otherwise indicated.

A.

1. Es _____ ein prächtiges Buch und es _____ auf dem Tisch in der
   (sein)   (*liegen)
   guten Stube. (*pres. and past*)
2. Es _____ ein langweiliges Buch mit schlechten Illustrationen.
   (sein)
3. Es _____ der Stolz der ganzen Familie.
   (sein)
4. Nur der Vater _____ das Buch in die Hand nehmen.
                    (dürfen)
5. An Festtagen _____ sich der Vater in die gute Stube und _____
                (setzen)   (*vor·lesen)
   aus dem Buch. (*pres. and past*)
6. Er _____ sich vorher die Hände.
      (*waschen)
7. Häufig _____ er das Vorlesen und _____ die Abbil-
          (*unterbrechen)   (erklären)
   dungen. (*pres. and past*)
8. Die Kinder _____ kluge Augen und _____ sich gegenseitig in
              (machen)   (*kneifen)
   die Beine.

B.

1. Herr Mehlenzell _____ ein Bekannter des Vaters.
                    (sein)
2. Er _____ einen Laden und _____. (*pres. and past*)
      (haben)   (*an·schreiben)
3. Man _____ viel im Haushalt, und das Gehalt des Vaters _____
        (brauchen)   (sein)
   klein.

4. Herr Mehlenzell _____ den Vater eines Tages, ihm das prächtige Buch
   (*bitten)
   zu leihen.
5. Der Vater _____. Er _____ nicht gut „nein" sagen. (*pres.*
   (*erbleichen)   (können)
   and past)
6. Er _____, daß der Vater es nächsten Sonntag _____. (*1st*
   (sagen)   (zurück·haben)
   clause past, 2nd clause subj. II pres.)
7. In der Familie _____ man nur über das Buch.
   (*sprechen)
8. Die Mutter _____, man _____ es ihm nicht geben. (*1st clause*
   (meinen)   (sollen)
   past, 2nd clause subj. II past)
   HABEN ODER HÄTTE

C.

1. Der Sonntag _____, und man _____ sehr früh. (*past*)
   (*kommen)   (*auf·stehen)
2. Es _____ Mittag, aber Herr Mehlenzell _____ das Buch noch
   (*werden)   (*bringen)
   nicht. (*1st clause past, 2nd clause past perf.*) HATTE GEBRAUCHT
3. Der Vater _____ mit der Mutter in der guten Stube und _____ sehr
   (*sitzen)   (sein)
   ernst. (*pres. and past*)
4. Das Essen _____ ihnen nicht.
   (schmecken)
5. Niemand _____ sich um die Kinder.
   (kümmern)
6. Man _____ die Kinder herumtollen.
   (*lassen)
7. Der Vater _____ eine halbe Flasche Rum, und die Mutter _____
   (*trinken)   (haben)
   verweinte Augen. (*pres. and past*)
8. Die gute Stube _____ abgeschlossen. (*passive*) (*pres., past, and*
   (*werden)
   perf.)
9. Am Montag und Dienstag _____ der Vater im Bett liegen. LIEGEN > contrast
   (müssen)   LEGEN
10. Die Mutter _____ den Haushalt, und die Kinder _____.
    (vernachlässigen)   (verwildern)
    (*pres. and past*)
11. Herr Mehlenzell _____ noch hundertvierzig Mark bekommen. (*pres.*
    (sollen)
    and past)
12. Man _____ nicht, ihn an das Buch zu erinnern.
    (wagen)

13. Es _____ unheimlich im Haus, ⟨wie wenn⟩ jemand _____. (*1st*
    (sein)   ALS OB   (*sterben)
    clause past, 2nd clause subj. II past)

D.

1. Der dritte Sonntag _____, und das Buch _____ noch nicht da.
                        (*kommen)   (sein)
   (*pres. and past*)

2. Es _____ nicht so weitergehen. (*pres. and past*)
   (können)

3. Der Vater _____ sich und _____ zu Mehlenzells.
              (rasieren)   (*gehen)

4. Frau Mehlenzell _____ und _____, was es _____. (*keep final*
                    (öffnen)   (fragen)   (sein)
   clause in present tense)

5. Er _____ nach dem Essen nicht gestört sein. (*pres. and past*)
      (wollen)

6. Der Vater _____, daß es dringend _____, und daß er mit Herrn
              (sagen)   (sein)
   Mehlenzell sprechen _____. (*1st clause past, 2nd and 3rd clauses*
                        (müssen)
   pres.)

7. Frau Mehlenzell _____ den Vater auf dem Korridor stehen.
                    (*lassen)

8. Frau Mehlenzell _____ die Tür nicht fest.
                    (zu·machen)

9. Der Vater _____ Herrn Mehlenzell schimpfen, und dann _____
              (hören)   (werden)
   die Tür zugeschlagen. (*pres. and past*)

10. Nach einer Weile _____ Frau Mehlenzell.
                      (*zurück·kommen)

11. Sie _____, daß der Vater sich kurz fassen _____. (*pres. and past*)
        (sagen)   (sollen)

E.

1. Herr Mehlenzell _____ auf dem Sofa und _____ eine Zigarre.
                    (*liegen)   (rauchen)
   (*pres. and past*)

2. Er _____ ruhig liegen.
      (*bleiben)

3. Der Vater _____, daß er etwas auf die Rechnung abzahlen _____.
              (sagen)   (wollen)
   (*pres. and past*)

4. Herr Mehlenzell _____ sich.
                    (auf·richten)

5. Er _____ den Vater, Platz zu nehmen.
      (*bitten)

6. Er _____ ihm das Zigarrenetui.
   (*hin·schieben)
7. Im Nebenzimmer _____ jemand auf dem Klavier.
   (üben)
8. Der Vater _____ nach dem Buch, das er ihm _____. (*1st clause*
   (fragen)   (*leihen)
   past, 2nd clause past perf.)
9. Er _____, daß er seine Frau fragen _____. (*1st clause past, 2nd*
   (sagen)   (müssen)
   clause pres.)
10. Er _____, ob er es _____. (*pres.*)
    (fragen)   (nötig haben)
11. Herr Mehlenzell _____ murmelnd das Zimmer.
    (*verlassen)

F.

1. Der Vater _____ an die Tür und _____. (*pres. and past*)
   (*gehen)   (hinein·schauen)
2. Lenchen _____ am Klavier.
   (*sitzen)
3. Sie _____ auf dem prächtigen Buch.
   (*sitzen)
4. Der Vater _____ auf das Kind und _____ es von seinem Sitz.
   (stürzen)   (*werfen)
   (*pres. and past*)
5. Er _____ das Buch und _____.
   (*ergreifen)   (*fliehen)   *ist GEPRÜFT WORDEN*
6. Zu Hause _____ das Buch geprüft. (*passive*) (*pres., past, and perf.*)
   (werden)
7. Es _____. (*pres. perf. and past perf.*)
   (*leiden)   *LOSS*
8. Die Ecken _____ verbogen, und die Seiten _____ *los* (*pres. and past*)
   (sein)   (sein)
9. Der Vater _____ in dem Buch.
   (blättern)
10. Er _____ stutzig und grün im Gesicht. (*pres. and past*)
    (werden)
11. In seinem Buch _____ keine Leonie.
    (*vor·kommen)
12. Der Vater _____ die Mutter.
    (*erschlagen)
13. Er _____ zum Fenster, und _____ sich das Genick.
    (*hinaus·springen)   (*brechen)

Synthetic Exercises

Use the following elements to make complete sentences. Form the present tense, past tense, and present perfect tense, except where otherwise indicated.

A.

1. Es / sein / prächtig / Buch // und / es / liegen / Tisch / gut / Stube (*pres. and past*)
2. Es / sein / langweilig / Buch / schlecht / Illustrationen
3. Es / sein / Stolz / ganz- / Familie
4. Nur / Vater / dürfen / nehmen / Buch / Hand
5. An / Festtage / setzen / Vater / in / gut / Stube // und / vorlesen / aus / Buch (*pres. and past*)
6. Er / waschen / vorher / Hände
7. Häufig / unterbrechen / er / Vorlesen // und / erklären / Abbildungen (*pres. and past*)
8. Kinder / machen / klug / Augen // und / kneifen / gegenseitig / Beine

B. *Dss Vatsrs*

1. Herr Mehlenzell / sein / Bekannt- / Vater
2. Er / haben / Laden // und / anschreiben (*pres. and past*)
3. Man / brauchen / viel / in / Haushalt // und / Gehalt / Vater / sein / klein
4. Herr Mehlenzell / bitten / Vater / ein- / Tag // leihen / ihm / prächtig / Buch (*keep final clause infinitival*)
5. Vater / erbleichen // Er / können / sagen / nicht gut „nein" (*pres. and past*)
6. Herr Mehlenzell / sagen // daß / Vater / zurückhaben / es / nächst- / Sonntag (*1st clause past, 2nd clause subj. II pres.*) *Aꞔ*
7. In / Familie / man / sprechen / nur / Buch
8. Mutter / meinen // man / sollen / geben / es ihm nicht (*1st clause past, 2nd clause subj. II past*)

C.

Dsꞔ 1. Sonntag / kommen // und / man / aufstehen / sehr früh (*past*)
2. Es / werden / Mittag // aber / Herr Mehlenzell / bringen / Buch / noch nicht (*1st clause past, 2nd clause past perf.*)
3. Vater / sitzen / mit / Mutter / gut / Stube // und / sein / sehr / ernst (*pres. and past*)
4. Essen / schmecken / ihnen nicht
5. Niemand / kümmern / um / Kinder
6. Man / lassen / Kinder / herumtollen
7. Vater / trinken / halb- / Flasche Rum // und / Mutter / haben / verweint / Augen (*pres. and past*)
8. gut / Stube / abgeschlossen (*passive*) (*pres., past, and perf.*)

ist ABGESCHLOSSEN WORDEN ?

9. Montag und Dienstag / Vater / müssen / liegen / Bett
10. Mutter / vernachlässigen / Haushalt // und / Kinder / verwildern   (*pres. and past*)
11. Herr Mehlenzell / sollen / bekommen / noch / 140 Mark   (*pres. and past*)
12. Man / wagen / nicht // ihn / erinnern / Buch   (*keep 2nd clause infinitival*)
13. Es / sein / unheimlich / Haus // wie wenn / jemand / sterben   (*1st clause past, 2nd clause subj. II past*)

D.

1. dritt- / Sonntag / kommen // und / Buch / sein / noch nicht da   (*pres. and past*)
2. Es / können / weitergehen / nicht so   (*pres. and past*)
3. Vater / rasieren // und / gehen / Mehlenzells
4. Frau Mehlenzell / öffnen // und / fragen // was / es / sein   (*keep final clause in present tense*)
5. Er / wollen / sein / nach / Essen / nicht gestört   (*pres. and past*)
6. Vater / sagen // daß / es / sein / dringend // und / daß / er / müssen / sprechen / Herr Mehlenzell   (*1st clause past, 2nd and 3rd clauses pres.*)
7. Frau Mehlenzell / lassen / Vater / stehen / Korridor
8. Frau Mehlenzell / zumachen / Tür / nicht fest
9. Vater / hören / Herr Mehlenzell / schimpfen // und dann / Tür / zugeschlagen   (*passive*) (*pres. and past*)
10. Nach / Weile / Frau Mehlenzell / zürückkommen
11. Sie / sagen // daß / Vater / sollen / fassen / kurz   (*pres. and past*) *SICH KURZ FASSEN SOLLS√*

E.

1. Herr Mehlenzell / liegen / Sofa // und / rauchen / Zigarre   (*pres. and past*)
2. Er / bleiben / liegen / ruhig
3. Vater / sagen // daß / er / wollen / abzahlen / etwas / auf / Rechnung   (*pres. and past*)
4. Herr Mehlenzell / aufrichten
5. Er / bitten / Vater // nehmen / Platz   (*keep final clause infinitival*)
6. Er / hinschieben / ihm / Zigarrenetui
7. Nebenzimmer / jemand / üben / auf / Klavier.
8. Vater / fragen / Buch // das / er / leihen / ihm   (*1st clause past, 2nd clause past perf.*)
9. Er / sagen // daß / er / müssen / fragen / Frau   (*1st clause past, 2nd clause pres.*)
10. Er / fragen // ob / er / nötig haben / es   (*pres.*)
11. Herr Mehlenzell / verlassen / murmelnd / Zimmer

F.

1. Vater / gehen / Tür // und / hineinschauen   (*pres. and past*)
2. Lenchen Mehlenzell / sitzen / Klavier

3. Lenchen / sitzen / prächtig / Buch (*pres. and past*)
4. Vater / stürzen / Kind // und / werfen / es / von / Sitz (*pres. and past*)
5. Er / ergreifen / Buch // und / fliehen
6. Zu Hause / Buch / geprüft (*passive*) (*pres., past, and perf.*)
7. Es / leiden (*pres. perf. and past perf.*)
8. Ecken / sein / verbogen // und / Seiten / sein / los (*pres. and past*)
9. Vater / blättern / Buch (*pres. and past*)
10. Er / werden / stutzig / und / grün / in / Gesicht (*pres. and past*)
11. In / sein- / Buch / keine Leonie / vorkommen
12. Vater / erschlagen / Mutter
13. Er / hinausspringen / Fenster / und / brechen / Genick

Express in German

A.

1. It was a magnificent book and it lay on the table in the parlor.
2. It was a boring book with bad illustrations.
3. It was the pride of the whole family.
4. Only the father was allowed to *handle* the book (*lit.:* "take the book into his hand").
5. On holidays he read from the book.
6. But he washed his hands before (doing it).

B.

1. Mr. Mehlenzell was an acquaintance of the father's.
2. He had a store and *let you charge things*.

MAN ⟹ 3. They needed a lot in the household, and the father's salary was small.

4. One day Mr. Mehlenzell asked him to lend him the book.
5. He turned pale. He couldn't very well say "no."
6. He said that he would have it back next Sunday.

MAN ⟶ 7. In the family they only talked about the book.

8. The mother thought they shouldn't have given it to him.

C.

MEINEN ⟩ CONTRAST
DENKEN

1. Sunday came and they got up very early.
2. Mr. Mehlenzell still hadn't brought the book.
3. The meal didn't taste good to them.
4. No one looked after the children. ⟵ *SICH KUMMERN UM*
5. The father drank a half bottle of rum.
6. The parlor was closed. (*passive*)
7. On Monday and Tuesday the father had to stay (lie) in bed.
8. The mother neglected the household and the children ran wild.
9. Mr. Mehlenzell was still supposed to get 140 marks.
10. They didn't dare to remind him of the book.
11. It was strange in the house, as if someone had died.

ist GESTORBEN

D.

1. The third Sunday came and the book still wasn't there.
2. It couldn't go on like that.
3. He shaved and went to Mehlenzell's.
4. Mrs. Mehlenzell asks what it is.
5. Mr. Mehlenzell didn't want to be disturbed after dinner.
6. He said that it's urgent and that he has to speak to Mr. Mehlenzell.
7. She left him standing in the corridor.
8. She didn't close the door tightly.
9. He heard Mr. Mehlenzell cursing.
10. Then the door was slammed shut.
11. After a while the woman came back.
12. She said that he *should be* brief.

E.

1. Mr. Mehlenzell was lying on the sofa and smoking a cigar.
2. The father said that he wanted to pay something on the bill.
3. Mr. Mehlenzell sat up.
4. He asked him to take a seat.
5. In the next room someone was practicing on the piano.
6. He asked about the book that he had lent him.
7. He asks if he needs it.
8. Mr. Mehlenzell left the room muttering.

F.

1. He went to the door and looked in.   *DAS KIND*
2. Lenchen was sitting at the piano.
3. He pounced on the child and threw her off the seat.
4. He grabbed the book and fled.
5. The book was inspected at home. It had suffered.
6. The pages were loose.
7. He turned green in the face.
8. No(body named) Leonie appeared in his book.
9. He jumped out of the window and broke his neck.

Questions

A.

1. Wo lag das Buch?
2. Was war es für ein Buch? (**was ... für**   what kind of)
3. Was hielt die Familie von dem Buch? (**halten von**   to think of)
4. Wann wurde aus dem Buch vorgelesen? (Es wurde ...)
5. Was tat der Vater, bevor er aus dem Buch vorlas?
6. Warum unterbrach der Vater häufig das Vorlesen? (Abbildungen)

B.

1. Wer war Herr Mehlenzell?
2. Warum mußte der Vater bei Herrn Mehlenzell anschreiben?
3. Worum hat Herr Mehlenzell den Vater gebeten?
4. Was hat die Mutter dazu gemeint? (**meinen dazu** to say about it)

C.

1. Warum schmeckte der Familie das Essen nicht?
2. Was tat der Vater?
3. Was tat die Mutter?
4. Was geschah mit der guten Stube?
5. Warum wagten sie nicht, Herrn Mehlenzell an das Buch zu erinnern?

D.

1. Was tat der Vater am dritten Sonntag?
2. Was sagt Frau Mehlenzell über ihren Mann? (nicht gestört)
3. Was hat der Vater darauf geantwortet?
4. Wo ließ Frau Mehlenzell den Vater stehen?
5. Warum konnte der Vater Herrn Mehlenzell schimpfen hören?
6. Was sagte Frau Mehlenzell, als sie zurückkam? (kurz)

E.

1. Was tat Herr Mehlenzell, als der Vater hereinkam?
2. Warum richtete sich Herr Mehlenzell auf?
3. Was tat man im Nebenzimmer?
4. Wonach fragte der Vater?
5. Was hat Herr Mehlenzell darauf geantwortet?

F.

1. Wo saß Lenchen?
2. Was tat der Vater, als er das Buch sah?
3. Wie sah das Buch jetzt aus?
4. Was tat der Vater, nachdem er das Buch geprüft hatte?

plötzlich suddenly   **auf·wachen** (s)   to wake up   **überlegen** to
reflect, ponder over; *here:* to wonder

*stoßen (s) **(gegen)**   to bump (into)   **horchen nach** + *dat.*   to listen
(hearken) toward

fuhr mit der Hand über das Bett   ran her hand over the bed

leer empty

der **Atem** breath   (**atmen** to breathe)   **fehlen** to be missing,
lacking   **(sich) tappen** to grope (one's way)

(sich) treffen to meet (each other)

der **Küchenschrank, ⸗e** kitchen cupboard

das Hemd, -en *here:* nightshirt   **sich gegenüber** facing each other

---

Note: in standard German, *stoßen* takes *sein* as its auxiliary.

Das Brot

Wolfgang Borchert

Plötzlich wachte sie auf. Es war halb drei. Sie überlegte, warum sie aufgewacht war. Ach so! In der Küchte hatte jemand gegen einen Stuhl gestoßen. Sie horchte nach der Küche. Es war still. Es war zu still, und als sie mit der Hand über das Bett neben sich fuhr, fand sie es leer. Das war es, was es so besonders still gemacht hatte: sein Atem fehlte. Sie stand auf und tappte durch die dunkle Wohnung zur Küche. In der Küche trafen sie sich. Die Uhr war halb drei. Sie sah etwas Weißes am Küchenschrank stehen. Sie machte Licht. Sie standen sich im Hemd gegenüber. Nachts. Um halb drei. In der Küche.

Auf dem Küchentisch stand der Brotteller. Sie sah, daß er sich

*ab·schneiden to cut off (a loaf)   das **Messer,** — knife   der
  Teller, — plate   die **Decke, -n** tablecloth   die **Brotkrümel**
  bread crumbs
das **Tischtuch,** ¨er tablecloth

die **Kälte** cold, coldness   die **Fliese, -n** tile   (an einem) hoch
  *kriechen (s) to creep up (a person)

hier wäre (et)was something might be here   *umher-sehen to
  look around

dabei *here:* at the same time (as she said that)

tagsüber during the day   manchmal sometimes

es liegt an + *dat.* it's due to, because of
bei with, in the case of
auf einmal all at once
so barfuß barefoot like that
sich erkälten to catch a cold
*ertragen to bear, stand (something)   *lügen to lie
verheiratet married

sinnlos senselessly, aimlessly

Sie stellte den Teller vom Tisch She took the plate off the table
schnippen to snip, whisk

einem zu Hilfe *kommen (s) to come to someone's help   draußen
  outside
komm man man *is a north German form akin to* mal. *The translation of
  these words depends a great deal upon context, and they are often not
  directly translatable; here:* komm man come on; *later:* Iß du man
  eine mehr. You go ahead and eat one more.
der **Lichtschalter,** — light switch
sonst otherwise

die **Dachrinne, -n** gutter (of a roof)   bei Wind in the wind, when
  there's a wind
klappern to rattle, clatter
beide both   nackt bare
platschen to plop; splash   der **Fußboden,** ¨ floor

Brot abgeschnitten hatte. Das Messer lag noch neben dem Teller. Und auf der Decke lagen Brotkrümel. Wenn sie abends zu Bett gingen, machte sie immer das Tischtuch sauber. Jeden Abend. Aber nun lagen Krümel auf dem Tuch. Und das Messer lag da. Sie fühlte, wie die Kälte der Fliesen langsam an ihr hoch 5 kroch. Und sie sah von dem Teller weg.

„Ich dachte, hier wäre was", sagte er und sah in der Küche umher.

„Ich habe auch was gehört", antwortete sie, und dabei fand sie, daß er nachts im Hemd doch schon recht alt aussah. So alt 10 wie er war. Dreiundsechzig. Tagsüber sah er manchmal jünger aus. Sie sieht doch schon alt aus, dachte er, im Hemd sieht sie doch ziemlich alt aus. Aber das liegt vielleicht an den Haaren. Bei den Frauen liegt das nachts immer an den Haaren. Die machen dann auf einmal so alt. 15

„Du hättest Schuhe anziehen sollen. So barfuß auf den kalten Fliesen. Du erkältest dich noch."

Sie sah ihn nicht an, weil sie nicht ertragen konnte, daß er log. Daß er log, nachdem sie neununddreißig Jahre verheiratet waren.

„Ich dachte, hier wäre was", sagte er noch einmal und sah 20 wieder so sinnlos von einer Ecke in die andere, „ich hörte hier was. Da dachte ich, hier wäre was."

„Ich hab auch was gehört. Aber es war wohl nichts." Sie stellte den Teller vom Tisch und schnippte die Krümel von der Decke. 25

„Nein, es war wohl nichts", echote er unsicher.

Sie kam ihm zu Hilfe: „Komm man. Das war wohl draußen. Komm man zu Bett. Du erkältest dich noch. Auf den kalten Fliesen."

Er sah zum Fenster hin. „Ja, das muß wohl draußen gewesen 30 sein. Ich dachte, es wäre hier."

Sie hob die Hand zum Lichtschalter. Ich muß das Licht jetzt ausmachen, sonst muß ich nach dem Teller sehen, dachte sie. Ich darf doch nicht nach dem Teller sehen. „Komm man", sagte sie und machte das Licht aus, „das war wohl draußen. Die 35 Dachrinne schlägt immer bei Wind gegen die Wand. Es war sicher die Dachrinne. Bei Wind klappert sie immer."

Sie tappten sich beide über den dunklen Korridor zum Schlafzimmer. Ihre nackten Füße platschten auf den Fußboden.

halb im Schlaf   half asleep
unecht   not genuine, artificial   ***klingen**   to sound
gähnen   to yawn   ***kriechen** (s)   to crawl, creep

vorsichtig   cautiously   **kauen**   to chew   **absichtlich**   intentionally
 tief   deeply   **gleichmäßig**   evenly, uniformly

regelmäßig   regularly
***ein·schlafen** (s)   to go to sleep
***schieben**   to shove
die **Scheibe, -n**   slice

ruhig   *here:* It's *all right* for you to eat four.

ich kann es nicht *vertragen   it doesn't agree with me

sich beugen über+*acc.*   to bend over (something)
einem leid *tun   to be sorry (Es tut **mir** leid. I am sorry about it. Er tut
 mir leid. I am sorry for him. Er tut **ihr** leid. She is sorry for him.)
 auf seinen Teller   (talking) in the direction of his plate

doch   oh yes (sure)   *When a person has made a* negative *statement*
 (*using* **nicht, nie,** *etc.*)**, doch** *may be used to contradict it, e.g.,* Er
 kommt **nicht.** (He's *not* coming.)   **Doch!** (Oh yes, he is.)
Erst nach einer Weile   only after a while

„Wind ist ja", meinte er. „Wind war schon die ganze Nacht."
Als sie im Bett lagen, sagte sie: „Ja, Wind war schon die ganze
Nacht. Es war wohl die Dachrinne."

„Ja, ich dachte, es wäre in der Küche. Es war wohl die
Dachrinne." Er sagte das, als ob er schon halb im Schlaf wäre. 5

Aber sie merkte, wie unecht seine Stimme klang, wenn er log.

„Es ist kalt", sagte sie und gähnte leise, „ich krieche unter die
Decke. Gute Nacht."

„Nacht", antwortete er und noch: „Ja, kalt ist es schon ganz
schön." 10

Dann war es still. Nach vielen Minuten hörte sie, daß er leise
und vorsichtig kaute. Sie atmete absichtlich tief und gleichmäßig, damit er nicht merken sollte, daß sie noch wach war.
Aber sein Kauen war so regelmäßig, daß sie davon langsam
einschlief. 15

Als er am nächsten Abend nach Hause kam, schob sie ihm
vier Scheiben Brot hin. Sonst hatte er immer nur drei essen
können.

„Du kannst ruhig vier essen", sagte sie und ging von der
Lampe weg. „Ich kann dieses Brot nicht so recht vertragen. Iß 20
du man eine mehr. Ich vertrage es nicht so gut."

Sie sah, wie er sich tief über den Teller beugte. Er sah nicht
auf. In diesem Augenblick tat er ihr leid.

„Du kannst doch nicht nur zwei Scheiben essen", sagte er auf
seinen Teller. 25

„Doch. Abends vertrag ich das Brot nicht gut. Iß man. Iß man."

Erst nach einer Weile setzte sie sich unter die Lampe an den
Tisch.

Exercises

Introductory Exercises

Supply the correct forms of the verbs in parentheses. Do each sentence in the present tense, past tense, and present perfect tense, except where otherwise indicated.

A.

1. Um halb drei _____ die Frau plötzlich. Ich _____ erst
   (auf·wachen)   (*ein·schlafen)
   spät.
2. Die Frau _____, warum sie _____. (*1st clause past, 2nd*
   (überlegen)   (auf·wachen)
   clause past perf.)
3. In der Küche _____ jemand gegen einen Stuhl. (*pres., past, pres. perf.,*
   (*stoßen)
   and past perf.)
4. Die Frau _____ das Bett leer.
   (*finden)
5. Sie _____ und _____ durch die Wohnung zur Küche. (*pres.*
   (*auf·stehen)   (tappen)
   and past)
6. Er _____ zur Küche und _____ sich eine Scheibe Brot.
   (*gehen)   (*ab·schneiden)
   (*pres., past, pres. perf., and past perf.*)
7. Bevor sie ins Bett _____, _____ sie das Tischtuch.
   (*gehen)   (sauber·machen)
8. Die Frau _____ vom Teller.
   (*weg·sehen)

B.

1. Der Mann _____, er _____ etwas. (*1st clause past, 2nd clause subj.*
   (sagen)   (hören)
   II past)
2. Du _____ Schuhe anziehen. (*subj. II pres. and past*)
   (sollen)

3. Sie _____ es nicht ertragen.
     (können)
4. Sie _____ ihren Mann nicht, weil sie es nicht ertragen _____,
     (*an·sehen)
                                               (können)
   daß er _____. (*pres. and past*)
     (*lügen)
5. Wenn du nicht ins Bett _____, _____ du dich (*pres.*)
                  (*gehen) (erkälten)

C.

1. Sie _____ die Hand zum Lichtschalter.
     (*heben)
2. Sonst _____ sie nach dem Teller sehen. (*subj. II pres. and past*)
     (müssen)
3. Sie _____ das Licht und _____ ins Bett.
     (aus·machen)   (*gehen)
4. Der Mann _____, als ob er halb im Schlaf _____. (*1st clause past,*
     (*sprechen)   (sein)
   2nd clause subj. II pres.)
5. Sie _____, daß seine Stimme unecht _____. (*pres. and past*)
     (merken)   (*klingen)
6. Die Frau _____ und _____ unter die Decke. (*pres. and past*)
     (gähnen)   (*kriechen)
7. Die Frau _____, daß er leise _____. (*pres. and past*)
     (hören)   (kauen)
8. Sein Kauen _____ so regelmäßig, daß die Frau davon _____.
     (sein)   (*ein·schlafen)

D.

1. Die Frau _____ dem Mann vier Scheiben Brot.
     (*hin·schieben)
2. Sie _____ von der Lampe. Sie _____ von der Lampe
     (*weg·gehen)   (müssen)
   weggehen.
3. Sie _____ das Brot nicht vertragen. (*pres. and past*) Die Frau _____,
     (können)   (sagen)
   sie _____ das Brot nicht vertragen (*pres.*)
     (können)
4. Er _____ sich über den Teller und _____ nicht. (*pres. and past*)
     (beugen)   (*auf·sehen)
5. Der Mann _____ der Frau leid. Er _____ ihr leid.
     (*tun)   (*tun)
6. Nach einer Weile _____ sich die Frau an den Tisch.
     (setzen)

Synthetic Exercises

Use the following elements to make complete sentences. Form the present tense, past tense, and present perfect tense, except where otherwise indicated.

A.

1. halb drei / aufwachen / Frau / plötzlich
   Ich / einschlafen / erst spät
2. Frau / überlegen // warum / sie / aufwachen   (*1st clause past, 2nd clause past perf.*)
3. In / Küche / stoßen / jemand / Stuhl
4. Frau / finden / Bett / leer
5. Sie / aufstehen // und / tappen / Wohnung / Küche   (*pres. and past*)
6. Er / gehen / Küche // und / abschneiden / sich / Scheibe Brot   (*pres. perf. and past perf.*)
7. Bevor / sie / gehen / Bett // sie / saubermachen / Tischtuch
8. Frau / wegsehen / Teller   (*pres. and past*)

B.

1. Mann / sagen // er / hören / etwas   (*1st clause past, 2nd clause subj. II past*)
2. Du / sollen / anziehen / Schuhe   (*subj. II pres. and past*)
3. Sie / können / ertragen / es / nicht
4. Sie / ansehen / Mann / nicht // weil / sie / nicht / können / ertragen // daß / er / lügen   (*pres. and past*)
5. Wenn / du / gehen / nicht / Bett // erkälten / du   (*pres.*)

C.

1. Sie / heben / Hand / Lichtschalter
2. Sonst / sie / müssen / sehen / nach / Teller   (*subj. II pres. and past*)
3. Sie / ausmachen / Licht // und / gehen / Bett
4. Mann / sprechen // als ob / er / sein / halb / Schlaf   (*1st clause past, 2nd clause subj. II pres.*)
5. Sie / merken // daß / seine Stimme / klingen / unecht   (*pres. and past*)
6. Frau / gähnen // und / kriechen / unter / Decke   (*pres. and past*)
7. Frau / hören // daß / er / kauen / leise   (*pres. and past*)
8. Kauen / sein / so regelmäßig // daß / Frau / einschlafen / davon

D.

1. Frau / hinschieben / Mann / vier Scheiben Brot
2. Sie / weggehen / Lampe
   Sie / müssen / weggehen / Lampe
3. Sie / können / vertragen / Brot / nicht   (*pres. and past*)
   Frau / sagen // sie / können / vertragen / Brot / nicht   (*pres.*)

4. Er / beugen / über / Teller // und / aufsehen / nicht (*pres. and past*)
5. Mann / leid tun / Frau
6. Nach / Weile / Frau / setzen / Tisch

Express in German

A.

1. The woman woke up suddenly.
2. In the kitchen someone had bumped into a chair.
3. She found the bed empty.
4. She got up and groped through the apartment to the kitchen.
5. He had gone to the kitchen and had cut himself a slice of bread.
6. Before they went to bed she cleaned off the tablecloth.
7. She looked away from the plate.

B.

1. The man said that he had heard something.
2. You should have put on shoes.
3. She didn't look at her husband.
4. She couldn't stand his lying. (. . . that he was lying)
5. He caught cold.

C.

1. She raised her hand to the light switch.
2. Otherwise she would have to look toward the plate.
3. She turned out the light and went to bed.
4. He said it as if he were half asleep.
5. She noticed that his voice sounded false.
6. She yawned and crept under the blanket.
7. She heard him chewing softly. (. . . that he was . . .)

D.

1. She pushed four slices of bread over to him.
2. She walked away from the lamp.
3. He bent over his plate and didn't look up.
4. She was sorry for him.
5. After a while she sat down at the table.

Questions

A.
1. Was ist um halb drei geschehen?
2. Was hat sie aufgeweckt?
3. Was tat die Frau, als sie entdeckte, daß ihr Mann nicht da war?
4. Was lag auf dem Küchentisch?
5. Was hatte ihr Mann getan?
6. Was machte die Frau immer abends?

B.
1. Wie versuchte der Mann zu erklären, daß er in der Küche war?
2. Was hätte der Mann machen sollen?
3. Warum sah die Frau den Mann nicht an?

C.
1. Warum mußte sie das Licht ausmachen?
2. Wie sprach der Mann?
3. Was merkte die Frau an seiner Stimme?
4. Was hörte sie nach einiger Zeit?
5. Was wird über das Kauen des Mannes gesagt?

D.
1. Was tat die Frau am nächsten Abend?
2. Was sagte sie, als sie es tat?
3. Was tat der Mann?
4. Was tat die Frau am Ende der Geschichte?

der **Vetter** cousin
***verlassen** to leave
behaupten to maintain, assert   der **Kasten,** der **Briefkasten** mailbox   **stecken** *here:* to put
zurück·kehren (s) to return   **seitdem** since then

hellgrau light gray   der **Frühjahrsmantel** spring coat
nämlich *here:* really
empfindlich noticeably, uncomfortably   **vor allem** above all, especially
das **Taschenbuch** handbook   der **Pilzsammler, —** mushroom collector

Der hellgraue Frühjahrsmantel

Wolfgang Hildesheimer

Vor zwei Monaten—wir saßen gerade beim Frühstück—kam
ein Brief von meinem Vetter Eduard. Mein Vetter Eduard hatte an
einem Frühlingsabend vor zwölf Jahren das Haus verlassen, um,
wie er behauptete, einen Brief in den Kasten zu stecken, und
war nicht zurückgekehrt. Seitdem hatte niemand etwas von ihm   5
gehört. Der Brief kam aus Sydney in Australien. Ich öffnete ihn
und las:

> Lieber Paul!
> Könntest Du mir meinen hellgrauen Frühjahrsmantel
> nachschicken? Ich kann ihn nämlich brauchen, da es   10
> hier oft empfindlich kalt ist, vor allem nachts. In der
> linken Tasche ist ein „Taschenbuch für Pilzsammler"

*behalten to keep   **eßbar** edible
der **Pilz, -e** mushroom   **Im voraus vielen Dank** many thanks in
 advance
herzlichst best regards

gerade dabei sein to be just doing something
der **Tauchsieder** immersion heater   die **Blumenvase** flower vase
 das **Ei, -er** egg

der **Klavierstimmer** piano tuner   **schüchtern** shy
zerstreut absentminded, preoccupied   **weltfremd** unworldly

das **Saiteninstrument, -e** stringed instrument
Blockflötenunterricht erteilen to give recorder lessons
der **Akkord, -e** chord
*an·schlagen to strike (a chord)
die **Garderobe** closet
der **Speicher** attic
wundern to surprise   **gewöhnlich** usually   die **Dinge tun** to
 do things
gleichgültig of no importance
ein·packen to pack, wrap up   **sorgfältig** carefully
die **Post** post office   ***ein·fallen** to strike, occur to

das **Pilzbuch** mushroom book   ***heraus·nehmen** to take out, remove

umher·irren to wander around   **schauen** to look   der **Schrank, ∵e**
 cupboard

der **Irrtum** mistake
soeben just
aus Versehen by mistake
stören to disturb, bother
betreten crestfallen   **wenn auch nicht** although not   **erstaunt**
 surprised, astonished   **sich entschuldigen** to take one's leave
dafür (in exchange) for it

verstaubt dusty

Das kannst Du herausnehmen und behalten. Eßbare
Pilze gibt es hier nämlich nicht. Im voraus vielen Dank.

Herzlichst Dein Eduard

Ich sagte zu meiner Frau: „Ich habe einen Brief von meinem
Vetter Eduard aus Australien bekommen." Sie war gerade dabei, 5
den Tauchsieder in die Blumenvase zu stecken, um Eier darin zu
kochen, und fragte: „So? Was schreibt er?"

„Daß er seinen hellgrauen Mantel braucht und daß es in
Australien keine eßbaren Pilze gibt." —„Dann soll er doch etwas
anderes essen", sagte sie. —„Da hast du recht", sagte ich. 10

Später kam der Klavierstimmer. Er war ein etwas schüchterner
und zerstreuter Mann, ein wenig weltfremd sogar, aber er war
sehr nett, und natürlich sehr musikalisch. Er stimmte nicht nur
Klaviere, sondern reparierte auch Saiteninstrumente und erteilte
Blockflötenunterricht. Er hieß Kolhaas. Als ich vom Tisch 15
aufstand, hörte ich ihn schon im Nebenzimmer Akkorde
anschlagen.

In der Garderobe sah ich den hellgrauen Mantel hängen.
Meine Frau hatte ihn also schon vom Speicher geholt. Das
wunderte mich, denn gewöhnlich tut meine Frau die Dinge erst 20
dann, wenn es gleichgültig geworden ist, ob sie getan sind oder
nicht. Ich packte den Mantel sorgfältig ein, trug das Paket zur
Post und schickte es ab. Erst dann fiel mir ein, daß ich vergessen
hatte, das Pilzbuch herauszunehmen. Aber ich bin kein
Pilzsammler.

25

Ich ging noch ein wenig spazieren, und als ich nach Hause
kam, irrten der Klavierstimmer und meine Frau in der Wohnung
umher und schauten in die Schränke und unter die Tische.

„Kann ich helfen?" fragte ich.

„Wir suchen Herrn Kolhaas' Mantel", sagte meine Frau. 30

„Ach so", sagte ich, meines Irrtums bewußt, „den habe ich
soeben nach Australien geschickt." —„Warum nach Australien?" fragte meine Frau. „Aus Versehen", sagte ich. „Dann
will ich nicht weiter stören", sagte Herr Kolhaas, etwas
betreten, wenn auch nicht besonders erstaunt, und wollte sich 35
entschuldigen, aber ich sagte: „Warten Sie, Sie können dafür
den Mantel von meinem Vetter bekommen."

Ich ging auf den Speicher und fand dort in einem verstaubten

der **Koffer** trunk
zerknittert crumpled   **schließlich** after all
der **Zustand** condition
auf·bügeln to press (with an iron)

***an·ziehen** to put on
sich verabschieden to say goodbye
***erhalten** to get, receive
der **Steinpilz, -e** a highly prized mushroom (*boletus edulis*)   das **Kilo-
(gramm), -e** kilogram (2.2 pounds)

liebenswürdig kind

die **Pilzsuche** mushroom hunt
zu·schicken to send   **schmecken**+*dat.* to taste good (to someone)
außerdem in addition
***mit·geben** to include (along with)
hiermit herewith, enclosed (in a letter or package)
ergebenst very sincerely

der **Brief, um den es sich hier handelte** the letter he was referring to
offenbar apparently
mitsamt along with   **zu Hause *vergessen** to leave at home
gerichtet an+*acc.* addressed to
der **Umschlag** envelope
die **Theaterkarte** theater ticket, ticket to the opera   der **Zettel** note

Gebrauch machen to make use
verreisen to take a trip   (sich) **aus·spannen** to relax (*usually reflexive in German*)
Lust haben to want to (do something)   ***hin·gehen** to go (there),
i.e., to the opera   *die* **Schmidt-Hohlweg** la Schmidt-Hohlweg (*in
German and French famous singers and actors are referred to by their
last names and the definite article*)
Elisabeth *a role in Wagner's* Tannhäuser   **schwärmen** to be effusive
about, rave
Gis G-sharp
herzliche Grüße best regards

Koffer den hellgrauen Mantel meines Vetters. Er war etwas
zerknittert—schließlich hatte er zwölf Jahre im Koffer gelegen—
aber sonst in gutem Zustand.

Meine Frau bügelte ihn noch ein wenig auf, während ich mit
Herrn Kolhaas ein Glas Sherry trank und er mir von einigen 5
Klavieren erzählte, die er gestimmt hatte. Dann zog er ihn an,
verabschiedete sich und ging.

Wenige Tage später erhielten wir ein Paket. Darin waren
Steinpilze, etwa ein Kilo. Auf den Pilzen lagen zwei Briefe. Ich
öffnete den ersten und las: 10

Lieber Herr Holle, (so heiße ich)
da Sie so liebenswürdig waren, mir ein „Taschenbuch
für Pilzsammler" in die Tasche zu stecken, möchte ich
Ihnen als Dank das Resultat meiner ersten Pilzsuche
zuschicken und hoffe, daß es Ihnen schmecken wird. 15
Außerdem fand ich in der anderen Tasche einen Brief,
den Sie wohl irrtümlich mitgegeben haben. Ich schicke
ihn hiermit zurück.

Ergebenst Ihr A. M. Kolhaas

Der Brief, um den es sich hier handelte, war also wohl der, den 20
mein Vetter damals in den Kasten stecken wollte. Offenbar hatte
er ihn dann mitsamt dem Mantel zu Hause vergessen. Er war an
Herrn Bernhard Haase gerichtet, der, wie ich mich erinnerte, ein
Freund meines Vetters gewesen war. Ich öffnete den Umschlag.
Eine Theaterkarte und ein Zettel fielen heraus. Auf dem Zettel 25
stand:

Lieber Bernhard!
Ich schicke Dir eine Karte zu „Tannhäuser" nächsten
Montag, von der ich keinen Gebrauch machen werde,
da ich verreisen möchte, um ein wenig auszuspannen. 30
Vielleicht hast Du Lust, hinzugehen. Die Schmidt-
Hohlweg singt die Elisabeth. Du schwärmst doch immer
so von ihrem hohen Gis.

Herzliche Grüße, Dein Eduard

zum Mittagessen for lunch
eigentlich actually ***her·kommen** to come from

doch gar nicht nötig not at all necessary

hoffentlich hopefully, I hope **giftig** poisonous **übrigens** by
the way
Was wird denn gespielt? What are they performing?

die **Aufführung** performance

ohnehin anyway
die **Bitte** request
die **Tenorblockflöte** tenor recorder **nämlich** namely (in explanation
of his request)
seltsamerweise for some strange reason **es sei denn** unless
zur Erlernung for learning
das **Blockflötenspiel** playing the recorder **gedenken** to have in
mind, intend
erhältlich available
die **Kaffeemühle** coffee grinder ***auseinander·nehmen** to take
apart

Das finde ich auch. I think so too.
erfrischend refreshing **entwaffnend** disarming die **Sachlichkeit**
down-to-earth nature
die **Replik, -en** reply, retort **nüchtern** sober, matter-of-fact, prosaic
erschöpfend exhaustive, completely exhausting the subject matter

Zum Mittagessen gab es Steinpilze. „Die Pilze habe ich hier
auf dem Tisch gefunden. Wo kommen sie eigentlich her?"
fragte meine Frau. „Herr Kolhaas hat sie uns geschickt." —„Wie
nett von ihm. Es wäre doch gar nicht nötig gewesen."
„Nötig nicht", sagte ich, „aber er ist eben sehr nett." 5
„Hoffentlich sind sie nicht giftig. —Übrigens habe ich auch
eine Theaterkarte gefunden. Was wird denn gespielt?"
„Die Karte, die du gefunden hast", sagte ich, „ist zu einer
Aufführung von ‚Tannhäuser', aber die war vor zwölf Jahren!"
—„Na ja", sagte meine Frau, „zu ‚Tannhäuser' hätte ich 10
ohnehin keine große Lust gehabt."
Heute morgen kam wieder ein Brief von Eduard mit der Bitte,
ihm eine Tenorblockflöte zu schicken. Er habe nämlich in dem
Mantel (der übrigens seltsamerweise länger geworden sei, es sei
denn, er selbst sei kürzer geworden) ein Buch zur Erlernung des 15
Blockflötenspiels gefunden und gedenke, davon Gebrauch zu
machen. Aber Blockflöten seien in Australien nicht erhältlich.
„Wieder ein Brief von Eduard", sagte ich zu meiner Frau. Sie
war gerade dabei, die Kaffeemühle auseinanderzunehmen und
fragte: „Was schreibt er?" —„Daß es in Australien keine 20
Blockflöten gibt." —„Dann soll er doch ein anderes Instrument
spielen", sagte sie.
„Das finde ich auch", meinte ich.
Meine Frau ist von erfrischender, entwaffnender Sachlichkeit.
Ihre Repliken sind zwar nüchtern aber erschöpfend. 25

Exercises

Introductory Exercises

Supply the correct forms of the verbs in parentheses. Do each sentence in the present tense, past tense, and present perfect tense, except where otherwise indicated.

A.

1. Vor zwei Monaten _____ ein Brief von meinem Vetter Eduard.
   (*kommen)
   (*past and perf.*)

2. Eduard _____ das Haus vor zwölf Jahren, um einen Brief in den
   (*verlassen)
   Kasten _____. (*past and past perf., keep final clause infinitival*)
   (ein·stecken)

3. Er _____ das Haus, und er _____ nicht. (*pres. perf. and*
   (*verlassen)   (zurück·kehren)
   past perf.)

4. Seitdem _____ niemand etwas von ihm. (*pres. perf. and past perf.*)
   (hören)

5. Der Brief _____ aus Sydney. (*past*)
   (*kommen)

6. Paul _____ den Brief und _____. (*past*)
   (öffnen)   (*lesen)

7. Er _____ Eduards hellgrauen Frühjahrsmantel nachschicken. (*pres.*
   (sollen)
   and past)

8. Paul _____ das „Taschenbuch für Pilzsammler" behalten. (*pres.*)
   (können)

9. Er _____ es behalten, weil es keine eßbaren Pilze da _____.
   (können)   (*geben)
   (*pres.*)

B.

1. Paul _____ seiner Frau, daß er einen Brief von seinem Vetter aus
   (sagen)
   Australien _____. (*1st clause past, 2nd clause pres. perf.*)
   (*bekommen)
2. Die Frau _____, was er _____. (*1st clause past, 2nd clause*
   (fragen)   (*schreiben)
   pres.)
3. Eduard _____, daß er seinen hellgrauen Mantel _____, und
   (*schreiben)   (brauchen)
   daß es keine eßbaren Pilze in Australien _____. (*1st clause past, 2nd*
                                          (*geben)
   and 3rd clauses pres.)
4. Die Frau _____, daß er etwas anderes essen _____. (*pres. and past*)
   (sagen)   (sollen)
5. Später _____ der Klavierstimmer.
   (*kommen)
6. Er _____ ein schüchterner Mann, aber er _____ sehr musikalisch. (*past*)
   (sein)   (sein)
7. Er _____ nicht nur Klaviere, sondern _____ auch Blockflöten-
   (stimmen)   (erteilen)
   unterricht. (*past*)
8. Paul _____ einen hellgrauen Mantel in der Garderobe.
   (*sehen)
9. Er _____ den Mantel sorgfältig, und _____ das Paket zur
   (ein·packen)   (*tragen)
   Post. (*past*)
10. Aber er _____, das Pilzbuch _____. (*past and past*
    (*vergessen)   (*heraus·nehmen)
    perf., keep final clause infinitival)

C.

1. Er _____ ein wenig.
   (*spazieren·gehen)
2. Als er nach Hause _____, _____ seine Frau und der
                    (*kommen)   (umher·irren)
   Klavierstimmer in der Wohnung. (*past*)
3. Sie _____ in die Schränke und unter die Tische. (*past and pres. perf.*)
   (schauen)
4. Die Frau _____, daß sie Herrn Kolhaas' Mantel _____. (*1st clause*
   (sagen)   (suchen)
   past, 2nd clause pres.)
5. Paul _____, daß er den Mantel gerade nach Australien _____.
   (sagen)   (schicken)
   (*1st clause past, 2nd clause pres. perf.*)

6. Herr Kolhaas _____, daß er nicht weiter stören _____. (*past*)
          (sagen)   (wollen)

7. Er _____ dafür Eduards Mantel.
    (*bekommen)

8. Der Mantel _____ etwas zerknittert, aber sonst in gutem Zustand. (*past*)
          (sein)

9. Die Frau _____ den Mantel, während Paul und Herr Kolhaas ein Glas
          (bügeln)
  Sherry _____. (*past*)
    (*trinken)

10. Herr Kolhaas _____ sich und _____.
         (verabschieden)   (*gehen)

11. Später _____ sie ein Paket.
    (*erhalten)

12. In dem Paket _____ Steinpilze, und auf den Pilzen _____ zwei Briefe.
         (sein)   (*liegen)
  (*past*)

D.

1. Der eine Brief _____ von Kolhaas. (*past and pres. perf.*)
         (sein)

2. Er _____ für das Pilzbuch und _____ Herrn Holle das
    (danken)   (zu·schicken)
  Resultat seiner ersten Pilzsuche. (*pres. and past*)

3. Er _____ auch einen Brief in der Tasche. (*past, pres. perf., and past
    (*finden)
  perf.)

4. Und er _____ den Brief.
      (zurück·schicken)

5. Er _____ einen Brief in der Tasche und _____ ihn. (*1st
    (*finden)   (zurück·schicken)
  clause past perf., 2nd clause past)

6. Es _____ der Brief, den der Vetter in den Kasten stecken _____. (*past*)
    (sein)   (wollen)

7. Paul _____ den Umschlag, und eine Theaterkarte und ein Zettel
    (öffnen)
  _____. (*pres. and past*)
    (*heraus·fallen)

8. Eduard _____ seinem Freund Bernhard eine Karte zu „Tannhäuser''
         (schicken)
  (*past and past perf.*)

9. Eduard _____ verreisen, um sich ein wenig _____. (*keep
        (wollen)   (aus·spannen)
  final clause infinitival)

E.

1. Die Frau _____ die Pilze auf dem Tisch.
   (*finden)
2. Und so _____ es Pilze zum Mittagessen.
   (*geben)
3. Die Frau _____, wo die Pilze _____. (*past*)
   (fragen)   (*her·kommen)
4. Paul _____, daß Herr Kolhaas sie _____. (*1st clause past, 2nd*
   (sagen)   (schicken)
   clause pres. perf.)
5. Die Frau _____, daß sie auch eine Theaterkarte _____. (*1st clause*
   (sagen)   (*finden)
   past, 2nd clause pres. perf.)
6. Sie _____, was gespielt _____. (*1st clause past, 2nd clause pres.*)
   (fragen)   (werden)
7. Paul _____, daß die Karte zu „Tannhäuser" _____, aber daß die
   (antworten)   (sein)
   Karte 12 Jahre alt _____. (*1st clause past, 2nd and 3rd clauses pres.*)
   (sein)
8. Die Frau _____, daß sie „Tannhäuser" sowieso nicht _____. (*pres.*)
   (sagen)   (mögen)
9. Paul _____ noch einen Brief von Eduard.
   (*bekommen)
10. Er _____ ein Blockflötenbuch im Mantel, aber es _____ keine
    (*finden)   (*geben)
    Blockflöten in Australien. (*1st clause pres. perf., 2nd clause pres.*)
11. Er _____ Paul, ihm eine Tenorblockflöte _____. (*past, final*
    (*bitten)   (schicken)
    clause infinitival)
12. Die Frau _____, was Eduard _____. (*1st clause past, 2nd*
    (fragen)   (*schreiben)
    clause pres. perf.)
13. Die Frau _____, er _____ ein anderes Instrument spielen. (*pres. and*
    (sagen)   (sollen)
    past)

Synthetic Exercises

Use the following elements to make complete sentences. Form the present tense, past tense, and present perfect tense, except where otherwise indicated.

A.

1. zwei Monate / kommen / Brief / mein / Vetter Eduard   (*past and perf.*)
2. Eduard / verlassen / Haus / zwölf Jahre // einstecken / Brief / Kasten
   (*past and past perf., keep final clause infinitival*)

3. Er / verlassen / Haus // und / er / zurückkehren / nicht (*pres. perf. and past perf.*)
4. Seitdem / niemand / hören / etwas / von / (*him*) (*pres. perf. and past perf.*)
5. Brief / kommen / Sydney (*past*)
6. Paul / öffnen / Brief / und / lesen (*past*)
7. Er / sollen / nachschicken / Eduards / hellgrau / Frühjahrsmantel (*pres. and past*)
8. Paul / können / behalten / „Taschenbuch / Pilzsammler" (*pres.*)
9. Er / können / behalten / es // weil / es / geben / kein / eßbar / Pilze / da (*pres.*)

B.

1. Paul / sagen / Frau // daß / er / bekommen / Brief / von / Vetter / Australien (*1st clause past, 2nd clause pres. perf.*)
2. Frau / fragen // was / er / schreiben (*1st clause past, 2nd clause pres.*)
3. Eduard / schreiben // daß / er / brauchen / hellgrau / Mantel // und / daß / es / geben / kein / eßbar / Pilze / Australien (*1st clause past, 2nd and 3rd clauses pres.*)
4. Frau / sagen // daß / er / sollen / essen / etwas ander- (*pres. and past*)
5. Später / Klavierstimmer / kommen (*past and pres. perf.*)
6. Er / sein / schüchtern / Mann // aber / er / sein / sehr musikalisch (*past*)
7. Er / stimmen / nicht nur / Klaviere // sondern / erteilen / auch / Blockflötenunterricht (*past*)
8. Paul / sehen / hellgrau / Mantel / in / Garderobe (*past and pres. perf.*)
9. Er / einpacken / Mantel / sorgfältig // und / tragen / Paket / Post (*past*)
10. Aber / er / vergessen // herausnehmen / Pilzbuch (*past and past perf., keep final clause infinitival*)

C.

1. Er / spazierengehen / ein wenig
2. Als / er / kommen / nach Hause // Klavierstimmer / und / Frau / umherirren / in / Wohnung (*past*)
3. Sie / schauen / in / Schränke / und / unter / Tische (*past and pres. perf.*)
4. Frau / sagen // daß / sie / suchen / Herr Kolhaas / Mantel (*1st clause past, 2nd clause pres.*)
5. Paul / sagen // daß / er / schicken / Mantel / gerade / Australien (*1st clause past, 2nd clause pres. perf.*)
6. Herr Kolhaas / sagen // daß / er / wollen / stören / nicht weiter (*past*)
7. Er / bekommen / dafür / Eduards Mantel
8. Mantel / sein / etwas zerknittert // aber / sonst / gut / Zustand (*past*)
9. Frau / bügeln / Mantel // während / Paul und Herr Kolhaas / trinken / Glas Sherry (*past*)
10. Herr Kolhaas / verabschieden ... // und / gehen
11. Später / sie (*they*) / erhalten / Paket
12. In / Paket / sein / Steinpilze // und / auf / Pilze / liegen / zwei Briefe (*past*)

D.

1. Der ein- / Brief / sein / von / Kolhaas   (*past and pres. perf.*)
2. Er / danken / für / Pilzbuch // und / zuschicken / Herr Holle / Resultat / sein- / erst- / Pilzsuche   (*pres. and past*)
3. Er / finden / auch / Brief / in / Tasche   (*past, pres. perf., and past perf.*)
4. Und / er / zurückschicken / Brief
5. Er / finden / Brief / in / Tasche // und / zurückschicken / (*it*)   (*1st clause past perf., 2nd clause past*)
6. Es / sein / Brief // (*that*) / Vetter / wollen / stecken / Kasten   (*past*)
7. Paul / öffnen / Umschlag // und / Theaterkarte / und / Zettel / herausfallen   (*pres. and past*)
8. Eduard / schicken / Bernhard / Karte / „Tannhäuser"   (*past and past perf.*)
9. Eduard / wollen / verreisen // um / ausspannen / ein wenig   (*keep final clause infinitival*)

E.

1. Frau / finden / Pilze / Tisch // und / so / es / geben / Pilze / Mittagessen
2. Frau / fragen // wo / Pilze / herkommen   (*past*)
3. Paul / sagen // daß / Herr Kolhaas / schicken / sie   (*1st clause past, 2nd clause pres. perf.*)
4. Frau / sagen // daß / sie / finden / auch / Theaterkarte   (*1st clause past, 2nd clause pres. perf.*)
5. Sie / fragen // was / gespielt (*passive*)   (*1st clause past, 2nd clause pres.*)
6. Paul / antworten // daß / Karte / sein / „Tannhäuser" // aber / daß / Karte / sein / 12 Jahre alt   (*1st clause past, 2nd and 3rd clauses pres.*)
7. Frau / sagen // daß / sie / mögen / „Tannhäuser" / sowieso nicht   (*pres.*)
8. Paul / bekommen / noch ein- / Brief / Eduard
9. Er / finden / Blockflötenbuch / in / Mantel // aber / es / geben / kein / Blockflöten / in / Australien   (*1st clause pres. perf., 2nd clause pres.*)
10. Er / bitten / Paul // schicken / Tenorblockflöte   (*past, final clause infinitival*)
11. Frau / fragen // was / Eduard / schreiben   (*1st clause past, 2nd clause pres. perf.*)
12. Frau / sagen // er / sollen / spielen / ander- / Instrument   (*pres. and past*)

Express in German

A.

1. Two months ago a letter came from my cousin Edward.
2. Edward had left the house twelve years ago.
3. He had left the house and hadn't returned.
4. Since then nobody had heard from him.
5. Then a letter came from Sydney.
6. Paul was supposed to send Edward's light gray coat.
7. Paul can keep the mushroom book (**Pilzbuch**).
8. There aren't any edible mushrooms in Australia.

B.

1. Paul said that he had got a letter from his cousin.
2. He writes that he needs his light gray coat.
3. He also wrote that there aren't any edible mushrooms in Australia.
4. Paul's wife said that he should eat something else.
5. Later the piano tuner came.
6. He was a shy man but he was very musical.
7. He gave recorder lessons.
8. Paul saw a light gray coat in the closet.
9. He wrapped it up and took it to the post office.
10. But he forgot to take out the mushroom book.

C.

1. When Paul came home his wife was wandering (around) in the apartment.
2. She was looking for Mr. Kolhaas' coat.
3. Paul says that he has just sent the coat (off) to Australia.
4. Mr. Kolhaas got Edward's coat.
5. Paul's wife pressed the coat while Paul and Mr. Kolhaas drank a glass of sherry.
6. Later they got a package.
7. In the package were (some) mushrooms and two letters.

D.

1. One letter was from Mr. Kolhaas.
2. He thanked Paul for the mushroom book.
3. He had also found a letter in the pocket.
4. And he was sending the letter back.
5. Paul opened the envelope and a theater ticket and a note fell out.
6. Edward had wanted to take a trip.

E.

1. There were mushrooms for lunch.
2. Paul's wife asked where the mushrooms came from.
3. Mr. Kolhaas had sent them.
4. Paul says that the theater ticket is twelve years old.
5. His wife says that she doesn't like „Tannhäuser" anyway.
6. Paul got another letter from Edward.
7. He asked Paul to send him a recorder.
8. Paul's wife said that he should play another instrument.

Questions

A.

1. Was hat der Erzähler vor zwei Monaten bekommen?
2. Was hatte Eduard vor zwölf Jahren getan?
3. Warum hatte er es angeblich (*supposedly*) getan?
4. Wo wohnt Eduard jetzt?
5. Was soll Paul Eduard nachschicken?
6. Was kann Paul behalten?
7. Warum kann er es behalten?

B.

1. Was sagt Pauls Frau dazu, daß es keine eßbaren Pilze in Australien gibt?
2. Beschreiben Sie den Klavierstimmer!
3. Stimmt Herr Kolhaas nur Klaviere? (Blockflötenunterricht)
4. Was sieht Paul in der Garderobe?
5. Wem gehört dieser Mantel?
6. Was tut Paul mit dem Mantel?
7. Was vergißt Paul?

C.

1. Was tun Pauls Frau und der Klavierstimmer, als Paul nach Hause kommt?
2. Was bekommt Herr Kolhaas?
3. Was tun Paul und Herr Kolhaas, während Pauls Frau den Mantel bügelt?
4. Was ist in dem Paket, das Herr Kolhaas Paul schickt?

D.

1. Wie drückt Herr Kolhaas seinen Dank aus? (**aus·drücken** *to express*)
2. Was findet Paul in dem Umschlag?
3. Warum wollte Eduard verreisen?

E.

1. Warum können sie die Theaterkarte nicht gebrauchen?
2. Was sagt die Frau dazu?
3. Warum soll Paul Eduard eine Blockflöte schicken?
4. Was sagt die Frau dazu?

der **Stift, -e**   pin

die **Türklinke, -en**   doorhandle   ***bestehen aus**+*dat.*   to consist of
   der **Teil, -e**   part
stecken to fit   **ineinander** into one another
***zerfallen** (s) to fall apart (*or* to pieces)   die **Herrlichkeit, -en**
   splendor; *here:* the whole shebang, the whole works
die **Obertertia** upper third form, *approximately equivalent to the 9th*
   grade   **bewährt** proven   der **Grundsatz, ̈e** principle
konstruieren to construct   **mit . . . Energie** with his customary concentrated energy; *lit.:* with the to him customary concentrated energy
***behalten**   to keep, retain
draußen outside   **klirren** to clank, clatter   der **Gang, ̈e** hall-
   way, corridor

viereckig square   das **Loch, ̈er** hole   **desgleichen** likewise

Der Stift

Heinrich Spoerl

Eine Türklinke besteht aus zwei Teilen, einem positiven und einem negativen. Sie stecken ineinander, der kleine wichtige Stift hält sie zusammen. Ohne ihn zerfällt die Herrlichkeit. Auch die Türklinke an der Obertertia ist nach diesem bewährten Grundsatz konstruiert. 5

Als der Lehrer für Englisch um zwölf in die Klasse kam und mit der ihm gewohnten konzentrierten Energie die Tür hinter sich schloß, behielt er den negativen Teil der Klinke in der Hand. Der positive Teil flog draußen klirrend auf den Gang.

Mit dem negativen Teil kann man keine Tür öffnen. Die Tür 10 hat nur ein viereckiges Loch. Der negative Teil desgleichen.

den Atem *an·halten to hold one's breath
unbändig unrestrained, tremendous **römisch eins** Roman numeral
one
ausführlich extensive, detailed **die Untersuchung, -en** investigation **schuldbeladen** guilt-laden
der Schüler, — elementary- or high-school student ***heraus·ziehen**
to pull out
der Versuch, -e attempt, experiment
*herum·gehen (s) to pass (*referring to time*)
weder ... noch neither ... nor
erfahren experienced
ausgerechnet expressly, of all things
sich *ein·lassen auf + *acc.* to get involved in
erwarten to expect **das Gegenteil, -e** opposite
gleichgültig indifferently **das Kapitel, —** chapter
der Absatz, ⸚e paragraph
*an·fangen to begin

verpufft fizzled, shot, "blown"
schlau clever, sly
auf einmal all at once, suddenly

trotzdem nonetheless, anyway

behaupten to maintain
der Pflaumenkuchen, — plum cakes or tarts

widerlegen to refute, disprove **die Folge, -n** consequence

*nach·geben to give in **herum·stochern** to poke around **der**
Schlüssel, — key
hinein·klemmen to jam in
merkwürdig remarkable
krabbeln to grope **geschäftig** busily
feixen to give a snorting, half-repressed laugh; grin
unvorsichtigerweise incautiously
der Menschenkenner, — keen observer of human nature

Die Klasse hatte den Atem angehalten und bricht jetzt in
unbändige Freude aus. Sie weiß, was kommt. Nämlich römisch
eins: Eine ausführliche Untersuchung, welcher schuldbeladene
Schüler den Stift herausgezogen hat. Und römisch zwei: Technische Versuche, wie man ohne Klinke die Tür öffnen kann. 5
Damit wird die Stunde herumgehen.

Aber es kam nichts. Weder römisch eins noch römisch zwei.
Professor Heimbach war ein viel zu erfahrener Pädagoge, um
sich ausgerechnet mit seiner Obertertia auf kriminalistische
Untersuchungen und technische Probleme einzulassen. Er 10
wußte, was man erwartete, und tat das Gegenteil.

„Wir werden schon mal wieder herauskommen", meinte er
gleichgültig. „Mathiesen, fang mal an. Kapitel siebzehn, zweiter
Absatz."

Mathiesen fing an, bekam eine drei minus. Dann ging es 15
weiter; die Stunde lief wie jede andere. Die Sache mit dem Stift
war verpufft.

Aber die Jungens waren doch noch schlauer. Wenigstens
einer von ihnen. Auf einmal steht der lange Klostermann auf und
sagt, er muß raus. 20

„Wir gehen nachher alle."

Er muß aber trotzdem.

„Setz dich hin!"

Der lange Klostermann steht immer noch; er behauptet, er
habe Pflaumenkuchen gegessen und so weiter. 25

Professor Heimbach steht vor einem Problem. Pflaumenkuchen kann man nicht widerlegen. Wer will die Folgen auf sich
nehmen?

Der Professor gibt nach. Er stochert mit seinen Hausschlüsseln
in dem viereckigen Loch an der Tür herum. Aber keiner läßt sich 30
hineinklemmen.

„Gebt mal eure Schlüssel her." Merkwürdig, niemand hat
einen Schlüssel. Sie krabbeln geschäftig in ihren Hosentaschen
und feixen.

Unvorsichtigerweise feixt auch der Pflaumenkuchenmann. 35
Professor Heimbach ist Menschenkenner. Wer Pflaumenkuchen
gegessen hat und so weiter, der feixt nicht.

„Klostermann, ich kann dir nicht helfen. Setz dich ruhig hin.
Die Rechnung kannst du dem schicken, der den Stift auf dem

das **Gewissen** conscience   das **Grinsen** grinning

es schellt the bell rings
die **Anstalt, -en** institution, school   **schütten** to pour   der **In-sasse, -n** inmate
erlösen to release, set free

der **Unterricht** instruction
das **Katheder, —** lecture platform

außerdem besides that

die **Backe, -n** cheek   **kauen an** + *dat.* to chew on

zart delicate   **schonen** to spare   **sich aus·ruhen** to rest
meinethalben (meinetwegen) for all I care
die **Bank, ⁚e** bench   **genügend** enough, satisfactorily   **üben** to practice

*empfehlen to recommend
öd(e) desolate, dull   die **Langeweile** boredom   *kriechen (s) to creep
dösen to doze   **korrigieren** to correct   das **Heft, -e** notebook
die **Putzfrau, -en** cleaning woman

stolz auf + *acc.* proud of   **Klassenhiebe** punishment administered by the class (*i.e.*, they jump him after class)

Gewissen hat. —Kebben, laß das Grinsen und fahr fort."
Also wieder nichts.

Langsam, viel zu langsam, wird es ein Uhr. Es schellt. Die
Anstalt schüttet ihre Insassen auf die Straße. Die Obertertia wird
nicht erlöst. Sie liegt im dritten Stock am toten Ende eines langen 5
Ganges.

Professor Heimbach schließt den Unterricht und bleibt auf
dem Katheder. Die Jungens packen ihre Bücher. „Wann
können wir gehen?" —„Ich weiß nicht. Wir müssen eben
warten." 10

Warten ist nichts für Jungens. Außerdem haben sie Hunger.
Der dicke Schrader hat noch ein Butterbrot und kaut mit vollen
Backen; die andern kauen betreten an ihren Bleistiften.

„Können wir nicht vielleicht unsere Hausarbeiten machen?"
„Nein! Erstens werden Hausarbeiten, wie der Name sagt, zu 15
Hause gemacht. Und zweitens habt ihr fünf Stunden hinter euch
und müßt eure zarte Gesundheit schonen. Ruht euch aus;
meinethalben könnt ihr schlafen."

Schlafen in den Bänken hat man genügend geübt. Es ist
wundervoll. Aber es geht nur, wenn es verboten ist. Jetzt, wo es 20
empfohlen wird, macht es keinen Spaß und funktioniert nicht.

Eine öde Langeweile kriecht durch das Zimmer. Die Jungen
dösen. Der Professor hat es besser: er korrigiert Hefte.

Kurz nach zwei kamen die Putzfrauen, die Obertertia konnte
nach Hause, und der lange Klostermann, der das mit dem Stift 25
gemacht hatte und sehr stolz darauf war, bekam Klassenhiebe.

Exercises

Introductory Exercises

Supply the correct forms of the verbs in parentheses. Do each sentence in the present tense, past tense, and present perfect tense, except where otherwise indicated.

A.

1. Die Türklinke _____ aus zwei Teilen, einem positiven und einem
   (*bestehen)
   negativen. (*pres. and past*)
2. Die zwei Teile _____ ineinander. (*pres. and past*)
   (stecken)
3. Der Stift _____ den positiven und den negativen Teil.
   (*zusammen·halten)
4. Ohne den Stift _____ die Türklinke. (*pres. and subj. II pres.*)
   (*zerfallen)
5. Der Lehrer _____ in die Klasse und _____ die Tür hinter
   (*kommen)   (*schließen)
   sich.
6. Als er die Tür _____, _____ er den negativen Teil in der
   (*schließen)   (*behalten)
   Hand. (*past*)
7. Der positive Teil _____ auf den Gang. Er _____ auf den Boden.
   (*fliegen)   (*fallen)
   (der **Boden** floor)
8. Man _____ keine Tür mit dem negativen Teil öffnen.
   (können)
9. Die Klasse _____ den Atem.
   (*an·halten)
10. Römisch eins _____, wer den Stift _____. (*1st clause pres.*,
    (sein)   (*heraus·ziehen)
    2nd clause pres. perf.)
11. Römisch zwei _____, wie man die Tür öffnen _____. (*pres.*)
    (sein)   (können)

B.

1. Es _____ weder römisch eins noch römisch zwei.
   (*kommen)
2. Er _____ sich nicht darauf.
   (*ein·lassen)
   Er _____ zu intelligent, um sich darauf _____. (*pres. and past,*
   (sein)   (*ein·lassen)
   keep final clause infinitival)
   Professor Heimbach _____ ein zu erfahrener Pädagoge, um sich darauf
                       (sein)

   _____.
   (*ein·lassen)
3. Der Professor _____, was man _____, und er _____ das
                 (*wissen)   (erwarten)   (*tun)
   Gegenteil. (*pres. and past*)
4. Auf einmal _____ Klostermann und _____, daß er heraus
              (*auf·stehen)   (sagen)
   _____. (*1st and 2nd clauses past, final clause subj. II pres.*)
   (müssen)
5. Professor Heimbach _____, daß Klostermann sich hinsetzen _____.
                      (sagen)   (sollen)
   (*pres. and past*)
6. Er _____ die Folgen nicht auf sich nehmen.
      (wollen)
7. Der Professor _____ endlich.
                 (*nach·geben)

C.

1. Kein Schlüssel _____ sich hineinklemmen.
                  (*lassen)
2. Es _____ merkwürdig, daß niemand einen Schlüssel _____. (*pres.*
      (sein)   (haben)
   and past)
3. Wer Pflaumenkuchen _____, _____ nicht (*pres.*)
                      (*essen)   (feixen)
4. Er_____ dem die Rechnung schicken, der den Stift auf dem Gewissen
      (können)
   _____. (*pres.*)
   (haben)
5. Er _____ das Grinsen und _____. (*pres. and past*)
      (*lassen)   (*fort·fahren)
   Kebben! _____ das Grinsen und _____. (*imperative*)
           (*lassen)   (*fort·fahren)
6. Die Obertertia _____ im dritten Stock am toten Ende eines langen
                  (*liegen)
   Ganges. (*pres. and past*)

7. Professor Heimbach _____ den Unterricht und _____ auf
                  (*schließen)   (*bleiben)
   dem Katheder.
8. Die Schüler _____ an ihren Bleistiften.
         (kauen)
   Einer _____ an einem Butterbrot, und die anderen _____ an ihren
      (kauen)   (kauen)
   Bleistiften. (*pres. and past*)

D.

1. Hausarbeiten _____ zu Hause gemacht. (*passive*)
             (werden)
   Hausarbeiten _____ zu Hause gemacht werden. (*passive*)
             (müssen)
2. Die Schüler _____ ihre Gesundheit schonen. (*pres. and past*)
         (müssen)
3. Er _____, daß die Schüler schlafen _____. (*past*)
     (sagen)   (sollen)
4. Es _____ nur, wenn es verboten _____. (*pres. and past*)
      (*gehen)   (sein)
5. Er _____ stolz auf seine Arbeit. (*pres. and past*)
   (sein)
   Er _____ stolz darauf, daß seine Arbeit gut _____. (*pres. and past*)
   (sein)   (sein)
   Klostermann _____ stolz darauf, daß er den Stift _____.
              (sein)   (*heraus·ziehen)
   (*1st clause past, 2nd clause past perf.*)

Synthetic Exercises

Use the following elements to make complete sentences. Form the present
tense, past tense, and present perfect tense, except where otherwise indicated.

A.

1. Türklinke / bestehen / zwei / Teile // positiv / negativ (*pres. and past*)
2. Stift / zusammenhalten / positiv / und / negativ / Teil (*pres.*)
3. Ohne / Stift / zerfallen / Türklinke (*pres. and subj. II pres.*)
4. Lehrer / kommen / Klasse // und / schließen / Tür / hinter . . . (*past*)
5. Als / er / schließen / Tür // er / behalten / negativ / Teil / Hand (*past*)
6. Positiv / Teil / fliegen / Gang
   Er / fallen / Boden
7. Man / können / öffnen / kein / Tür / mit / negativ / Teil (*pres.*)
8. Klasse / anhalten / Atem

9. „I" / sein // wer / herausziehen / Stift   (*1st clause pres., 2nd clause pres. perf.*)
10. „II" / sein // wie / man / können / öffnen / die Tür   (*pres.*)

B.

1. Es / kommen / weder I noch II
2. Er / einlassen / sich / nicht / darauf
   Er / sein / zu intelligent // um / einlassen / sich / darauf   (*pres. and past, keep final clause infinitival*)
   Professor Heimbach / sein / zu erfahren / Pädagoge // um / einlassen / sich / darauf   (*pres. and past, keep final clause infinitival*)
3. Professor / wissen // was / man / erwarten // und / er / tun / Gegenteil   (*pres. and past*)
4. Auf einmal / Klostermann / aufstehen // und / sagen // daß / er / müssen / hinaus   (*1st and 2nd clauses past, final clause subj. II pres.*)
5. Professor Heimbach / sagen // daß / Klostermann / sollen / hinsetzen   (*past*)
6. Professor / nachgeben / endlich

C.

1. Kein Schlüssel / lassen / hineinklemmen
2. Es / sein / merkwürdig // daß / niemand / haben / Schlüssel   (*pres. and past*)
3. Wer / essen / Pflaumenkuchen // feixen / nicht   (*pres.*)
4. Er / lassen / Grinsen // und / fortfahren   (*pres. and past*)
5. Obertertia / liegen / tot / Ende / lang / Gang   (*pres. and past*)
6. Professor Heimbach / schließen / Unterricht // und / bleiben / auf / Katheder
7. Schüler / kauen / an / ihr / Bleistifte
   Einer / kauen / an / Butterbrot // und / andere / kauen / an / Bleistifte

D.

1. Hausarbeiten / gemacht (*passive*) / zu Hause
   Hausarbeiten / müssen / gemacht (*passive*) / zu Hause
2. Schüler / müssen / schonen / Gesundheit   (*pres. and past*)
3. Er / sagen // daß / Schüler / sollen / schlafen   (*past*)
4. Es / gehen / nur // wenn / es / sein / verboten   (*pres. and past*)
5. Er / sein / stolz / auf / Arbeit   (*pres. and past*)
   Er / sein / stolz darauf // daß / Arbeit / sein / gut   (*pres. and past*)
   Klostermann / sein / stolz // daß / er / herausziehen / Stift   (*1st clause past, 2nd clause past perf.*)

Express in German

A.

1. A doorhandle consists of two parts: a positive (part) and a negative (part).
2. The two parts fit into one another.
3. The pin holds the positive and the negative part(s) together.
4. Without the pin the door handle would fall apart.
5. The teacher came into class and shut the door behind him.
6. He was left holding (kept) the negative part in his hand.
7. It fell onto the floor (der **Boden**).
8. One can't open a door with the negative part.
9. The class held its breath.
10. Roman numeral I was who had pulled out the pin.
11. Roman numeral II was how one can open the door.

B.

1. He was too intelligent to let himself in for it.
2. He knew what they expected and did the opposite.
3. All at once Klostermann stood up and said he had to *leave*.
4. Professor Heimbach said that Klostermann should sit down.
5. The professor gave in.

C.

1. None of the keys could be jammed in. (*Use* **lassen.**)
2. It was remarkable that no one had a key.
3. Anyone who has eaten something like that (**so etwas**) doesn't grin.
4. Kebben! Stop grinning and continue.
5. It's at the dead end of a long corridor.
6. The students chewed on their pencils.

D.

1. Homework (plural!) has to be done at home.
2. He said that they should sleep.
3. It only works when it's forbidden.
4. He was proud of his work.
5. Klostermann was proud that he had pulled out the pin.

Questions

A.

1. Beschreiben Sie eine Türklinke!
2. Was tat der Lehrer, als er in die Klasse kam?
3. Was ist mit der Klinke geschehen?

4. Was ist die Reaktion der Klasse?
5. Was soll römisch eins sein?
6. Römisch zwei?

B.

1. Was kam nicht?
2. Warum nicht?
3. Was tat der Lehrer?   (Gegenteil)
4. Wie lief die Stunde?   (jed- ander-)
5. Was sagt der lange Klostermann?
6. Was tut der Professor?

C.

1. Was ist merkwürdig?
2. Was tut Klostermann und warum hätte er es nicht tun sollen?
3. Was geschieht um ein Uhr?
4. Wo liegt die Obertertia?
5. Woran kauen die Schüler?

D.

1. Was wollen die Schüler machen?
2. Warum dürfen sie es nicht?
3. Was empfiehlt Professor Heimbach?
4. Warum können die Schüler es nicht?
5. Was tut der Professor selbst?   (korrigieren / Hefte)

frischgebacken brand new, *lit.:* "freshly baked" der **Bauingenieur**
civil engineer
rundherum knusperig *lit.:* "crisp on the outside," young but lacking
experience **und er wäre es noch** . . . and he'd still be that
das **Schaufenster** shop window **gucken** to look, peer **freilich**
to be sure **ahnen** to suspect
die **Glasscheibe** pane of glass **lauern auf** + *acc.* to lie in wait for
eine **Stellung *an·treten** to take or start a job
(**sich) melden bei** to report to, check in with **bis an die Zähne** . . .
eingekleidet dressed to the teeth **einen Eindruck machen** to
make an impression **sich eins *pfeifen** to whistle a tune to oneself
der **Koffer,** — suitcase **pendeln** to swing back and forth
nach·gucken + *dat.* to look at
die **Auslage** display der **Buchladen** bookstore
die **Leseware, -n** book (or any reading material) der **Schutzum-**
schlag dustjacket (of a book) die **Aufschrift** title

Es steht geschrieben

Hans Daiber

Karl Kornemann war ein frischgebackener Bauingenieur, rundherum knusperig, und er wäre es noch, wenn er nicht in ein gewisses Schaufenster geguckt hätte. Freilich hat er nicht ahnen können, was dort hinter der Glasscheibe auf ihn lauerte.

Er kam vom Hauptbahnhof, war gerade angekommen, wollte hier seine erste Stellung antreten, aber die Stadt ein wenig ansehen, bevor er sich bei der Firma meldete. Er war bis an die 5 Zähne neu eingekleidet, um guten Eindruck zu machen, pfiff sich eins, ließ den Koffer pendeln, guckte den Mädchen nach und in die Schaufenster.

Plötzlich erblickte er in der Auslage eines Buchladens zwischen anderen Lesewaren einen roten Schutzumschlag mit 10 der Aufschrift „Kornemann kommt in die Stadt". Darüber ein

Hans Daiber, "Es steht geschrieben," from *Argumente für Lazarus*, 1966. Reprinted by permission of the author.

der **Sakko** jacket

der **Schlips** tie   **verrutscht** crooked, askew   **unwillkürlich** without thinking about it, involuntarily

zurecht·rücken to straighten   **betrachten** to look at

glaubte zu träumen thought he was dreaming   **zwicken** to pinch

***verschwinden** to disappear

der **Band** volume (of a book)   **sich etwas geben *lassen** to have someone hand you something

***verlassen** to leave   das **Geschäft** store   ***auf·fallen** (s) + *dat.* to register on, to notice; *lit.:* "Nothing had registered on the saleslady," *i.e.*, She hadn't noticed anything.

eilig quickly, in a hurry   **eingewickelt** wrapped up (in paper)

die **Promenaden-Bank** park bench

freundlich *here:* pleasant, cheerful   der **Goldfischteich** goldfish pond   **aus·packen** *here:* to unwrap

verblüfft nonplused, dumfounded   ***inne·halten** to stop (reading)

die **Gänsehaut** gooseflesh   **umher·blicken** to look around

um ihn herum round about him   der **Alltag** routine, normalcy (everything was normal)   die **Großstadt** large city   **keiner** no one

beachten to pay attention to   **hastig** hastily

der **Buchkauf** purchase of the book   **Und dann las er, daß er las.** And then he read that he was reading. (Having gotten up to the present time in the book, he reads what he is just now doing, that is to say, reading.)

auf·blicken to look up   die **Umgebung** surroundings

entsetzt aghast, horrified   ***auf·springen** (s) to jump up   **wobei** *lit.:* whereby; *so that* (the book fell off his lap)   ***herunter·fallen** to fall down

lackiert glossy   **glänzen** to glisten, shine   der **Kerl** guy, fellow

entgegen·starren + *dat.* to stare at   **mit schreckgeweiteten Augen** *lit.:* with fear-widened eyes; wide-eyed with fear

***sich ab·wenden** to turn away (from the book)

rief . . . hinter ihm her called after him

sich bedanken to express one's thanks   ***auf·schlagen** to open

die **Szene** scene   **gerade** just   **erleben** to experience

die **Zukunft** future

der **Schluß** *here:* the end of the book

***fort·fahren** (s) to continue   **weiter vorn** further back toward the front of the book   **auf·hören** to stop (*here:* to stop reading; the text at the end of the book continues precisely from the point where he had just stopped reading further back in the book)

herum·blättern to skim through or thumb through a book   **wahllos herum·blättern** to turn pages at random   **beliebig** "any old" (sentence), at random

aufschreiend with a scream

Foto, das ihn zeigte, mit dem Koffer, dem neuen Sakko. Der Schlips auf dem Foto war verrutscht. Unwillkürlich rückte Kornemann seine Krawatte zurecht. Dann betrachtete er wieder das Buch. Der Schlips des jungen Mannes auf dem Foto war jetzt in Ordnung. Kornemann glaubte zu träumen, zwickte sich ins Bein. Doch das Buch im Schaufenster verschwand nicht. 5

Er ging in den Laden, ließ sich den Band geben, zahlte und verließ das Geschäft. Der Verkäuferin war nichts aufgefallen. Eilig suchte sich der junge Mann, das eingewickelte Buch unterm Arm, eine Promenaden-Bank, fand auch bald eine neben 10 einem freundlichen Goldfischteich, setzte sich, packte das Buch aus und las: „Karl Kornemann war ein frischgebackener Bauingenieur, rundherum knusperig, und er wäre es noch, wenn er nicht in ein gewisses Schaufenster geguckt hätte. Freilich hat er nicht ahnen können ..."

15

Verblüfft hielt der Leser inne. Er bekam Gänsehaut, blickte umher. Um ihn herum der Alltag einer Großstadt. Keiner beachtete ihn. Hastig las er weiter. Es stand alles da: der Buchkauf, die Promenaden-Bank. Und dann las er, daß er las. Und daß er verblüfft aufblickte, aber die Umgebung ganz normal 20 war. Entsetzt sprang er auf, wobei das Buch herunterfiel. Der lackierte Schutzumschlag glänzte in der Sonne. Der Kerl auf der Fotografie starrte ihm mit schreckgeweiteten Augen entgegen. Kornemann wandte sich ab, nahm den Koffer auf und ging weg. „He, Sie haben Ihr Buch verloren!" rief ein Junge hinter ihm her 25 und brachte es ihm. Kornemann bedankte sich und schlug das Buch noch einmal auf. Da stand die Szene, die er gerade erlebt hatte.

Er setzte sich noch einmal und versuchte, in die Zukunft zu lesen. Aber er las nur, daß er in die Zukunft zu lesen versuchte. 30 Da wollte er den Schluß lesen, doch der Text am Schluß des Buches fuhr dort fort, wo er weiter vorn gerade aufgehört hatte: „Er versuchte, den Schluß zu lesen." Er blätterte wahllos herum, las einen beliebigen Satz und da stand: „Er blätterte wahllos herum, las einen beliebigen Satz und da stand: Er blätterte ..." 35 Aufschreiend warf Kornemann das Buch in den Teich.

packen to seize   das **Verlangen** desire   **kontrollieren** *here:* to find out, check

die **Schreckreaktion** reaction of panic or fear (*here:* throwing the book in the pond)   **bereits** already   **drin** in it (*i.e.,* in the book)

gleichzeitig at the same time

die **Atemnot** difficulty in breathing   **als liege er selber . . .** as if he himself were lying . . .   **stürzen** to rush

der **Rand** edge   das **Bassin** basin, pond   **im Begriff sein** to be about to   **eben** just

der **Parkwächter** watchman, attendant   ***zurück-reißen** to pull back

flach shallow   der **Retter** rescuer

begütigend soothingly, appeasingly   **dann erst** not until then

***auf·fallen (s)** + *dat.* to register on, notice (Not until then did Kornemann's difficulty in breathing register on him . . . did he notice it.)

vermeintlich supposed, presumed

der **Selbstmörder** suicide (person attempting suicide)   **sich verfärben** to grow pale   **sich krallen an** + *acc.* to cling to

***um·fallen (s)** to collapse   **röchelnd** with a rattling noise in his throat

***laden** to load   der **Ohnmächtige** (adj. noun) unconscious man

der **Karren** cart

das **städtische Gartenamt** the municipal park commission   **wobei** *here:* in which   der **Passant, -en, -en** passerby

die **Sauerstoffmaske** oxygen mask   **zu sich *kommen (s)** to regain consciousness, come to

fest·stellen to ascertain   die **Kreislaufstörung, -en** circulatory trouble   die **Ursache** cause

der **Ohnmachtsanfall** fainting spell   **sich erholen** to recover

rasch quickly   die **Untersuchung** (*here:* medical) examination

das **Bücherregal** bookcase

***hinaus·werfen** to throw out   **legte sich in das oberste Fach** lay down on the top shelf

Sofort packte ihn wieder das Verlangen zu kontrollieren, ob auch diese Schreckreaktion bereits drinstehe. Gleichzeitig bekam er Atemnot, als liege er selber unter Wasser. Er stürzte zum Rand des Bassins und war eben im Begriff, das Buch herauszuziehen, als er von einem Parkwächter zurückgerissen 5 wurde. „Das Wasser ist doch viel zu flach", sagte der Retter begütigend. Dann erst fiel ihm die Atemnot des vermeintlichen Selbstmörders auf. Kornemann verfärbte sich, krallte sich an seinen Retter und fiel röchelnd um.

Der Parkwächter lud den Ohnmächtigen auf einen Karren des 10 städtischen Gartenamts, wobei Passanten halfen, und fuhr ihn ins nächste Krankenhaus. Unter der Sauerstoffmaske kam er zu sich. Der Arzt stellte Kreislaufstörungen als Ursache der Atemnot und des Ohnmachtsanfalls fest. Der Patient erholte sich rasch. Nach der Untersuchung trat er vor ein Bücherregal, 15 warf die medizinische Literatur hinaus und legte sich in das oberste Fach.

Exercises

Introductory Exercises

Supply the correct forms of the verbs in parentheses. Do each sentence in the present tense, past tense, and present perfect tense, except where otherwise indicated.

A.

1. Karl Kornemann _____ ein frischgebackener Bauingenieur.
   (sein)
2. Er _____ in ein gewisses Schaufenster.
   (schauen)
3. Er _____ nicht ahnen, was hinter der Glasscheibe auf ihn _____.
   (können)   (lauern)
4. Kornemann _____ gerade. (*pres. perf. and past perf.*)
   (*an·kommen)
5. Er _____ hier seine erste Stellung antreten.
   (wollen)
6. Er _____ die Stadt ansehen, bevor er sich bei der Firma _____.
   (wollen)   (melden)
   (*past*)
7. Er _____ neu eingekleidet, um einen guten Eindruck _____. (*pres.*
   (sein)   (machen)
   and past, final clause infinitival)
8. Er _____ den Mädchen, und _____ in die Schaufenster.
   (nach·gucken)   (gucken)

B.

1. In einem Buchladen _____ er plötzlich einen Schutzumschlag mit
   (erblicken)
   der Aufschrift „Kornemann kommt in die Stadt". (*pres. and past*)
2. Darüber _____ ein Foto, das ihn mit seinem Koffer und seinem neuen
   (sein)
   Sakko _____. (*pres. and past*)
   (zeigen)
3. Der Schlips auf dem Foto _____ verrutscht. (*pres. and past*)
   (sein)

4. Unwillkürlich _ER_ ✓_____ seine Krawatte.
   (zurecht·rücken)
5. Dann _____ er wieder das Buch.
   (betrachten)
6. Der Schlips auf dem Foto _____ jetzt in Ordnung. (*pres. and past*)
   (sein)
7. Kornemann _____, daß er _____. (*pres. and past*)
   (glauben)   (träumen)
8. Er _____ sich ins Bein, aber das Buch in dem Schaufenster
   (zwicken)
   _____ nicht.
   (*verschwinden)

C.

1. Kornemann _____ in den Laden und _____ sich das Buch
        (*gehen)   (*lassen)
   geben. (*pres. and past*)
2. Er _____ und _____ das Geschäft. (*pres. and past*)
   (zahlen)   (*verlassen)
3. Er _____ sich und _____ das Buch.
   (setzen)   (aus·packen)
4. Er _____, daß Karl Kornemann ein frischgebackener Bauingenieur
   (*lesen)
   _____. (*pres. and past*)
   (sein)
5. Er _____ auch, daß er in ein gewisses Schaufenster _____.
   (*lesen)   (schauen)

D.

1. Der Leser _____ verblüfft, _____ Gänsehaut und
        (*inne·halten)   (*bekommen)
   _____. (*pres. and past*)
   (umher·blicken)
2. Er _____ hastig.
   (*weiter·lesen)
3. Es _____ alles da: der Buchkauf und die Promenaden-Bank.
   (*stehen)
4. Dann _____ er, daß er _____. (*pres. and past*)
        (*lesen)   (*lesen)
5. Er _____ entsetzt, und das Buch _____.
   (*auf·springen)   (*herunter·fallen)
6. Der Kerl auf dem Foto _____ ihm mit schreckgeweiteten
                      (entgegen·starren)
   Augen.
7. Kornemann _____ sich, und _____ weggehen.
        (*ab·wenden)   (wollen)

BOTH WAYS

8. Ein Junge _____ ihm, daß er sein Buch _____. *(1st*
      (*nach·rufen)   (*vergessen)
clause past, 2nd clause past perf.)

9. Kornemann _____ sich und _____ das Buch noch
        (bedanken)   (*auf·schlagen)
einmal.

10. Da _____ die Szene, die er gerade _____. *(1st clause past, 2nd*
    (stehen)   (erleben)
clause past perf.)

E.

1. Er _____ sich wieder und _____, in die Zukunft _____.
    (setzen)   (versuchen)   (*lesen)
(pres. and past, final clause infinitival)

2. Er _____ nur, daß er _____, in die Zukunft _____. *(pres.*
    (*lesen)   (versuchen)   (*lesen)
and past, final clause infinitival)

3. Dann _____ er den Schluß lesen.
    (wollen)

4. Aber der Text am Schluß _____ dort, wo Kornemann gerade
                (*fort·fahren)
_____. *(1st clause past , 2nd clause past perf.)*
 (auf·hören)

5. Er _____ wahllos und _____ einen beliebigen Satz.
    (herum·blättern)   (*lesen)

6. Da _____, daß er wahllos _____, und daß er einen
   (*stehen)   (herum·blättern)
beliebigen Satz _____. *(pres. and past)*
        (*lesen)

7. Kornemann _____ das Buch in den Teich.
   (*werfen)

F.

1. Er _____ sofort wissen, ob diese Schreckreaktion schon
   (wollen)
_____. *(pres. and past)*
 (*drin·stehen)

2. Er _____ gleichzeitig Atemnot, als ob er selber unter Wasser
   (*bekommen)
_____. *(1st clause past, 2nd clause subj. II pres.)*
 (sein)

3. Er _____ im Begriff, das Buch _____, als er von einem
   (sein)   (*heraus·ziehen)
Parkwächter zurückgerissen _____. *(past, 2nd clause infinitival)*
         (werden)

4. Seine Atemnot _____ dem Parkwächter.
   (*auf·fallen)
5. Kornemann _____ sich und _____.
   (verfärben)   (*um·fallen)
6. Der Parkwächter _____ Kornemann auf einen Karren und _____
   (*laden)   (*fahren)
   ihn ins nächste Krankenhaus.
7. Unter der Sauerstoffmaske _____ er zu sich.
   (*kommen)
8. Der Patient _____ sich rasch. *Euic , Hastic*
   (erholen)
9. Nach der Untersuchung _____ er vor ein Bücherregal,
   (*treten)
   _____ die medizinische Literatur und _____ sich in das
   (*hinaus·werfen)   (legen)
   oberste Fach. (*pres. and past*)

Synthetic Exercises

Use the following elements to make complete sentences. Form the present
tense, past tense, and present perfect tense, except where otherwise indicated.

A.

1. Karl Kornemann / sein / frischgebacken / Bauingenieur
2. Er / schauen / in / gewiß / Schaufenster
3. Er / können / ahnen / nicht // was / lauern / hinter / Glasscheibe /
   auf / (*him*) (*pres. and past*)
4. Kornemann / ankommèn / gerade (*pres. perf. and past perf.*)
5. Er / wollen / antreten / hier / sein- / erst / Stellung
6. Er / wollen / ansehen / Stadt // bevor / er / melden / bei / Firma
   (*pres. and past*)
7. Er / sein / neu eingekleidet // um / machen / gut / Eindruck (*pres.
   and past, 2nd clause infinitival*)
8. Er / nachgucken / Mädchen // und / gucken / in / Schaufenster

B.

1. In / Buchladen / er / erblicken / plötzlich / Schutzumschlag / mit /
   Aufschrift / „Kornemann / kommen / Stadt" (*pres. and past, keep
   quotation in pres.*)
2. Darüber / sein / Foto // das / zeigen / ihn / mit / Koffer / und / neu /
   Sakko (*pres. and past*)
3. Schlips / auf / Foto / sein / verrutscht (*pres. and past*)
4. Unwillkürlich / Kornemann / zurechtrücken / Krawatte
5. Dann / er / betrachten / wieder / Buch

6. Schlips / auf / Foto / jetzt / Ordnung   (*pres. and past*)
7. Kornemann / glauben // daß / er / träumen   (*pres. and past*)
8. Er / zwicken / sich / in / Bein // aber / Buch / in / Schaufenster / verschwinden / nicht

C.

1. Kornemann / gehen / in / Laden // und / lassen / sich / Buch / geben (*pres. and past*)
2. Er / zahlen // und / verlassen / Geschäft   (*pres. and past*)
3. jung / Mann / suchen / eilig / Promenaden-Bank
4. Er / setzen // und / auspacken / Buch
5. Er / lesen // daß / Karl Kornemann / sein / frischgebacken / Bauingenieur (*pres. and past*)
6. Er / lesen / auch // daß / er / schauen / in / gewiß / Schaufenster (*pres. and past*)

D.

1. Leser / innehalten / verblüfft // bekommen / Gänsehaut // und / umherblicken   (*pres. and past*)
2. Er / weiterlesen / hastig
3. Es / stehen / alles da / : / Buchkauf / und / Promenaden-Bank   (*pres. and past*)
4. Dann / er / lesen // daß / er / lesen   (*pres. and past*)
5. Er / aufspringen / entsetzt // und / Buch / herunterfallen
6. Kerl / auf / Foto / entgegenstarren / (*him*) / mit / schreckgeweitet / Augen
7. Kornemann / abwenden // und / wollen / weggehen
8. Junge / nachrufen / (*him*) // daß / er / vergessen / Buch   (*1st clause past, 2nd clause past perf.*)
9. Kornemann / bedanken // und / aufschlagen / Buch / noch einmal
10. Da / stehen / Szene // — / er / erleben / gerade   (*1st clause past, 2nd clause past perf.*)

E.

1. Er / setzen / wieder // und / versuchen // lesen / in / Zukunft   (*pres. and past, final clause infinitival*)
2. Er / lesen / nur // daß / er / versuchen // lesen / in / Zukunft   (*pres. and past, final clause infinitival*)
3. Dann / er / wollen / lesen / Schluß   (*pres. and past*)
4. Aber / Text / an / Schluß / fortfahren / dort // wo / Kornemann / aufhören / gerade   (*1st clause past, 2nd clause past perf.*)
5. Er / herumblättern / wahllos // und / lesen / beliebig / Satz
6. Da / stehen // daß / er / herumblättern / wahllos // und / daß / er / lesen / beliebig / Satz   (*pres. and past*)
7. Kornemann / werfen / Buch / Teich

F.

1. Er / wollen / wissen / sofort // ob / dies- / Schreckreaktion / drinstehen / schon (*pres. and past*)
2. Er / bekommen / gleichzeitig / Atemnot // als ob / er selber / sein / unter Wasser (*1st clause past, 2nd clause subj. II pres.*)
3. Er / sein / im Begriff // herausziehen / Buch // als / er / <u>zurückgerissen</u> (*passive*) / von / Parkwächter (*past tense, 2nd clause infinitival*)
4. Sein- / Atemnot / auffallen / Parkwächter
5. Kornemann / verfärben // und / umfallen
6. Parkwächter / laden / Kornemann / Karren // und / fahren / (*him*) / in / nächst- / Krankenhaus
7. Unter / Sauerstoffmaske / er / kommen / zu sich
8. Patient / erholen / rasch
9. Nach / Untersuchung / er / treten / vor / Bücherregal // hinauswerfen / medizinisch / Literatur // und / legen / sich / in / oberst- / Fach (*pres. and past*)

Express in German

A.

1. Karl Kornemann was a brand new engineer.
2. He looked into a certain display window.
3. Kornemann had just arrived.
4. He wanted to have a look at (**ansehen**) the city.
5. He wanted to make a good impression.

B.

1. In a bookstore he saw a book with the title "Kornemann Comes to Town."
2. Above the title was a picture of Kornemann.
3. It showed him with his suitcase and his new jacket.
4. The necktie in the picture was crooked.
5. Kornemann straightened his tie.
6. Then he looked at the book again.
7. Now the tie in the picture was straight. (*lit.:* in order)
8. Kornemann thought he was dreaming.

C.

1. Kornemann went into the store and bought the book.
2. He looked for a park bench.
3. He sat down and unwrapped the book.
4. He read that Karl Kornemann was a brand new engineer.
5. He got gooseflesh.

D.

1. Everything was there.
2. Then he read that he was reading.
3. He jumped up and wanted to leave.
4. A boy called after him that he had forgotten his book.

E.

1. He sat down again.
2. He tried to read into the future.
3. He read that he was trying to read into the future.
4. Then he wanted to read the ending.
5. Kornemann threw the book into the pond.

F.

1. He felt (**sich fühlen**) as if he were under water.
2. Kornemann fell down and the park attendant took him to the hospital.
3. He recovered quickly.
4. He went to the bookcase.
5. He threw out the medical literature and lay down (use **sich**) on the top shelf.

Questions

A.

1. Wer ist Karl Kornemann?
2. Warum kommt er in die Stadt?
3. Was tut er am Anfang der Geschichte?
4. Warum ist er neu eingekleidet?

B.

1. Was sieht er im Schaufenster des Buchladens?
2. Beschreiben Sie das Foto über der Aufschrift!
3. Was tut Kornemann, als er sieht das der Schlips auf dem Foto verrutscht ist?
4. Warum glaubt er, daß er träumt?

C.

1. Warum geht Kornemann in den Laden?
2. Wo geht er dann hin?
3. Was liest er in dem Buch? (Bauingenieur // Schaufenster)

D.

1. Was tut Kornemann, als er liest, daß er liest?   (aufspringen // weggehen)
2. Was ruft der Junge ihm nach?
3. Was findet Kornemann jetzt Neues in dem Buch?

E.

1. Was versucht er jetzt zu tun? (Zukunft)
2. Was liest er aber nur? (versuchen // Zukunft)
3. Was tut er jetzt mit dem Buch? (Teich)

F.

1. Wie fühlt sich Kornemann, nachdem er das Buch ins Wasser geworfen hat? (als ob)
2. Was tut der Parkwächter mit Kornemann? (Krankenhaus)
3. Was tut Kornemann nach der Untersuchung?

unwürdig unworthy, shameful

die **Lithographenanstalt, -en** lithography shop
badisch *adj. referring to Baden, Germany*
der **Gehilfe, -n** apprentice   **besorgen** to take care of, look after
   (*only with things*)
der **Haushalt** household   **betreuen** to take care of, look after (*with
   people or things*)   **wacklig** rickety
mager thin, lean   **lebhaft** lively   das **Eidechsenauge, -n** lizard's eye
kärglich scant   das **Mittel, —** means
***groß·ziehen** to raise, bring up

Die unwürdige Greisin

Bertolt Brecht

Meine Großmutter war zweiundsiebzig Jahre alt, als mein
Großvater starb. Er hatte eine kleine Lithographenanstalt in
einem badischen Städtchen und arbeitete darin mit zwei, drei
Gehilfen bis zu seinem Tod. Meine Großmutter besorgte ohne
Magd den Haushalt, betreute das alte, wacklige Haus und   5
kochte für die Mannsleute und Kinder.

Sie war eine kleine magere Frau mit lebhaften Eidechsen-
augen, aber langsamer Sprechweise. Mit recht kärglichen Mitteln hatte sie fünf Kinder großgezogen—von den sieben, die sie
geboren hatte. Davon war sie mit den Jahren kleiner geworden. 10
Von den Kindern gingen die zwei Mädchen nach Amerika,

Reprinted by permission of Gebrüder Weiß Verlag, Berlin, from *Kalendergeschichten* by Bertolt Brecht.

*weg·ziehen (s)   to move away   **ebenfalls**   likewise, also

der **Buchdrucker, —**   printer   **sich zu·legen**   to acquire

das **Heim**   home
*an·bieten   to offer   die **Seinen** (*pl.*)   his (family)
sich abweisend *verhalten   to react negatively (**abweisen** to refuse
   something)   der **Vorschlag, ⸚e** suggestion
dazu imstande sein   to be capable of it, able to do it
geldlich   financial   die **Unterstützung, -en**   support   ***an·nehmen**
   to accept
längst   for a long time   **veraltet**   obsolete, out-of-date

auf etwas *ein·gehen (s)   to agree, take something up, go into a subject
   (more deeply)   ***nach·geben**   to yield, give in
schließlich   after all, finally

die **Geschwister** (*pl.*)   brother(s) and sister(s)
mitunter   occasionally, every now and then   **berichten**   to inform,
   report

das **Begräbnis, -se**   burial, funeral   ***erfahren**   to hear, find out

*scheinen   to seem   **enttäuscht**   disappointed
sich weigern   to refuse
*auf·nehmen   to take in
*aufrecht·halten   to maintain
die **Verbindung, -en**   contact   ***laden** = ***ein·laden**

die **Schwiegertochter, ⸚**   daughter-in-law   **Beereneinkochen** (*in-*
   finitive used as noun)   putting up preserves
*entnehmen   to take (it)   (**Ich entnahm einigen ihrer Äußerungen**
   ... I took it from some of her remarks ...)   **eng**   small, cramped
sich *enthalten   to resist   der **Bericht, -e**   report
das **Ausrufezeichen, —**   exclamation point   ***an·bringen**   to put in,
   add on
die **Anfrage, -n**   inquiry

jedenfalls   at any rate, in any case

und zwei der Söhne zogen ebenfalls weg. Nur der Jüngste, der
eine schwache Gesundheit hatte, blieb im Städtchen. Er wurde
Buchdrucker und legte sich eine viel zu große Familie zu.
So war sie allein im Haus, als mein Großvater gestorben war.
Die Kinder schrieben sich Briefe über das Problem, was mit   5
ihr zu geschehen hatte. Einer konnte ihr bei sich ein Heim
anbieten, und der Buchdrucker wollte mit den Seinen zu ihr ins
Haus ziehen. Aber die Greisin verhielt sich abweisend zu den
Vorschlägen und wollte nur von jedem ihrer Kinder, das dazu
imstande war, eine kleine geldliche Unterstützung annehmen. 10
Die Lithographenanstalt, längst veraltet, brachte fast nichts
beim Verkauf, und es waren auch Schulden da.

Die Kinder schrieben ihr, sie <u>könne</u> doch nicht ganz allein
leben, aber als sie darauf überhaupt nicht einging, gaben sie
nach und schickten ihr monatlich ein bißchen Geld. Schließlich, 15
dachten sie, war ja der Buchdrucker im Städtchen geblieben.

Der Buchdrucker übernahm es auch, seinen Geschwistern
mitunter über die Mutter <u>zu berichten</u>. Seine Briefe an meinen
Vater, und was dieser bei einem Besuch und nach dem
Begräbnis meiner Großmutter zwei Jahre später erfuhr, geben 20
mir ein Bild von dem, was in diesen zwei Jahren geschah.

Es scheint, daß der Buchdrucker von Anfang an enttäuscht
war, daß meine Großmutter sich weigerte, ihn in das ziemlich
große und nun leerstehende Haus aufzunehmen. Er wohnte mit
vier Kindern in drei Zimmern. Aber die Greisin hielt überhaupt 25
nur eine sehr lose Verbindung mit ihm aufrecht. Sie lud die
Kinder jeden Sonntagnachmittag zum Kaffee, das war eigentlich
alles.

Sie besuchte ihren Sohn ein- oder zweimal in einem Vierteljahr und half der Schwiegertochter beim Beereneinkochen. Die 30
junge Frau entnahm einigen ihrer Äußerungen, daß es ihr in der
kleinen Wohnung des Buchdruckers zu eng war. Dieser konnte
sich nicht enthalten, in seinem Bericht darüber ein Ausrufezeichen anzubringen.

Auf eine schriftliche Anfrage meines Vaters, was die alte Frau 35
denn jetzt so mache, antwortete er ziemlich kurz, sie besuche
das Kino.

Man muß verstehen, daß das nichts Gewöhnliches war, jedenfalls nicht in den Augen ihrer Kinder. Das Kino war vor dreißig

es handelt sich um it is a case of, it is a question of, it concerns

elende, schlecht gelüftete Lokale miserable, poorly ventilated places (joints)

die **Kegelbahn, -en** bowling alley **ein·richten** to set up

das **Plakat, -e** poster

die **Leidenschaft** passion

Halbwüchsige (Halbstarke) teen-agers (*neg.*) das **Dunkel** darkness

*****auf·fallen** (s) to attract attention

*****bedenken** to consider, think about

ungefähr about, approximately **unter den Schleckereien rangierte** was considered self-indulgent *****hinaus·werfen** to throw away, waste

der **Sohn am Ort** the son in town

Verkehr pflegen to keep up contact

dafür on the other hand

häufig frequently der **Flickschuster, —** shoe repairman, shoemaker

verrufen disreputable das **Gäßchen, —** (die **Gasse, -n**) alley (little, narrow street)

die **Existenz, -en** being, "character"

stellungslos jobless der **Handwerksbursche, -n** workman

*****herum·kommen** (s) to get around

Er hat es zu etwas gebracht. He made a go of it (was successful).

Er hat es zu nichts gebracht. He was a failure (botched it).

an·deuten to indicate

auf etwas (*acc.*) *****hin·weisen** to point out something der **Bescheid** reply, decision

das **Gespräch, ⸚e** conversation

das **Ding, -e** thing

etwa about, approximately

der **Gasthof, ⸚e** restaurant, inn

die **Nachricht, -en** news, information

Zeit ihres Lebens in her whole life das **Dutzend** dozen

der **Rest, -e** what's left over; *here:* leftovers

Was ist in sie gefahren? What's gotten into her?

in die Nähe führen to take ... in the vicinity

im Begriff, auszugehen just about to go out

Jahren noch nicht, was es heute ist. Es handelte sich um elende, schlecht gelüftete Lokale, oft in alten Kegelbahnen eingerichtet, mit schreienden Plakaten vor dem Eingang, auf denen Morde und Tragödien der Leidenschaft angezeigt waren. Eigentlich gingen nur Halbwüchsige hin oder, des Dunkels wegen, Liebes- 5
paare. Eine einzelne alte Frau mußte dort sicher auffallen.

Und so war noch eine andere Seite dieses Kinobesuches zu bedenken. Der Eintritt war gewiß billig, da aber das Vergnügen ungefähr unter den Schleckereien rangierte, bedeutete es „hinausgeworfenes Geld". Und Geld hinauszuwerfen, war nicht 10
respektabel.

Dazu kam, daß meine Großmutter nicht nur mit ihrem Sohn am Ort keinen regelmäßigen Verkehr pflegte, sondern auch sonst niemanden von ihren Bekannten besuchte oder einlud. Sie ging niemals zu den Kaffeegesellschaften des Städtchens. Dafür 15
besuchte sie häufig die Werkstatt eines Flickschusters in einem armen und sogar etwas verrufenen Gäßchen, in der, besonders nachmittags, allerlei nicht besonders respektable Existenzen herumsaßen, stellungslose Kellnerinnen und Handwerksburschen. Der Flickschuster war ein Mann in mittleren Jahren, 20
der in der ganzen Welt herumgekommen war, ohne es zu etwas gebracht zu haben. Es hieß auch, daß er trank. Er war jedenfalls kein Verkehr für meine Großmutter.

Der Buchdrucker deutete in einem Brief an, daß er seine Mutter darauf hingewiesen, aber einen recht kühlen Bescheid 25
bekommen habe. „Er hat etwas gesehen", war ihre Antwort, und das Gespräch war damit zu Ende. Es war nicht leicht, mit meiner Großmutter über Dinge zu reden, die sie nicht bereden wollte.

Etwa ein halbes Jahr nach dem Tod des Großvaters schrieb 30
der Buchdrucker meinem Vater, daß die Mutter jetzt jeden zweiten Tag im Gasthof esse.

Was für eine Nachricht!

Großmutter, die Zeit ihres Lebens für ein Dutzend Menschen gekocht und immer nur die Reste aufgegessen hatte, aß jetzt im 35
Gasthof! Was war in sie gefahren?

Bald darauf führte meinen Vater eine Geschäftsreise in die Nähe, und er besuchte seine Mutter.

Er traf sie im Begriff, auszugehen. Sie nahm den Hut wieder

ausgeglichener Stimmung (in an) even-tempered (mood)
aufgekratzt wound up, excited, expansive   **schweigsam** quiet
    sich erkundigen nach+*dat.* to inquire about
allerdings to be sure   **eingehend** in detail   **hauptsächlich** mainly
die **Kirsche, -n** cherry
die **Stube** room

das **Einzige** the only thing   **auf etwas hin·deuten** to allude to, refer to
der **Gottesacker,** ⸚ (der **Friedhof,** ⸚e) cemetery
das **Grab,** ⸚**er** grave
beiläufig casually, in passing

wahrscheinlich probably
klagen (über+*acc.*) to complain (about)
in diesen Löchern in these "holes" (*referring to the rooms of his place*)
nur noch fünf Stunden *only* five hours *left* (*implies he had more before*)
    macht mir . . . zu schaffen keeps me hopping, gives me something to
    worry about

*scheinen to seem   ***ab·schließen** to break off
sich neigen to draw to a close

die **Bregg** (*Brecht defines this in the next sentence.*)
der **Ausflugsort, -e** place for an outing

hochrädrig high-wheeled   das **Pferdegefährt, -e** horse-drawn
    vehicle

mieten to rent, hire
mit einer wegwerfenden Handbewegung with a disparaging gesture
ab·lehnen to refuse, decline

ab und setzte ihm ein Glas Rotwein mit Zwieback vor. Sie schien ganz ausgeglichener Stimmung zu sein, weder besonders aufgekratzt noch besonders schweigsam. Sie erkundigte sich nach uns, allerdings nicht sehr eingehend, und wollte hauptsächlich wissen, ob es für die Kinder auch Kirschen gäbe. Da war sie ganz wie immer. Die Stube war natürlich peinlich sauber, und sie sah gesund aus.

Das einzige, was auf ihr neues Leben hindeutete, war, daß sie nicht mit meinem Vater auf den Gottesacker gehen wollte, das Grab ihres Mannes zu besuchen. „Du kannst allein hingehen", sagte sie beiläufig, „es ist das dritte von links in der elften Reihe. Ich muß noch wohin."

Der Buchdrucker erklärte nachher, daß sie wahrscheinlich zu ihrem Flickschuster mußte. Er klagte sehr.

„Ich sitze hier in diesen Löchern mit den Meinen und habe nur noch fünf Stunden Arbeit und schlecht bezahlt, dazu macht mir mein Asthma wieder zu schaffen, und das Haus in der Hauptstraße steht leer."

Mein Vater hatte im Gasthof ein Zimmer genommen aber erwartete, daß er zum Wohnen doch von seiner Mutter eingeladen werden würde, wenigstens *pro forma*, aber sie sprach nicht davon. Und sogar als das Haus voll gewesen war, hatte sie immer etwas dagegen gehabt, daß er nicht bei ihnen wohnte und dazu das Geld für das Hotel ausgab!

Aber sie schien mit ihrem Familienleben abgeschlossen zu haben und neue Wege zu gehen, jetzt, wo ihr Leben sich neigte. Mein Vater, der eine gute Portion Humor besaß, fand sie „ganz munter" und sagte meinem Onkel, er solle die alte Frau machen lassen, was sie wolle.

Aber was wollte sie?

Das nächste, was berichtet wurde, war, daß sie eine Bregg bestellt hatte und nach einem Ausflugsort gefahren war, an einem gewöhnlichen Donnerstag. Eine Bregg war ein großes, hochrädriges Pferdegefährt mit Plätzen für ganze Familien. Einige wenige Male, wenn wir Enkelkinder zu Besuch gekommen waren, hatte Großvater die Bregg gemietet. Großmutter war immer zu Hause geblieben. Sie hatte es mit einer wegwerfenden Handbewegung abgelehnt, mitzukommen.

Und nach der Bregg kam die Reise nach K., einer größeren

die **Eisenbahnstunde, -n** hour by train   **entfernt** away
das **Pferderennen, —** horse race

einen **Arzt *hinzu·ziehen** to call in a doctor
ab·lehnen to refuse

schwachsinning simple-minded
das **Küchenmädchen, —** scullery maid

der **Krüppel, —** cripple
einen Narren an ihr gefressen zu haben was foolishly attracted to her

übrigens moreover   **sich heraus·stellen als** to turn out to be
das **Gerücht, -e** rumor

verzweifelt in desperation

handeln von + *dat.* to deal with, be about
die **Aufführung, -en** *here:* conduct, behavior
***her·geben** *here:* to yield (information)

der **Gastwirt, -e** innkeeper   **mit Augenzwinkern** with a wink
  zu·raunen to whisper

keinesfalls by no means   **üppig** luxuriously   **zu sich *nehmen**
  to eat
die **Eierspeise, -n** *type of scrambled eggs*
sich leisten to treat oneself
die **Mahlzeit, -en** meal
***rein·halten** to keep clean
benutzen to use   **jedoch** however
eine Hypothek *auf·nehmen to take out a mortgage

die **Maßschuhe** (*pl.*) custom-made shoes
genau betrachtet when one looks at it closely

Stadt, etwa zwei Eisenbahnstunden entfernt. Dort war ein Pferderennen, und zu dem Pferderennen fuhr meine Großmutter.
Der Buchdrucker war jetzt durch und durch alarmiert. Er
wollte einen Arzt hinzugezogen haben. Mein Vater schüttelte
den Kopf, als er den Brief las, lehnte aber die Hinzuziehung eines   5
Arztes ab.
Nach K. war meine Großmutter nicht allein gefahren. Sie
hatte ein junges Mädchen mitgenommen, eine halb Schwach-
sinnige, wie der Buchdrucker schrieb, das Küchenmädchen des
Gasthofs, in dem die Greisin jeden zweiten Tag speiste.   10
Dieser „Krüppel" spielte von jetzt ab eine Rolle.
Meine Großmutter schien einen Narren an ihr gefressen zu
haben. Sie nahm sie mit ins Kino und zum Flickschuster, der
sich übrigens als Sozialdemokrat herausgestellt hatte, und es
ging das Gerücht, daß die beiden Frauen bei einem Glas   15
Rotwein in der Küche Karten spielten.
„Sie hat dem Krüppel jetzt einen Hut gekauft mit Rosen
drauf", schrieb der Buchdrucker verzweifelt. „Und unsere Anna
hat kein Kommunionskleid!"
Die Briefe meines Onkels wurden ganz hysterisch, handelten   20
nur von der „unwürdigen Aufführung unserer lieben Mutter"
und gaben sonst nichts mehr her. Das Weitere habe ich von
meinem Vater.
Der Gastwirt hatte ihm mit Augenzwinkern zugeraunt: „Frau
B. amüsiert sich ja jetzt, wie man hört."   25
In Wirklichkeit lebte meine Großmutter auch diese letzten
Jahre keinesfalls üppig. Wenn sie nicht im Gasthof aß, nahm sie
meist nur ein wenig Eierspeise zu sich, etwas Kaffee und vor
allem ihren geliebten Zwieback. Dafür leistete sie sich einen
billigen Rotwein, von dem sie zu allen Mahlzeiten ein kleines   30
Glas trank. Das Haus hielt sie sehr rein, und nicht nur die
Schlafstube und die Küche, die sie benutzte. Jedoch nahm sie
darauf ohne Wissen ihrer Kinder eine Hypothek auf. Es kam
niemals heraus, was sie mit dem Geld machte. Sie scheint es
dem Flickschuster gegeben zu haben. Er zog nach ihrem Tod   35
in eine andere Stadt und soll dort ein größeres Geschäft für
Maßschuhe eröffnet haben.
Genau betrachtet lebte sie hintereinander zwei Leben. Das
eine, erste, als Tochter, als Frau und als Mutter, und das zweite

die **Verpflichtung, -en** obligation
bescheiden modest **ausreichend** sufficient

er brachte in Erfahrung he learned, found out
gewiß certain die **Freiheit, -en** freedom **gestatten** to permit,
allow

der **Pfarrer, —** minister
die **Vereinsamung** loneliness, state of isolation **einem Gesellschaft
leisten** to keep someone company
allgemein generally **behaupten** to maintain, assert

vereinsamt lonely **Bei dem Flickschuster verkehrten** The shoemaker's place was frequented by
anscheinend apparently **lauter** only

*los·ziehen über+*acc.* to run something down, criticize
mitunter from time to time das **Getränk, -e** drink
unvermittelt suddenly, abruptly

an·fertigen to make
winzig tiny die **Falte, -n** fold, wrinkle, furrow
schmal thin, narrow
kleinlich petty die **Knechtschaft** bondage, servitude
aus·kosten to taste to the full, experience fully
auf·zehren to devour **bis auf den letzten Brosamen** down to
the last crumb

einfach als Frau B., eine alleinstehende Person ohne Verpflich-
tungen und mit bescheidenen, aber ausreichenden Mitteln. Das
erste Leben dauerte etwa sechs Jahrzehnte, das zweite nicht
mehr als zwei Jahre.

Mein Vater brachte in Erfahrung, daß sie im letzten halben   5
Jahr sich gewiße Freiheiten gestattete, die normale Leute gar
nicht kennen. So konnte sie im Sommer früh um drei Uhr aufstehen und durch die leeren Straßen des Städtchens spazieren,
das sie so für sich ganz allein hatte. Und den Pfarrer, der sie
besuchen kam, um der alten Frau in ihrer Vereinsamung Gesell-   10
schaft zu leisten, lud sie, wie allgemein behauptet wurde, ins
Kino ein!

Sie war keineswegs vereinsamt. Bei dem Flickschuster verkehrten anscheinend lauter lustige Leute, und es wurde viel
erzählt. Sie hatte dort immer eine Flasche ihres eigenen Rot-   15
weines stehen, und daraus trank sie ein Gläschen, während die
andern erzählten und über die würdigen Autoritäten der Stadt
loszogen. Dieser Rotwein blieb für sie reserviert, jedoch brachte
sie mitunter der Gesellschaft stärkere Getränke mit.

Sie starb ganz unvermittelt, an einem Herbstnachmittag in   20
ihrem Schlafzimmer, aber nicht im Bett, sondern auf dem
Holzstuhl am Fenster. Sie hatte den „Krüppel" für den Abend
ins Kino eingeladen, und so war das Mädchen bei ihr, als sie
starb. Sie war vierundsiebzig Jahre alt.

Ich habe eine Photographie von ihr gesehen, die sie auf dem   25
Totenbett zeigt und die für die Kinder angefertigt worden war.

Man sieht ein winziges Gesichtchen mit vielen Falten und
einen schmallippigen, aber breiten Mund. Viel Kleines, aber
nichts Kleinliches. Sie hatte die langen Jahre der Knechtschaft
und die kurzen Jahre der Freiheit ausgekostet und das Brot des   30
Lebens aufgezehrt bis auf den letzten Brosamen.

Exercises

Introductory Exercises

Supply the correct forms of the verbs in parentheses using the tenses indicated.

A.

1. Seine Großmutter _____ zweiundsiebzig Jahre alt, als sein Großvater
(sein)
_____. (*past*)
(*sterben)
2. Er _____ eine kleine Lithographenanstalt und _____ darin bis zu
(haben)   (arbeiten)
seinem Tod. (*past*)
3. Seine Großmutter _____ den Haushalt und _____ für die
(besorgen)   (kochen)
Männer und die Kinder. (*past*)
4. Sie _____ eine kleine magere Frau mit lebhaften Augen aber langsamer
(sein)
Sprechweise. (*past*)
5. Sie _____ fünf Kinder. (*pres. perf. and past perf.*)
(*groß·ziehen)
6. Seine Großmutter _____ mit den Jahren kleiner. (*past and past perf.*)
(werden)
7. Die zwei Mädchen _____ nach Amerika, und zwei Söhne
(*gehen)
_____ auch. (*past and pres. perf.*)
(*weg·ziehen)
8. Der Jüngste _____ in der Stadt und _____ Buchdrucker.
(*bleiben)   (werden)
(*past and pres. perf.*)

B.

1. Sie _____ allein im Haus, als der Großvater _____. (*past*)
(sein)   (*sterben)

2. Der Buchdrucker _____ zu seiner Mutter ins Haus ziehen. (*pres. and*
   (wollen)
   past)
3. Die Greisin _____ nur ein wenig Geld von ihren Kindern annehmen.
   (wollen)
   (*past and pres. perf.*)
4. Als die Greisin nicht _____, _____ die Kinder. (*past*)
   (zu·stimmen)   (*nach·geben)
5. Die Kinder _____ ihrer Mutter ein bißchen Geld. (*past*)
   (schicken)
6. Der Buchdrucker _____ seinen Geschwistern über ihre Mutter. (*past*
   (berichten)
   and pres. perf.)
7. Seine Briefe _____ ein Bild davon, was in diesen zwei Jahren
   (*geben)
   _____. (*1st clause pres., 2nd clause past*)
   (*geschehen)

C.

1. Die Großmutter _____ sich, ihren Sohn in das leere Haus
   (weigern)
   _____. (*past, final clause infinitival*)
   (*auf·nehmen)
2. Sie _____ die Kinder jeden Sonntag zum Kaffee, und das _____
   (*ein·laden)   (sein)
   eigentlich alles. (*pres. and past*)
3. Die Wohnung des Buchdruckers _____ der Greisin zu eng. (*past and pres.*
   (sein)
   perf.)
4. Es _____ nichts Gewöhnliches, daß die Großmutter ins Kino _____.
   (sein)   (*gehen)
   (*past*)
5. Vor dreißig Jahren _____ die Kinos schlechte Lokale. (*past*)
   (sein)
   Es _____ sich um elende Lokale. (*pres. and past*)
   (handeln)
6. Eine einzelne Frau _____ dort, weil sonst nur Liebespaare
   (*auf·fallen)
   _____. (*pres. and past*)
   (*hin·gehen)

D.

1. Obwohl der Eintritt billig _____, _____ es hinausgeworfenes Geld.
   (sein)   (bedeuten)
   (*pres. and past*)
2. Sie _____ die Werkstatt eines Flickschusters. (*pres. and past*)
   (besuchen)

3. Nicht besonders respektable Leute _____ dort. (*pres. and past*)
(*herum·sitzen)

4. Der Flickschuster _____ ein Mann, der viel _____. (*1st*
(sein)   (*herum·kommen)
clause past, 2nd clause past perf.)

5. Es _____ auch, daß er _____. (*pres. and past*)
(*heißen)   (*trinken)

6. Es _____ nicht leicht, mit der Großmutter darüber zu reden. (*past and perf.,*
(sein)
final clause infinitival)

7. Ein halbes Jahr nach dem Tod des Großvaters _____ der Buch-
(*schreiben)
drucker, daß die Großmutter in einem Gasthof _____. (*past*)
(*essen)

E.

1. Vorher _____ die Großmutter immer nur die Reste. (*pres. perf. and*
(*auf·essen)
past perf.)

2. Einmal _____ mein Vater seine Mutter. (*past and pres. perf.*)
(besuchen)

3. Die Greisin _____ den Hut und _____ ihrem Sohn ein
(*ab·nehmen)   (vor·setzen)
Glas Rotwein. (*pres. and past*)

4. Sie _____ sich nach den Kindern. (*pres., past, and perf.*)
(erkundigen)

5. Sie _____ nicht hingehen, um das Grab ihres Mannes _____.
(wollen)   (besuchen)
(*past, final clause infinitival*)

6. Sein Vater _____ ein Zimmer im Gasthof. (*pres. perf. and past perf.*)
(*nehmen)

7. Aber er _____, daß seine Mutter _____ ihn. (*past, final clause*
(erwarten)   (*ein·laden)
subj. II pres.)

F.

1. Die Greisin _____ neue Wege zu gehen. (*pres. and past , 2nd clause*
(*scheinen)
infinitival)

2. Der Vater _____ dem Onkel, er _____ die alte Frau machen lassen,
(sagen)   (sollen)
was sie _____. (*past*)
(wollen)

3. Die Greisin _____ eine Bregg und _____ nach einem Aus-
(bestellen)   (*fahren)
flugsort. (*pres. perf. and past perf.*)

4. Wenn die Enkel zu Besuch _____, _____ der Großvater eine
    (*kommen) (mieten)
   Bregg. (*past and pres. perf.*)
5. Die Großmutter _____ nicht, sondern _____ zu Hause.
    (*mit·kommen) (*bleiben)
   (*past*)
6. Die Großmutter _____ es, _____. (*pres. and pres. perf.*,
    (ab·lehnen) (*mit·kommen)
   final clause infinitival)
7. Der Buchdrucker _____ einen Arzt kommen lassen. (*pres. and past*)
    (wollen)
8. Der Vater _____ den Kopf, als er den Brief _____. (*past*)
    (schütteln) (*lesen)
9. Die Greisin _____ ein schwachsinniges Mädchen zum Pfer-
    (*mit·nehmen)
   derennen. (*past and pres. perf.*)

G.

1. Es _____ sich, daß der Flickschuster ein Sozialdemokrat _____.
    (heraus·stellen) (sein)
   (*past*)
2. Das Gerücht _____, daß die beiden Frauen Karten _____. (*past*)
    (*gehen) (spielen)
3. Die Briefe des Onkels _____ hysterisch. (*past and pres. perf.*)
    (werden)
4. Wenn die Greisin nicht im Gasthof _____, _____ sie nur Eierspeise
    (*essen) (*essen)
   und Zwieback. (*pres. and past*)
5. Sie _____ einen billigen Rotwein, und sie _____ ein Glas zu allen
    (kaufen) (*trinken)
   Mahlzeiten. (*pres. and past*)
6. Es _____ niemals, was sie mit dem Geld _____. (*past*
    (*heraus·kommen) (machen)
   and pres. perf.)
7. Nach ihrem Tod _____ der Flickschuster in eine andere Stadt und
    (*ziehen)
   _____ ein größeres Geschäft. (*pres. and past*)
   (eröffnen)

H.

1. Die Alte _____ sich Freiheiten, die normale Leute nicht _____.
    (gestatten) (*kennen)
   (*1st clause past and perf., 2nd clause pres.*)
2. Sie _____ um drei Uhr und _____ durch die Straßen. (*pres.*
    (*auf·stehen) (spazieren)
   and past)

3. Die Greisin _____ den Pfarrer ins Kino. (*pres. and past*)
        (*ein·laden)
4. Der Pfarrer _____ der alten Frau Gesellschaft. (*pres. and past*)
        (leisten)
5. Es _____ beim Flickschuster viel erzählt. (*pres. and past*)
        (*werden)
6. Während andere Leute _____, _____ sie ein Gläschen Rotwein.
        (erzählen)   (*trinken)
(*pres., past, and pres. perf.*)
7. An einem Herbstnachmittag _____ sie in ihrem Schlafzimmer. (*past
        (*sterben)
and perf.*)
8. Ich _____ ein Bild von der Greisin, das sie auf dem Totenbett _____.
     (*sehen)   (zeigen)
(*past*)
9. Sie _____ die langen Jahre der Knechtschaft und die kurzen Jahre
     (aus·kosten)
der Freiheit (*pres. perf. and past perf.*)

Synthetic Exercises

Form complete sentences in the tense(s) indicated.

A.

1. Großmutter / sein / zweiundsiebzig // als / Großvater / sterben (*past*)
2. Er / haben / klein / Lithographenanstalt // und / arbeiten / -in / bis zu / Tod (*past*)
3. Großmutter / besorgen / Haushalt // und / kochen / für / Männer / und / Kinder (*past*)
4. Sie / sein / klein / mager / Frau / mit / lebhaft / Augen / aber / langsam / Sprechweise (*past*)
5. Sie / großziehen / fünf Kinder (*pres. perf. and past perf.*)
6. Großmutter / werden / mit / Jahre / kleiner (*past and past perf.*)
7. zwei Mädchen / gehen / Amerika // und / zwei Söhne / wegziehen / auch (*past and pres. perf.*)
8. Der Jüngste / bleiben / Stadt // und / werden / Buchdrucker (*past and pres. perf.*)

B.

1. Sie / sein / allein / Haus // als / Großvater / sterben (*past*)
2. Buchdrucker / wollen / ziehen / zu / Mutter / in / Haus (*pres. and past*)
3. Greisin / wollen / annehmen / von / Kinder / nur / ein wenig Geld (*past and pres. perf.*)

4. Als / Greisin / nicht / zustimmen // Kinder / nachgeben (*past*)
5. Sie / schicken / Mutter / bißchen / Geld (*past*)
6. Buchdrucker / berichten / Geschwister / über / Mutter (*past and pres. perf.*)
7. Seine Briefe / geben / Bild / davon // was / geschehen / in / diese zwei Jahre (*1st clause pres., 2nd clause past*)

C.

1. Großmutter / weigern // aufnehmen / Sohn / in / leer / Haus (*past, final clause infinitival*)
2. Sie / einladen / Kinder / Sonntag / Kaffee // und / das / sein / eigentlich / alles (*pres. and past*)
3. Wohnung / Buchdruckers / sein / Greisin / zu eng (*past and perf.*)
4. Es / sein / nichts Gewöhnlich- // daß / Großmutter / gehen / Kino (*pres. and past*)
5. Vor / dreißig Jahre / sein / Kinos / elend / Lokale (*past*)
   Es / sich handeln / — / elend / Lokale (*pres.*)
6. Einzeln- / Frau / auffallen / dort (*pres. and past*)

D.

1. Obwohl / Eintritt / sein / billig // bedeuten / es / hinausgeworfen / Geld (*past*)
2. Sie / besuchen / Werkstatt / Flickschuster (*past*)
3. Nicht besonders / respektabel / Leute / herumsitzen / dort (*past*)
4. Flickschuster / sein / Mann // — / herumkommen / viel (*1st clause past, 2nd clause past perf.*)
5. Es / heißen / auch // daß / er / trinken (*pres. and past*)
6. Es / sein / nicht / leicht // mit / Großmutter / darüber / reden (*past and pres. perf., final clause infinitival*)
7. Ein halbes Jahr / nach / Tod / Großvaters / schreiben / Buchdrucker // daß / Großmutter / essen / Gasthof (*past*)

E.

1. Vorher / Großmutter / aufessen / immer nur / Reste (*pres. perf. and past perf.*)
2. Einmal / mein Vater / besuchen / sein- / Mutter (*pres. perf.*)
3. Greisin / abnehmen / Hut // und / vorsetzen / Sohn / Glas Rotwein (*pres. and past*)
4. Sie / erkundigen / nach / Kinder (*pres., past, and perf.*)
5. Greisin / wollen / hingehen / nicht // um / Grab / Mannes / besuchen (*past, final clause infinitival*)
6. Vater / nehmen / Zimmer / Gasthof (*past perf.*)
7. Aber / er / erwarten // daß / Mutter / einladen / ihn (*past, final clause subj. II pres.*)

F.

1. Greisin / scheinen // neue / Wege / gehen   (*pres. and past, final clause infinitival*)
2. Vater / sagen / Onkel // er / sollen / alte / Frau / machen lassen // was / sie / wollen   (*past*)
3. Greisin / bestellen / Bregg // und / fahren / Ausflugsort   (*pres. perf. and past perf.*)
4. Wenn / Enkel / Besuch / kommen // Großvater / mieten / Bregg   (*past and past perf.*)
5. Großmutter / mitkommen / nicht // sondern / bleiben / zu Hause   (*past*)
6. Großmutter / ablehnen / es // mitkommen   (*pres. and pres. perf., final clause infinitival*)
7. Buchdrucker / wollen / Arzt / kommen / lassen   (*pres. and past*)
8. Vater / schütteln / Kopf // als / er / lesen / Brief   (*past*)
9. Greisin / mitnehmen / schwachsinnig / Mädchen / Pferderennen   (*past and pres. perf.*)

G.

1. Es / sich herausstellen // daß / Flickschuster / sein / Sozialdemokrat   (*past*)
2. Gerücht / gehen // daß / beide Frauen / spielen / Karten   (*past*)
3. Briefe / Onkels / werden / hysterisch   (*past and pres. perf.*)
4. Wenn / Greisin / nicht / essen / Gasthof // sie / essen / nur / Eierspeise und Zwieback   (*pres. and past*)
5. Sie / kaufen / billig / Rotwein // und / sie / trinken / Glas / zu / alle Mahlzeiten   (*pres. and past*)
6. Es / herauskommen / niemals // was / sie / machen / Geld   (*past and pres. perf.*)
7. Nach / ihr / Tod / ziehen / Flickschuster / in / ander / Stadt // und / eröffnen / größer / Geschäft   (*pres. and past*)

H.

1. Alte / gestatten / sich / Freiheiten // — / normal / Leute / kennen / nicht   (*pres. perf., final clause pres.*)
2. Sie / aufstehen / drei Uhr // und / spazieren / durch / Straßen   (*pres. and past*)
3. Greisin / einladen / Pfarrer / Kino   (*pres. and past*)
4. Pfarrer / leisten / alt / Frau / Gesellschaft   (*pres. and past*)
5. Es / erzählt (*passive*) / bei / Flickschuster / viel   (*pres. and past*)
6. Während / andere Leute / erzählen // sie / trinken / Gläschen Rotwein   (*pres., past, and pres. perf.*)
7. An / Herbstnachmittag / sie / sterben / Schlafzimmer   (*past and perf.*)
8. Ich / sehen / Bild / Greisin // — / zeigen / sie / Totenbett   (*past*)
9. Sie / auskosten / Jahre / Knechtschaft / und / Jahre / Freiheit   (*pres. perf. and past perf.*)

Express in German

A.

1. My grandmother was seventy-two years old when my grandfather died.
2. He worked in his lithography shop until his death.
3. Grandmother took care of the household and cooked for the men and the children.
4. She was a small, lean woman with lively eyes.
5. She had brought up five children.
6. The two girls had gone to America and two sons had also left.
7. The youngest (son) stayed in town and became a printer.

B.

1. She was alone in the house when my grandfather died.
2. The printer wanted *to move in with his mother.*
3. The old woman only wanted a little money from her children.
4. The children gave in and sent her some money.
5. The printer reported to his *brothers and sisters* about their mother.
6. His letters give a picture of *what* (**davon,** was) happened in these two years.

C.

1. My grandmother refused to take him into the empty house.
2. She invited the children every Sunday for coffee—and that was all.
3. The apartment was too small for the old lady.
4. It was unusual that their mother went to the movies.
5. She attracted attention there.

D.

1. Although (the) admission was cheap, it meant wasted money.
2. She visited the shop of a shoemaker.
3. The shoemaker was a man who had been around a lot (**viel**).
4. It was also said that he drank.
5. It wasn't easy to talk to grandmother about that.
6. The printer wrote that my grandmother was eating at an inn.

E.

1. Grandmother had always only eaten the leftovers.
2. The old woman set a glass of wine in front of her son.
3. She inquired about the children.
4. She didn't want to go to visit the grave.
5. His father had taken a room at the inn.
6. But he expected that his mother would invite him.

F.

1. My father told my uncle he should let the old woman do what she wanted.
2. She had ordered a "Bregg" and had driven to an outing place.
3. When we grandchildren came, grandfather occasionally (**ab und zu**) rented a "Bregg."
4. The printer wanted to have a doctor come.
5. My father shook his head as he read the letter.

G.

1. *It turned out* that the shoemaker was a Social Democrat.
2. The rumor was that they played cards.
3. His letters became hysterical.
4. She bought an inexpensive red wine and drank a glass with every meal.
5. It never came out what she had done with the money.
6. After her death the shoemaker opened a larger shop.

H.

1. She allowed herself freedoms that normal people don't know.
2. She got up at three o'clock and walked through the streets.
3. The minister kept the old woman company.
4. While other people talked, she drank a little glass of red wine.
5. She died in her bedroom on a fall afternoon.
6. She had tasted the long years of servitude and the short years of freedom.

Questions

A.

1. Wo hat der Großvater gearbeitet? (Tod / Lithographenanstalt)
2. Was für ein Leben führte die Großmutter vor dem Tod ihres Mannes? (Haushalt / kochen)
3. Beschreiben Sie die alte Frau! (mager / Augen)
4. Wo sind die Kinder hingegangen? (zwei Mädchen // zwei Söhne)
5. Was tat der Jüngste? (Stadt // Buchdrucker)

B.

1. Was wollte der Buchdrucker? (Mutter / Haus)
2. Was wollte aber die Greisin? (Geld)
3. Was taten die Kinder, als die Greisin zeigte, daß sie doch allein leben wollte? (nachgeben // schicken)
4. Warum mußte der Buchdrucker dann und wann seinen Geschwistern schreiben? (berichten)

C.

1. Warum war der Buchdrucker enttäuscht? (Mutter / weigern // aufnehmen)
2. Wie oft lud die Greisin ihre Familie ein? (Sonntag / Kaffee)
3. Warum gefiel es ihr nicht beim Buchdrucker? (eng)
4. Wie amüsiert sich die alte Frau? (Kino)
5. Warum war das in den Augen der Kinder nichts Gewöhnliches? (Kinos / damals / Lokale)
6. Warum fiel eine einzelne Frau im Kino auf? (sonst / Liebespaare)

D.

1. Wie war der Kinobesuch sonst noch bedenklich? (Geld)
2. Was war der Flickschuster für ein Typ? (herumkommen)
3. Warum war er kein Verkehr für die Greisin? (trinken)
4. Warum bekam der Buchdrucker eine so kurze Antwort, als er seine Mutter darauf hinwies? (nicht leicht // reden)
5. Was war für die Familie eine besonders erstaunliche Nachricht? (Gasthof)

E.

1. Wieso war dies erstaunlich? (vorher / Reste)
2. Was war das erste, was die Alte tat, als ihr Sohn (der Vater des Erzählers) sie besuchte? (Hut // Rotwein)
3. Was deutet auf ihr neues Leben hin? (nicht / hingehen // Grab)
4. Wo übernachtete der Sohn?
5. Was hatte er aber von seiner Mutter erwartet? (einladen)

F.

1. Was hat die Alte mit der Bregg getan? (Ausflugsort)
2. Wieso war das ungewöhnlich? (früher)
3. Warum reiste die Alte nach K.?
4. Was wollte der Buchdrucker darauf tun? (Arzt)
5. War sie allein zum Pferderennen gefahren? (Mädchen)

G.

1. Welches Gerücht hörte man nun? (Karten)
2. Warum lernte man fast nichts mehr vom Buchdrucker? (hysterisch)
3. Woran sieht man, daß die Greisin nicht üppig lebt? (Eierspeise / Zwieback)
4. Welchen „Luxus" hat sie sich aber doch gestattet? (Wein)
5. Was tat der Flickschuster nach dem Tod der Greisin? (Stadt // Geschäft)

H.

1. Was waren die „gewissen Freiheiten", die die alte Frau sich gestattete? (drei Uhr // spazieren)
2. Wann und wo ist die Greisin gestorben?
3. Was hatte sie ausgekostet? (Knechtschaft // Freiheit)

das **Gesetz, -e** law

der **Türhüter, —** doorkeeper
der **Eintritt** admittance, entry

gewähren to grant, permit   **sich überlegen** to think (something)
over
*ein·treten (s) to enter
das **Tor** gate, doorway
sich bücken to bend over, stoop

locken to tempt
doch anyway   das **Verbot, -e** prohibition

Vor dem Gesetz

Franz Kafka

Vor dem Gesetz steht ein Türhüter. Zu diesem Türhüter
kommt ein Mann vom Lande und bittet um Eintritt in das
Gesetz. Aber der Türhüter sagt, daß er ihm jetzt den Eintritt
nicht gewähren könne. Der Mann überlegt und fragt dann, ob
er also später werde eintreten dürfen. „Es ist möglich", sagt der 5
Türhüter, „jetzt aber nicht." Da das Tor zum Gesetz offensteht
wie immer und der Türhüter beiseite tritt, bückt sich der Mann,
um durch das Tor in das Innere zu sehen. Als der Türhüter das
merkt, lacht er und sagt: „Wenn es dich so lockt, versuche es
doch, trotz meines Verbotes hineinzugehen. Merke aber: Ich bin 10

Reprinted by permission of Schocken Books Inc. from *Erzählungen und
kleine Prosa* by Franz Kafka. Copyright © 1946 by Shocken Books
Inc., N.Y.

mächtig powerful **unterst** lowest der **Saal** room

der **Anblick, -e** sight (of something) ***ertragen** to stand, bear
die **Schwierigkeit, -en** difficulty
zugänglich accessible
der **Pelzmantel, ⸗** fur overcoat
genauer more closely die **Spitznase, -n** pointed nose
dünn thin **tatarisch** Tartar der **Bart, ⸗e** beard
die **Erlaubnis, -se** permission
der **Schemel, —** footstool
sich nieder·setzen to sit down
ermüden to tire
an·stellen to conduct
das **Verhör, -e** examination, interrogation **aus·fragen** to question
(at length) die **Heimat** home
teilnahmslos disinterested
stellen *here:* to ask, pose (a question) **zum Schluß** finally, in the end

mit vielem with many things **sich aus·rüsten** to equip oneself
verwenden to make use of
sei es noch so wertvoll *lit.:* be it ever so valuable; *here:* no matter how
valuable it is ***bestechen** to bribe
zwar to be sure
etwas versäumt zu haben *lit.:* to have missed or overlooked anything;
here: that you have overlooked anything
beobachten to observe, watch
ununterbrochen uninterruptedly
scheinen to seem das **Hindernis, -se** obstacle
verfluchen to curse der **Zufall, ⸗e** chance
rücksichtslos thoughtlessly, recklessly **brummen** to grumble
vor sich hin to himself **kindisch** childish
das **Studium** study der **Floh, ⸗e** flea
um·stimmen to change (someone's) mind **schließlich** finally
das **Augenlicht** *poet.:* sight

täuschen to deceive
der **Glanz** gleam, radiance **unverlöschlich** inextinguishable
***brechen** to break, come
sammeln to collect **sich sammeln zu** *lit.:* to collect themselves
into (one question); *i.e.,* assemble into (one question) die **Erfahrung, -en** experience
bisher previously
erstarren (s) to grow rigid, stiffen
der **Körper** body **auf·richten** to straighten up, stand up **tief** deep

mächtig. Und ich bin nur der unterste Türhüter. Von Saal zu
Saal stehn aber Türhüter, einer mächtiger als der andere. Schon
den Anblick des dritten kann nicht einmal ich mehr ertragen."
Solche Schwierigkeiten hat der Mann vom Lande nicht
erwartet; das Gesetz soll doch jedem und immer zugänglich 5
sein, denkt er, aber als er jetzt den Türhüter in seinem Pelzmantel genauer ansieht, seine große Spitznase, den langen
dünnen, schwarzen tatarischen Bart, entschließt er sich, doch
lieber zu warten, bis er die Erlaubnis zum Eintritt bekommt. Der
Türhüter gibt ihm einen Schemel und läßt ihn seitwärts von der 10
Tür sich niedersetzen. Dort sitzt er Tage und Jahre. Er macht
viele Versuche, eingelassen zu werden, und ermüdet den
Türhüter durch seine Bitten. Der Türhüter stellt öfters kleine
Verhöre mit ihm an, fragt ihn über seine Heimat aus und nach
vielem andern, es sind aber teilnahmslose Fragen, wie sie große 15
Herren stellen, und zum Schlusse sagt er ihm immer wieder,
daß er ihn noch nicht einlassen könne. Der Mann, der sich für
seine Reise mit vielem ausgerüstet hat, verwendet alles, und sei
es noch so wertvoll, um den Türhüter zu bestechen. Dieser
nimmt zwar alles an, aber sagt dabei: „Ich nehme es nur an, 20
damit du nicht glaubst, etwas versäumt zu haben." Während
der vielen Jahre beobachtet der Mann den Türhüter fast
ununterbrochen. Er vergißt die andern Türhüter, und dieser erste
scheint ihm das einzige Hindernis für den Eintritt in das Gesetz.
Er verflucht den unglücklichen Zufall, in den ersten Jahren 25
rücksichtslos und laut, später, als er alt wird, brummt er nur
noch vor sich hin. Er wird kindisch, und, da er in dem jahre-
langen Studium des Türhüters auch die Flöhe in seinem
Pelzkragen erkannt hat, bittet er auch die Flöhe, ihm zu helfen
und den Türhüter umzustimmen. Schließlich wird sein Augen- 30
licht schwach, und er weiß nicht, ob es um ihn wirklich dunkler
wird, oder ob ihn nur seine Augen täuschen. Wohl aber erkennt
er jetzt im Dunkel einen Glanz, der unverlöschlich aus der Tür
des Gesetzes bricht. Nun lebt er nicht mehr lange. Vor seinem
Tode sammeln sich in seinem Kopfe alle Erfahrungen der 35
ganzen Zeit zu einer Frage, die er bisher an den Türhüter noch
nicht gestellt hat. Er winkt ihm zu, da er seinen erstarrenden
Körper nicht mehr aufrichten kann. Der Türhüter muß sich tief

sich hinunter·neigen to bend down der **Größenunterschied, -e**
  difference in size
zuungunsten + *gen.* to the disadvantage of **verändern** to change
unersättlich insatiable

der **Einlaß, ⁼sse** admittance
verlangen to demand
*vergehen (s) to fade, diminish das **Gehör** hearing
erreichen to reach **an·brüllen** to roar at
bestimmt für meant for, intended for

zu ihm hinunterneigen, denn der Größenunterschied hat sich
sehr zuungunsten des Mannes verändert. „Was willst du denn
jetzt noch wissen?" fragt der Türhüter, „du bist unersättlich."
„Alle streben doch nach dem Gesetz", sagt der Mann, „wieso
kommt es, daß in den vielen Jahren niemand außer mir Einlaß 5
verlangt hat?" Der Türhüter erkennt, daß der Mann schon an
seinem Ende ist, und, um sein vergehendes Gehör noch zu
erreichen, brüllt er ihn an: „Hier konnte niemand sonst Einlaß
erhalten, denn dieser Eingang war nur für dich bestimmt. Ich
gehe jetzt und schließe ihn." 10

Exercises

Synthetic Exercises

Form complete sentences in the tense(s) indicated.

A.

1. Türhüter / stehen / vor / Gesetz (*pres.*)
2. Mann / kommen / Türhüter // und / bitten / Eintritt (*pres. and past*)
3. Mann / fragen // ob / er / dürfen / eintreten / später (*pres.*)
4. Türhüter / sagen // daß / es / sein / möglich (*1st clause past, 2nd clause pres.*)
5. Tor / offenstehen // und / Türhüter / beiseitetreten (*pres. and past*)
6. Mann / bücken // um / sehen / in / Inner- (*pres. and past*)
7. Türhüter / sagen // daß / er / sein / mächtig (*pres.*)

B.

1. Mann / erwarten / solch- / Schwierigkeiten / nicht (*pres. perf. and past perf.*)
2. Gesetz / sollen / sein / immer zugänglich (*subj. II pres.*)
3. Er / ansehen / Türhüter / genauer (*past*)
4. Er / entschließen // lieber / warten (*1st clause past, 2nd clause infinitival*)
5. Als / er / ansehen / Türhüter / genauer // er / entschließen // lieber / warten (*past, final clause infinitival*)
6. Er / sitzen / jahrelang / dort (*past*)
7. Türhüter / sagen / immer wieder // daß / er / können / einlassen / ihn nicht (*pres.*)
8. Mann / versuchen // Türhüter / bestechen (*past, final clause infinitival*)
9. Als / er / werden / alt // er / brummen / nur / vor … hin (*to himself*) (*pres. and past*)

C.

1. Er / werden / kindisch // und / bitten / Flöhe // ihm / helfen (*pres. and past, final clause infinitival*)
2. Augen / werden / schwach (*pres., past, and perf.*)

3. Er / wissen / nicht // ob / es / werden / dunkler // oder ob / Augen / täuschen / ihn (*pres. and past*)
4. Er / erkennen / Glanz // — / kommen / aus / Gesetz (*pres. and past*)
5. Er / leben / nicht mehr / lange (*fut.*)
6. Er / zuwinken / Türhüter (*past and perf.*)
7. Er / fragen // warum / niemand sonst / kommen (*1st clause past, 2nd clause past perf.*)
8 Niemand sonst / können / hineingehen / da (*pres. and past*)
9. Eingang / sein / nur / für / Mann / bestimmt (*past*)
10. Türhüter / gehen // und / schließen / Eingang (*pres. and past*)

Express in German

A.

1. A man came to the gatekeeper and asked to be let in (asked for admittance).
2. He asks if he can go in later.
3. The doorkeeper said that it's possible.
4. The gate was open and the doorkeeper stepped aside.
5. The man bent over in order to see inside.
6. The doorkeeper says that he's powerful.

B.

1. He looked at the doorkeeper more closely.
2. He decided he'd rather wait.
3. When he looked at him more closely, he decided he'd rather wait.
4. He sat there for years.
5. The doorkeeper says that he can't let him in.
6. He tried to bribe the doorkeeper.
7. When he got old, he only muttered to himself.

C.

1. He asked the fleas to help him.
2. His eyes got weak.
3. He didn't know whether it was getting darker or not.
4. He won't live much longer.
5. He waved to the doorkeeper.
6. He asked why no one else had come.
7. No one else could enter (go in) there.
8. The entrance was only meant for him.
9. He goes and closes the door.

Questions

A.

1. Zu wem kommt der Mann? Was will er?
2. Was sagt ihm der Türhüter?
3. Was fragt der Mann dann? (später?) Was sagt der Türhüter dazu?
4. Was tut der Mann? (Inner-) Warum kann er es tun? (offen / beiseitetreten)

B.

1. Was hat der Mann nicht erwartet? (Schwierigkeiten) Warum nicht? (zugänglich)
2. Wozu entschließt er sich? (warten)
3. Wann hat er sich dazu entschlossen? (ansehen / Türhüter)
4. Wie verwendet der Mann alles, was er mit sich gebracht hat? (**verwenden** to use)
5. Wie redet der Mann, als er alt wird?

C.

1. Was will der Mann von den Flöhen?
2. Was wird über seine Augen gesagt?
3. Was sieht der Mann?
4. Was deutet dies an? (**an·deuten** to indicate)
5. Was ist die letzte Frage, die der Mann stellt?
6. Was ist die Antwort auf diese Frage?
7. Was tut der Türhüter am Ende der Geschichte?

der **Apotheker,** — pharmacist, druggist   **gewissenhaft** conscientious
dabei "at it"   **nicht übel verdiente** made a decent living, didn't earn
a bad living   **etliche** several
im besten Mannesalter in his prime
betont stressed   **getreu** faithful
***vertragen** to stand (I can't stand it), endure   **befragen** to ask,
question, interrogate
innerlich inwardly
rasend furious   **äußerlich** outwardly   **Er ließ sich äußerlich
nichts anmerken.** Outwardly he didn't show anything.   **lohnen**
to be worth
***unternehmen** to undertake, attempt
es war Mode it was fashionable (the fashion)   **abgesehen von**
aside from

Geschichte von Isidor

Max Frisch

Ich werde ihr die kleine Geschichte von Isidor erzählen. Eine wahre Geschichte! Isidor war Apotheker, ein gewissenhafter Mensch also, der dabei nicht übel verdiente, Vater von etlichen Kindern und Mann im besten Mannesalter, und es braucht nicht betont zu werden, daß Isidor ein getreuer Ehemann war. 5 Trotzdem vertrug er es nicht, immer befragt zu werden, wo er gewesen wäre. Darüber konnte er rasend werden, innerlich rasend, äußerlich ließ er sich nichts anmerken. Es lohnte keinen Streit, denn im Grunde, wie gesagt, war es eine glückliche Ehe. Eines schönen Sommers unternahmen sie, wie es damals 10 gerade Mode war, eine Reise nach Mallorca, und abgesehen

ihre stete Fragerei her constant questioning   **ärgern** to annoy, irritate, vex
zärtlich tender
die Ferien (*pl.*) vacation   **entzücken** to charm, delight, enchant

liebenswert lovable, amiable   **sich vor·stellen** to imagine
das Mittelmeer the Mediterranean
leuchten to shine, glisten   **das Plakat, -e** poster, placard   **zum (stillen) Ärger seiner Gattin** to his wife's (quiet) annoyance
bereits already

mag sein perhaps, maybe   **der Trotz** defiance, spite

nach Männerart as men will do, in masculine fashion
schlendern to amble, stroll, wander off   **sich vertiefen in** + *acc.* to immerse oneself in, become absorbed in something, deeply occupied, preoccupied with something
malerisch picturesque, scenic
dröhnen to boom, resound   **das Tuten** blast on the horn, whistle
erschreckt startled
dreckig filthy   **der Frachter, —** freighter
mit lauter Männern in gelber Uniform with nothing but men in yellow uniforms   **ebenfalls** likewise   **unter Dampf** under steam (*parallel to* under sail, under way)
das Tau, -e rope, line, cable
die Mole, -n pier, jetty   **sich entfernen** to move away from something
hundsföttisch low-down, lousy   **der Kinnhaken** uppercut
das Bewußtsein consciousness
hingegen on the other hand   **wagen** dare   **mit Bestimmtheit** with certainty
behaupten to assert
zuvor (= **vorher**) before, formerly   **die Flucht** escape
zum Mann erzogen made into a real man
die Wüste, -n desert
schätzen to value, treasure   **zuweilen** occasionally
gestatten to allow
der Verlust loss

die Vergangenheit past
das Heimweh homesickness, nostalgia   **das seine Heimat zu sein den schriftlichen Anspruch stellte** which lay claim to being his home

eine pure Anständigkeit a(n act of) pure decency
bärtig bearded   **hager** gaunt, haggard

von ihrer steten Fragerei, die ihn im stillen ärgerte, ging alles in bester Ordnung. Isidor konnte ausgesprochen zärtlich sein, sobald er Ferien hatte. Das schöne Avignon entzückte sie beide; sie gingen Arm in Arm. Isidor und seine Frau, die man sich als eine sehr liebenswerte Frau vorzustellen hat, waren genau neun 5 Jahre verheiratet, als sie in Marseille ankamen. Das Mittelmeer leuchtete wie auf einem Plakat. Zum stillen Ärger seiner Gattin, die bereits auf dem Mallorca-Dampfer stand, hatte Isidor noch im letzten Moment irgendeine Zeitung kaufen müssen. Ein wenig, mag sein, tat er es aus purem Trotz gegen ihre Fragerei, 10 wohin er denn ginge. Weiß Gott, er hatte es nicht gewußt; er war einfach, da ihr Dampfer noch nicht fuhr, nach Männerart ein wenig geschlendert. Aus purem Trotz, wie gesagt, vertiefte er sich in eine französische Zeitung, und während seine Gattin tatsächlich nach dem malerischen Mallorca reiste, fand sich 15 Isidor, als er endlich von einem dröhnenden Tuten erschreckt aus seiner Zeitung aufblickte, nicht an der Seite seiner Gattin, sondern auf einem ziemlich dreckigen Frachter, der, übervoll beladen mit lauter Männern in gelber Uniform, ebenfalls unter Dampf stand. Und eben wurden die großen Taue gelöst. Isidor 20 sah nur noch, wie die Mole sich entfernte. Ob es die hundsföttische Hitze oder der Kinnhaken eines französischen Sergeanten gewesen, was ihm kurz darauf das Bewußtsein nahm, kann ich nicht sagen; hingegen wage ich mit Bestimmtheit zu behaupten, daß Isidor, der Apotheker, in der Fremden- 25 legion ein härteres Leben hatte als zuvor. An Flucht war nicht zu denken. Das gelbe Fort, wo Isidor zum Mann erzogen wurde, stand einsam in der Wüste, deren Sonnenuntergänge er schätzen lernte. Gewiß dachte er zuweilen an seine Gattin, wenn er nicht einfach zu müde war, und hätte ihr wohl auch 30 geschrieben; doch Schreiben war nicht gestattet. Frankreich kämpfte noch immer gegen den Verlust seiner Kolonien, so daß Isidor bald genug in der Welt herumkam, wie er sich nie hätte träumen lassen. Er vergaß seine Apotheke, versteht sich, wie andere ihre kriminelle Vergangenheit. Mit der Zeit verlor Isidor 35 sogar das Heimweh nach dem Land, das seine Heimat zu sein den schriftlichen Anspruch stellte, und es war—viele Jahre später—eine pure Anständigkeit von Isidor, als er eines schönen Morgens durch das Gartentor trat, bärtig, hager wie er nun war,

der **Tropenhelm, -e** pith helmet

das **Eigenheim, -e** one's own house

rechnen zu to count among, write off to   **in Aufregung *geraten** to get upset

die **Tracht, -en** costume, uniform

der **Gürtel, —** belt

wie schon erwähnt as already mentioned

unverändert unchanged

ungeschmiert not greased, not oiled   **girren** to coo   **zögern** to hesitate

die **Ähnlichkeit** similarity   **um sieben Jahre** by seven years

die **Erscheinung** appearance   **befremden** to appear strange to, surprise

sofern if   **zur Rede stellen** to call to account, take to task

der **Sonnenschirm, -e** parasol

köstlich excellent, charming   der **Morgenrock, ⁼e** housecoat, dressing gown

die **Neuheit, -en** novelty, something new

die **Mißbilligung** disapproval

der **Hausfreund, -e** friend of the family (*also indicates an attachment for the lady of the house*)   **hierzulande** in these parts, around here

gekrempelte Hemdärmel rolled-up shirt sleeves   **herunter·machen** to roll down

selig blissful

der **Zank, ⁼e** quarrel, squabble

vollendet complete

mit Glockenläuten with the ringing of bells

ohne jede Rücksicht auf + *acc.* without the slightest regard for

das **Besteck** "the silver" (*i.e.*, knife, fork, and spoon)   ***greifen nach** to grab for

außerstande unable, incapable   **imstande** able, in a position to

*ein·gießen to pour

zärtlich tenderly

das **Weinen** crying   **umarmen** to embrace

betäubt stunned   **nieder·setzen** to set down

der **Rosenstock, ⁼e** rose tree

den Tropenhelm unter dem Arm, damit die Nachbarn seines
Eigenheims, die den Apotheker längstens zu den Toten rech-
neten, nicht in Aufregung gerieten über seine immerhin
ungewohnte Tracht; selbstverständlich trug er auch einen
Gürtel mit Revolver. Es war ein Sonntagmorgen, Geburtstag 5
seiner Gattin, die er, wie schon erwähnt, liebte, auch wenn er in
all den Jahren nie eine Karte geschrieben hatte. Einen Atemzug
lang, das unveränderte Eigenheim vor Augen, die Hand noch an
dem Gartentor, das ungeschmiert war und girrte wie je, zögerte
er. Fünf Kinder, alle nicht ohne Ähnlichkeit mit ihm, aber alle um 10
sieben Jahre gewachsen, so daß ihre Erscheinung ihn befrem-
dete, schrieen schon von weitem: Der Papi! Es gab kein Zurück.
Und Isidor schritt weiter als Mann, der er in harten Kämpfen
geworden war, und in der Hoffnung, daß seine liebe Gattin,
sofern sie zu Hause war, ihn nicht zur Rede stellen würde. Er 15
schlenderte den Rasen hinauf, als käme er wie gewöhnlich aus
seiner Apotheke, nicht aber aus Afrika und Indochina. Die
Gattin saß sprachlos unter einem neuen Sonnenschirm. Auch
den köstlichen Morgenrock, den sie trug, hatte Isidor noch nie
gesehen. Ein Dienstmädchen, ebenfalls eine Neuheit, holte 20
sogleich eine weitere Tasse für den bärtigen Herrn, den sie ohne
Zweifel, aber auch ohne Mißbilligung als den neuen Hausfreund betrachtete. Kühl sei es hierzulande, meinte Isidor,
indem er sich die gekrempelten Hemdärmel wieder herunter-
machte. Die Kinder waren selig, mit dem Tropenhelm spielen zu 25
dürfen, was natürlich nicht ohne Zank ging, und als der frische
Kaffee kam, war es eine vollendete Idylle, Sonntagmorgen mit
Glockenläuten und Geburtstagstorte. Was wollte Isidor mehr!
Ohne jede Rücksicht auf das neue Dienstmädchen, das gerade
noch das Besteck hinlegte, griff Isidor nach seiner Gattin. 30
,,Isidor!'' sagte sie und war außerstande, den Kaffee ein-
zugießen, so daß der bärtige Gast es selber machen mußte.
,,Was denn!'' fragte er zärtlich, indem er auch ihre Tasse füllte.
,,Isidor!'' sagte sie und war dem Weinen nahe. Er umarmte sie.
,,Isidor!'' fragte sie, ,,wo bist du nur so lange gewesen?'' Der 35
Mann, einen Augenblick lang wie betäubt, setzte seine Tasse
nieder; er war es einfach nicht mehr gewohnt, verheiratet zu
sein, und stellte sich vor einen Rosenstock, die Hände in den
Hosentaschen. ,,Warum hast du nie auch nur eine Karte

verdutzt puzzled, taken aback
mit dem knappen Schwung der Routine *here:* with a practiced motion; *lit.:* with the exact precision, "snap," of routine

die **Dauer** duration **unauslöschlich** indelible
der **Eindruck** impression **einem etwas *hinterlassen** to leave something to someone
echt genuine
vom Gebrauch abgenutzt worn from use

genug+*gen.* **(genug von)** enough of **traute Heimkehr** intimate (tender) homecoming
der **Gurt** belt der **Schuß, ⸗sse** shot **mitten in** in the middle of **weich** soft
berühren to touch der **Zuckerschaum** icing **verzieren** to decorate
sich vor·stellen to imagine **eine erhebliche Schweinerei** a considerable mess
verursachen to cause
der **Schlagrahm** whipped cream **verspritzen** to spray, bespatter
der **Augenzeuge, -n** eyewitness

umringen to surround **Niobe** *Greek mythology: mother of seven sons and seven daughters, traditionally pictured protecting them. Cliché for grieving mother.*
unverantwortlich irresponsible **gelassen** (*adj.*) calm, imperturbable

der **Zustand, ⸗e** situation, condition **erbarmenswürdig** pitiable
unter vier Augen "in strict confidence," between two people
insgesamt in all
die **Scheidung, -en** divorce **tapfer** brave
die **Schuldfrage** question of guilt **hoffen auf**+*acc.* to hope for
die **Reue** repentance **lebte ganz den fünf Kindern** lived entirely for the five children (devoted herself to the five children) **stammen von** to come from
*ab·weisen to refuse, turn down (die) **persönliche Teilnahme** personal interest, concern
drängen to press
Penelope *Homer's* Odyssey: *Odysseus' long-suffering, long-waiting wife. Cliché for constancy.* **ähnlich**+*dat.* similar to **in der Tat** indeed
üblich usual die **Begrüßung** greeting
dauern last das **Vergnügen** pleasure

*schießen to shoot
*entreißen to tear away, snatch away

geschrieben?" fragte sie. Darauf nahm er den verdutzten
Kindern wortlos den Tropenhelm weg, setzte ihn mit dem
knappen Schwung der Routine auf seinen eigenen Kopf, was
den Kindern einen für die Dauer ihres Lebens unauslöschlichen
Eindruck hinterlassen haben soll, Papi mit Tropenhelm und   5
Revolvertasche, alles nicht bloß echt, sondern sichtlich vom
Gebrauche etwas abgenutzt, und als die Gattin sagte: „Weißt
du, Isidor, das hättest du wirklich nicht tun dürfen!" war es für
Isidor genug der trauten Heimkehr, er zog (wieder mit dem
knappen Schwung der Routine, denke ich) den Revolver aus   10
dem Gurt, gab drei Schüsse mitten in die weiche, bisher noch
unberührte und mit Zuckerschaum verzierte Torte, was, wie
man sich wohl vorstellen kann, eine erhebliche Schweinerei
verursachte. „Also Isidor!" schrie die Gattin, denn ihr Morgenrock war über und über von Schlagrahm verspritzt, ja, und wären   15
nicht die unschuldigen Kinder als Augenzeugen gewesen, hätte
sie jenen ganzen Besuch, der übrigens kaum zehn Minuten
gedauert haben dürfte, für eine Halluzination gehalten. Von
ihren fünf Kindern umringt, einer Niobe ähnlich, sah sie nur
noch, wie Isidor, der Unverantwortliche, mit gelassenen   20
Schritten durch das Gartentor ging, den unmöglichen Tropenhelm auf dem Kopf. Nach jenem Schock konnte die arme Frau
nie eine Torte sehen, ohne an Isidor denken zu müssen, ein
Zustand, der sie erbarmenswürdig machte, und unter vier
Augen, insgesamt etwa unter sechsunddreißig Augen riet man   25
ihr zur Scheidung. Noch aber hoffte die tapfere Frau. Die
Schuldfrage war ja wohl klar. Noch aber hoffte sie auf seine
Reue, lebte ganz den fünf Kindern, die von Isidor stammten, und
wies den jungen Rechtsanwalt, der sie nicht ohne persönliche
Teilnahme besuchte und zur Scheidung drängte, ein weiteres   30
Jahr lang ab, einer Penelope ähnlich. Und in der Tat, wieder
war's ihr Geburtstag, kam Isidor nach einem Jahr zurück, setzte
sich nach üblicher Begrüßung, krempelte die Hemdärmel
herunter und gestattete den Kindern abermals, mit seinem
Tropenhelm zu spielen, doch dieses Mal dauerte ihr Vergnügen,   35
einen Papi zu haben, keine drei Minuten. „Isidor!" sagte die
Gattin, „wo bist du denn jetzt wieder gewesen?" Er erhob sich,
ohne zu schießen, Gott sei Dank, auch ohne den unschuldigen
Kindern den Tropenhelm zu entreißen, nein, Isidor erhob sich

die **Scheidungsklage, -n** divorce complaint
unterzeichnen to sign   die **Träne, -n** tear
zumal especially since   die **gesetzliche Frist** the legal waiting
period   **sich melden** to report, show up
in schlichter Zurückhaltung "in a modestly withdrawn" manner
der **Ablauf** expiration
das **Standesamt, ⸗er** registrar's office; *here:* akin to a justice of the peace
genehmigen to approve, sanction, license, make legal
kurzum in short   der **Lauf der Ordnung** *lit.:* "path of order," in an
orderly way
heranwachsend growing (up)
das **Erdenleben** earthly life   **sich *herum·treiben** to kick around,
gallivant
die **Ansichtskarte** picture postcard

nur, krempelte seine Hemdärmel wieder herauf und ging durchs
Gartentor, um nie wiederzukommen. Die Scheidungsklage
unterzeichnete die arme Gattin nicht ohne Tränen, aber es
mußte ja wohl sein, zumal sich Isidor innerhalb der gesetzlichen
Frist nicht gemeldet hatte, seine Apotheke wurde verkauft, die 5
zweite Ehe in schlichter Zurückhaltung gelebt und nach Ablauf
der gesetzlichen Frist auch durch das Standesamt genehmigt,
kurzum, alles nahm den Lauf der Ordnung, was ja zumal für die
heranwachsenden Kinder so wichtig war. Eine Antwort, wo
Papi sich mit dem Rest seines Erdenlebens herumtrieb, kam nie. 10
Nicht einmal eine Ansichtskarte. Mami wollte auch nicht, daß
die Kinder danach fragten; sie hatte ja Papi selber nie danach
fragen dürfen. . . .

Exercises

Synthetic Exercises

Form complete sentences in the tense(s) indicated.

A.

1. Isidor / sein / gewissenhaft / Mensch // — / verdienen / nicht übel (*pres. and past*)
2. Es / brauchen / nicht / betont / werden // daß / Isidor / sein / getreu / Ehemann   (*1st clause pres., 2nd clause past*)
3. Trotzdem / vertragen / er / es / nicht // immer / befragt / werden // wo / er / sein   (*past, final clause past perf.*)
4. Darüber / können / er / werden / innerlich / rasend   (*past*)
5. Aber / es / sein / in / Grund / glücklich / Ehe   (*past and perf.*)

in Gru~oź

B.

1. Ein / schön / Sommer / sie / machen / Reise / Mallorca   (*past*)
2. Abgesehen / von / stet / Fragerei / alles / gehen / in / best- / Ordnung (*pres. and past*)
3. Sie / sein / neun Jahre / verheiratet // als / sie / ankommen / Marseille (*past*)
4. Zu / still / Ärger / Gattin / Isidor / müssen / in / letzt- / Moment / Zeitung / kaufen   (*past*)
5. Er / tun / es / Trotz / Fragerei   (*past and perf.*)

C.

1. Er / vertiefen / in / französisch / Zeitung   (*past and perf.*)

Nominativ 2. Während / Gattin / reisen / Mallorca // Isidor / finden / sich / dreckig / Frachter   (*past*)
3. Man / können / sagen / Bestimmtheit // daß / Apotheker / haben / härter / Leben / als / vorher   (*past*)
4. Gelb / Fort / stehen / Wüste // (*whose*) / Sonnenuntergänge / er / lernen / schätzen   (*past*)
5. Isidor / schreiben / Frau // aber / Schreiben / sein / nicht / gestattet (*1st clause subj. II past, 2nd clause past*)
6. Isidor / herumkommen / viel / Welt   (*past*)

D.

1. Er / verlieren / Heimweh // und / kommen / nur / aus / pur / Anständigkeit / nach Hause (*past and perf.*)
2. Als / Isidor / stehen / Gartentor // er / zögern / ein wenig (*past*)
3. Denn / Kinder / sein / um / sieben Jahre / gewachsen (*past*)

E.

1. Er / hoffen // daß / Gattin / ihn / nicht / Rede / stellen (*1st clause past, 2nd clause subj. II pres.*)
2. Er / gehen / weiter // als ob / er / nur / kommen / Apotheke / und / nicht / Afrika (*1st clause past, 2nd clause subj. II pres.*)
3. Gattin / tragen / Morgenrock // — / Isidor / sehen / noch nie (*main clause past, relative clause past perf.*)
4. Dienstmädchen / holen / weiter / Tasse / bärtig / Herr (*past*)
5. Isidor / meinen // daß / es / sein / kühl (*past*)
6. Kinder / sein / selig // mit / Tropenhelm / spielen (*1st clause past, 2nd clause infinitival*)

F.

1. Ohne / Rücksicht / neu / Dienstmädchen / Isidor / greifen / nach / Gattin (*pres. and past*)
2. Frau / sein / außerstande // Kaffee / eingießen (*past and perf., final clause infinitival*)
3. Gattin / fragen / Isidor // wo / er / sein / so lange (*1st clause past, 2nd clause past perf.*)
4. Mann / sitzen / Augenblick / wie betäubt // weil / er / sein / es / gewohnt / nicht mehr // verheiratet / sein (*pres. and past, final clause infinitival*)

G.

1. Er / wegnehmen / Kinder / Tropenhelm // und / setzen / ihn / Kopf (*past and perf.*)
2. Es / machen / groß / Eindruck / auf (+*acc.*) / Kinder (*past and pres. perf.*)
3. Tropenhelm / und / Revolvertasche / sein / nicht bloß echt // sondern / sichtlich / abgenutzt (*past*)
4. Frau / sagen // daß / Isidor / nicht / dürfen / tun / das (*1st clause past, 2nd clause subj. II past*)
5. Er / ziehen / Revolver // und / geben / drei Schüsse / mitten / weich / Torte // — / verursachen / erheblich / Schweinerei (*past*)

H.

1. Gattin / können / halten / ganz / Besuch / Halluzination (*subj. II pres. and past*)
2. Nach / Schock / können / sehen / arm / Frau / nie / Torte // ohne / denken / Isidor (*past and perf., final clause infinitival*)

3. Man / raten / Frau / Scheidung   (*pres., past, and perf.*)
4. Schuldfrage / sein / klar // aber / Frau / hoffen / sein- / Reue   (*past*)
5. Frau / abweisen / jung / Rechtsanwalt / noch ein Jahr   (*past and pres. perf.*)

I.

1. Isidor / zurückkommen / nach / ein Jahr // setzen // und / gestatten / Kinder // mit / Tropenhelm / spielen   (*past, final clause infinitival*)
2. Vergnügen // Vater / haben // dauern / kein / drei Minuten   (*past, 2nd clause infinitival*)
3. Isidor / sich erheben // diesmal / ohne / schießen // und / gehen / Gartentor // nie / wiederkommen   (*past and perf.*)

J.

1. Frau / und / Rechtsanwalt / leben / in / schlicht / Zurückhaltung   (*past*)
2. Alles / nehmen / Lauf / Ordnung // (*which*) / sein / für / heranwachsend / Kinder // wichtig   (*1st clause past, 2nd clause pres.*)
3. Antwort // wo / Papi / sich herumtreiben // kommen / nie   (*past and perf.*)
4. Mami / wollen / nicht // daß / Kinder / fragen / danach   (*past*)

Express in German

A.

1. Isidor was a conscientious person who didn't earn a bad living.
2. It doesn't need to be stressed that Isidor was a faithful husband.
3. Nonetheless he couldn't stand *always being asked* where he had been.
4. He could get inwardly furious, but it was basically a happy marriage.

B.

1. One summer they took a trip to Majorca.
2. Apart from her constant questioning everything went *perfectly*.
3. To the annoyance of his wife he had had to buy some newspaper or other.
4. He did it out of spite against her continual questioning.

C.

1. He became absorbed in a French newspaper.
2. While his wife was going to Majorca, he found himself on a filthy freighter.
3. One can say with certainty that the pharmacist had a tougher life than before.
4. The yellow fort stood in a desert whose sunsets he *came to* value.
5. Isidor would have written his wife but writing wasn't allowed.
6. Isidor got around a lot in the world.

D.

1. He only came home out of pure decency.
2. Isidor hesitated as he stood at the garden gate.
3. The children had grown by seven years.

E.

1. He hoped that his wife wouldn't *call him to account*.
2. He walked on as if he were only coming from his drugstore and not from Africa. *Asian*
3. His wife was wearing a housecoat that Isidor hadn't seen before.
4. The maid brought a cup of coffee for the bearded gentleman.
5. Isidor said that it was cool.
6. The children were delighted to play with the pith helmet.

F.

GRIFF NACH

1. Without regard for the maid Isidor grabbed for his wife.
2. The woman was *unable* to pour the coffee. AUßERSTANDE
3. His wife asked Isidor where he had been so long.
4. The man simply wasn't used to being married anymore.

(ES) NICHT MEHR

G.

1. It made a great impression on the children.
2. The pith helmet and the holster were not only genuine but visibly worn.
3. His wife said that Isidor shouldn't have done that.
4. He drew his revolver and put three shots into the middle of the soft torte, which caused a considerable mess. SCHOSS

DIE URSACHE — VERURSACHEN

H.

1. His wife could have considered the whole visit an hallucination.
2. After that shock the poor woman could never see a torte without thinking of Isidor.
3. They advised her to *get a divorce*. MAN RIET   ZUR SCHEIDUNG
4. The question of guilt was clear, but she still hoped *he'd repent* (for his repentance). SEINER REUER
5. She put the young lawyer off for another year.

WIEß DEN JUNGEN RECHTSANWALT

I.

1. Isidor sat down and allowed the children to play with the pith helmet.
2. This time the pleasure of having a father didn't last three minutes.
3. He got up without shooting and walked through the garden gate never to return again.

J.
1. Isidor's wife and her lawyer lived in a modestly withdrawn manner.
2. An answer (as to) where Papi was kicking around never came.
3. His wife didn't want *the children to ask about it.*

Cue-sheet

Use the following cues to relate the story.

A.
1. Isidor / gewissenhaft // nicht übel
   Ehemann
   vertragen / nicht // befragt // wo / gewesen
2. innerlich / rasend
   kein Streit // glückliche Ehe

B.
1. Sommer / Reise / Mallorca
   abgesehen / Fragerei // beste Ordnung
2. Ärger / Gattin // Isidor / Zeitung
   Trotz

C.
1. vertiefen / Zeitung
   während / Frau / Mallorca // Isidor / Frachter
2. mit Bestimmtheit // härter // vorher
   Isidor / herumkommen / Welt

D.
   nur / Anständigkeit
   Isidor / zögern / Gartentor

E.
1. hoffen // Gattin / nicht zur Rede
   als ob / Apotheke // nicht / Afrika
2. Dienstmädchen / Tasse
   Kinder / Tropenhelm

F.
1. Isidor / greifen / Frau
   Frau / außerstande // Kaffee
2. Frau / fragen // wo / Isidor
   Isidor / nicht mehr gewohnt // verheiratet

G.

1. Isidor / Tropenhelm / weg // und / Kopf
   Eindruck / Kinder
2. Frau: Isidor / dürfen / nicht
   Revolver // drei Schüsse / Torte // Schweinerei

H.

1. Frau / Besuch / Halluzination (*subj. // past*)
   nach / Schock / nie / Torte // ohne . . .
2. raten / Scheidung
   Schuldfrage / klar // aber / hoffen / Reue
   abweisen / Rechtsanwalt / noch ein Jahr

I.

1. nach / Jahr / Isidor / zurück
   keine drei Minuten
2. Frau / fragen // wo
   Isidor / aufstehen // ohne / schießen // gehen

J.

Frau / Rechtsanwalt / Zurückhaltung
Antwort // wo / Isidor // nie
Ansichtskarte

der **Kreidekreis, -e** chalk circle

der **Dreißigjährige Krieg** the Thirty Years War (1618–1648) **Schweizer** Swiss

die **Gerberei, -en** tannery die **Lederhandlung, -en** leather goods store

am Lech on the Lech River

verheiratet mit married to

dringend urgently **zur Flucht *raten** to advise to escape, flee

sei es, daß . . . it may have been that . . .

im Stich *lassen to leave in the lurch, abandon

sich *entschließen to decide, make up one's mind

beizeiten in time

kaiserlich imperial

plündern to plunder, pillage **sich verstecken** to hide

Der Augsburger Kreidekreis

Bertolt Brecht

Zu der Zeit des Dreißigjährigen Krieges besaß ein Schweizer Protestant namens Zingli eine große Gerberei mit einer Lederhandlung in der freien Reichsstadt Augsburg am Lech. Er war mit einer Augsburgerin verheiratet und hatte ein Kind von ihr. Als die Katholischen auf die Stadt zumarschierten, rieten ihm 5 seine Freunde dringend zur Flucht, aber, sei es, daß seine kleine Familie ihn hielt, sei es, daß er seine Gerberei nicht im Stich lassen wollte, er konnte sich jedenfalls nicht entschließen, beizeiten wegzureisen.

So war er noch in der Stadt, als die kaiserlichen Truppen sie 10 stürmten, und als am Abend geplündert wurde, versteckte er

Reprinted by permission of Gebrüder Weiß Verlag, Berlin, from *Kalendergeschichten* by Bertolt Brecht.

die **Grube, -n** hole, pit, ditch   der **Hof** courtyard   die **Farbe, -n** color, dye   **auf·bewahren** to store, keep

der **Verwandte,** die **Verwandten** (*adj. noun*)   relative

die **Vorstadt** suburb

der **Schmuck** jewelry

die **Rotte, -n** band, troop

***dringen** to force their way (into)

der **Schrecken** fear, terror

das **Anwesen,** — property, premises, house

die **Diele, -n** hall(way)

die **Wiege, -n** cradle

die **Schnur, ⁼e** cord, string

hantieren to work, putter around

das **Kupferzeug** copperware   die **Gasse, -n** street

stürzen (s) to rush

allerhand all kinds of   die **Beute** booty

das **Geräusch, -e** noise, sound

der **Schlag, ⁼e** blow, knock   **eichen** oaken

***ergreifen** to seize   die **Treppe** staircase

kurz und klein to pieces

sich ***befinden** to be (*with place expressions*)   das **Wunder** miracle

die **Durchsuchung, -en** search   die **Plünderung** plundering

sich ***verziehen** to withdraw, leave, pull out   **heraus·klettern** to climb out

unversehrt uninjured, unharmed   ***schleichen** (s) to sneak

inzwischen in the meantime

erhellen to illuminate

entsetzt horrified   **erblicken** to catch sight of   **übel zugerichtet** maltreated (badly beaten, cut up, etc.)   die **Leiche, -n** corpse

***erschlagen** to kill, slay

die **Gefahr *laufen** to be in danger, run a risk

aufgegriffen apprehended, stopped

schweren Herzens with a heavy heart

wiegen to rock

der **Stadtteil** part of the city

sich **drängen durch** to push, force one's way through   **begleiten** to accompany

das **Getümmel,** — turmoil   **der ihren Sieg feiernden Soldaten** of the soldiers who were celebrating their victory

sich in einer Grube im Hof, wo die Farben aufbewahrt wurden. Seine Frau sollte mit dem Kind zu ihren Verwandten in der Vorstadt ziehen, aber sie hielt sich zu lange damit auf, ihre Sachen, Kleider, Schmuck und Betten zu packen, und so sah sie plötzlich, von einem Fenster des ersten Stockes aus, eine Rotte 5 kaiserlicher Soldaten in den Hof dringen. Außer sich vor Schrecken ließ sie alles stehen und liegen und rannte durch eine Hintertür aus dem Anwesen.

So blieb das Kind im Hause zurück. Es lag in der großen Diele in seiner Wiege und spielte mit einem Holzball, der an einer 10 Schnur von der Decke hing.

Nur eine junge Magd war noch im Hause. Sie hantierte in der Küche mit dem Kupferzeug, als sie Lärm von der Gasse her hörte. Ans Fenster stürzend, sah sie, wie aus dem ersten Stock des Hauses gegenüber von Soldaten allerhand Beutestücke auf 15 die Gasse geworfen wurden. Sie lief in die Diele und wollte eben das Kind aus der Wiege nehmen, als sie das Geräusch schwerer Schläge gegen die eichene Haustür hörte. Sie wurde von Panik ergriffen und flog die Treppe hinauf.

Die Diele füllte sich mit betrunkenen Soldaten, die alles kurz 20 und klein schlugen. Sie wußten, daß sie sich im Haus eines Protestanten befanden. Wie durch ein Wunder blieb bei der Durchsuchung und Plünderung Anna, die Magd, unentdeckt. Die Rotte verzog sich, und aus dem Schrank herauskletternd, in dem sie gestanden war, fand Anna auch das Kind in der Diele 25 unversehrt. Sie nahm es hastig an sich und schlich mit ihm auf den Hof hinaus. Es war inzwischen Nacht geworden, aber der rote Schein eines in der Nähe brennenden Hauses erhellte den Hof, und entsetzt erblickte sie die übel zugerichtete Leiche des Hausherrn. Die Soldaten hatten ihn aus seiner Grube gezogen 30 und erschlagen.

Erst jetzt wurde der Magd klar, welche Gefahr sie lief, wenn sie mit dem Kind des Protestanten auf der Straße aufgegriffen wurde. Sie legte es schweren Herzens in die Wiege zurück, gab ihm etwas Milch zu trinken, wiegte es in Schlaf und machte sich 35 auf den Weg in den Stadtteil, wo ihre verheiratete Schwester wohnte. Gegen zehn Uhr nachts drängte sie sich, begleitet vom Mann ihrer Schwester, durch das Getümmel der ihren Sieg feiernden Soldaten, um in der Vorstadt Frau Zingli, die Mutter

mächtig mighty, huge
geraume Zeit (a) long time
heraus·stecken to stick out
atemlos breathlessly

die **Nichte, -n** niece
er hat mit ihm nichts zu schaffen he has nothing to do with him
der **Bankert, -e** bastard

der **Schwager, ∺** brother-in-law der **Vorhang, ∺e** curtain
sich bewegen to move die **Überzeugung, -en** (*gewinnen) conviction (to become convinced)
anscheinend apparently **verleugnen** to disclaim, deny
schweigend silently

aus·reden to talk out of
anständig decently

nichts Unvernünftiges nothing unreasonable
unbedingt definitely, at all costs
nichts fehlt ihm there's nothing wrong with him; he's all right

betrachten to observe **wagen** to dare
an·zünden to light

winzig tiny der **Leberfleck, -e(n)** mole

die **Faust** fist **saugen** to suck

schwerfällig slowly, ponderously die **Bewegung, -en** movement,
motion **hüllen** to wrap
das **Leinen, —** linen
sich um·schauen to look around
das **Gewissen, —** conscience die **Diebin, -nen** thief *(fem.)*
die **Beratung, -en** deliberation, consultation

der **Bauernhof** farm

des Kindes, aufzusuchen. Sie klopften an die Tür eines mäch-
tigen Hauses, die sich nach geraumer Zeit auch ein wenig
öffnete. Ein kleiner alter Mann, Frau Zinglis Onkel, steckte den
Kopf heraus. Anna berichtete atemlos, daß Herr Zingli tot, das
Kind aber unversehrt im Hause sei. Der Alte sah sie kalt aus   5
fischigen Augen an und sagte, seine Nichte sei nicht mehr da,
und er selber habe mit dem Protestantenbankert nichts zu
schaffen. Damit machte er die Tür wieder zu. Im Weggehen sah
Annas Schwager, wie sich ein Vorhang in einem der Fenster
bewegte, und gewann die Überzeugung, daß Frau Zingli da war.   10
Sie schämte sich anscheinend nicht, ihr Kind zu verleugnen.

Eine Zeitlang gingen Anna und ihr Schwager schweigend
nebeneinander her. Dann erklärte sie ihm, daß sie in die
Gerberei zurück und das Kind holen wolle. Der Schwager, ein
ruhiger, ordentlicher Mann, hörte sie erschrocken an und suchte 15
ihr die gefährliche Idee auszureden. Was hatte sie mit diesen
Leuten zu tun? Sie war nicht einmal anständig behandelt
worden.

Anna hörte ihm still zu und versprach ihm, nichts Unvernünftiges zu tun. Jedoch wollte sie unbedingt noch schnell in   20
die Gerberei schauen, ob dem Kind nichts fehle. Und sie wollte
allein gehen.

Sie setzte ihren Willen durch. Mitten in der zerstörten Halle
lag das Kind ruhig in seiner Wiege und schlief. Anna setzte sich
müde zu ihm und betrachtete es. Sie hatte nicht gewagt, ein   25
Licht anzuzünden, aber das Haus in der Nähe brannte immer
noch, und bei diesem Licht konnte sie das Kind ganz gut sehen.
Es hatte einen winzigen Leberfleck am Hälschen.

Als die Magd einige Zeit, vielleicht eine Stunde, zugesehen
hatte, wie das Kind atmete und an seiner kleinen Faust saugte, 30
erkannte sie, daß sie zu lange gesessen und zu viel gesehen
hatte, um noch ohne das Kind weggehen zu können. Sie stand
schwerfällig auf, und mit langsamen Bewegungen hüllte sie es
in die Leinendecke, hob es auf den Arm und verließ mit ihm den
Hof, sich scheu umschauend, wie eine Person mit schlechtem   35
Gewissen, eine Diebin.

Sie brachte das Kind, nach langen Beratungen mit Schwester
und Schwager, zwei Wochen darauf aufs Land in das Dorf
Großaitingen, wo ihr älterer Bruder Bauer war. Der Bauernhof

ein·heiraten to marry into   **ausgemacht** decided, arranged

zu Gesicht *bekommen see face to face
gefährlich dangerous

das Gesinde help, hired hands
***empfangen** to receive   **der Blick** glance   **die Schwägerin, -nen** sister-in-law   **veranlassen** to cause, induce
ihr eigenes her own (child)
entfernt distant, far off
die Stellung job   **die Mühle, -n** mill
auf·tauen to thaw; *here:* become friendly
gebührend duly, properly   **bewundern** to admire
das Gehölz, -e wood, copse
sammeln to gather   **der Stumpf, ⸚e** stump
(ihm) reinen Wein einschenken to tell (him) the truth   **nicht wohl in der Haut sein** to be uneasy; *lit.:* in one's skin

festigen to secure, make firm   **loben** to praise

großzügig generous, magnanimous
zu·trauen to credit (a person with something)   **die Täuschung**
***aufrecht·erhalten** to keep up the deception

auf die Länge in the long run
die Ernte, -n harvest   **pflegen** to take care of
zwischendurch in between times
aus·ruhen to rest   ***gedeihen** (s) to thrive, get on well
kräftig mightily

sich erkundigen nach to ask about, inquire about

nützlich useful   **das Schlimme** the bad thing
sich wundern über+*acc.* to wonder about

ins Gerede *kommen (s) to be talked, gossiped about
an·spannen to hitch up (horses)
das Kalb, ⸚er calf
rattern to rattle   **der Fahrzeug, -e** cart   **(einem etwas)**
mit·teilen to tell (someone something)

der Häusler, — cottager   **ausgemergelt** emaciated

gehörte der Frau, er hatte nur eingeheiratet. Es war ausgemacht worden, daß sie vielleicht nur dem Bruder sagen sollte, wer das Kind war, denn sie hatten die junge Bäuerin nie zu Gesicht bekommen und wußten nicht, wie sie einen so gefährlichen kleinen Gast aufnehmen würde. 5

Anna kam gegen Mittag im Dorf an. Ihr Bruder, seine Frau und das Gesinde saßen beim Mittagessen. Sie wurde nicht schlecht empfangen, aber ein Blick auf ihre neue Schwägerin veranlaßte sie, das Kind sogleich als ihr eigenes vorzustellen. Erst nachdem sie erzählt hatte, daß ihr Mann in einem entfernten Dorf eine 10 Stellung in einer Mühle hatte und sie dort mit dem Kind in ein paar Wochen erwartete, taute die Bäuerin auf und das Kind wurde gebührend bewundert.

Nachmittags begleitete sie ihren Bruder ins Gehölz, Holz sammeln. Sie setzten sich auf Baumstümpfe, und Anna schenkte 15 ihm reinen Wein ein. Sie konnte sehen, daß ihm nicht wohl in seiner Haut war. Seine Stellung auf dem Hof war noch nicht gefestigt, und er lobte Anna sehr, daß sie seiner Frau gegenüber den Mund gehalten hatte. Es war klar, daß er seiner jungen Frau keine besonders großzügige Haltung gegenüber dem Prote- 20 stantenkind zutraute. Er wollte, daß die Täuschung aufrecht-erhalten wurde.

Das war nun auf die Länge nicht leicht.

Anna arbeitete bei der Ernte mit und pflegte „ihr" Kind zwischendurch, immer wieder vom Feld nach Hause laufend, 25 wenn die andern ausruhten. Der Kleine gedieh und wurde sogar dick, lachte so oft er Anna sah und suchte kräftig den Kopf zu heben. Aber dann kam der Winter, und die Schwägerin begann sich nach Annas Mann zu erkundigen.

Es sprach nichts dagegen, daß Anna auf dem Hof blieb, sie 30 konnte sich nützlich machen. Das Schlimme war, daß die Nachbarn sich über den Vater von Annas Jungen wunderten, weil der nie kam, nach ihm zu sehen. Wenn sie keinen Vater für ihr Kind zeigen konnte, mußte der Hof bald ins Gerede kommen.

An einem Sonntagmorgen spannte der Bauer an und hieß 35 Anna laut mitkommen, ein Kalb in einem Nachbardorf abzu-holen. Auf dem ratternden Fahrzeug teilte er ihr mit, daß er für sie einen Mann gesucht und gefunden hätte. Es war ein tod-kranker Häusler, der kaum den ausgemergelten Kopf vom

schmierig greasy, dirty   das **Laken, —** sheet
niedrig low
ehelichen to marry   das **Lager, —** *here:* bed
gelbhäutig with yellow skin   das **Entgelt, -e** recompense, payment
der **Dienst** service   ***erweisen** to show to, do (her a service)
aus·handeln to transact
***erstehen** to purchase, pick up at an auction
die **Verehelichung** marriage   ***statt·finden** to take place
die **Trauungsformel, -n** marriage vow

zweifeln to doubt   der **Totenschein, -e** death certificate

irgendwo somewhere
sich wundern to be surprised, wonder   die **Witwe, -n** widow

seltsam strange   die **Hochzeit, -en** wedding
die **Kirchenglocken** church bells   die **Blechmusik** brass (band)
  music   die **Jungfer, -n** (brides)maid
verzehren to consume   der **Hochzeitsschmaus, ⸚e** wedding
  banquet
der **Speck, -e** bacon   die **Speisekammer, -n** pantry
die **Kiste, -n** box
stopfen to stuff, tuck in   **fest** firm, tight
auf sich warten *lassen to take its (one's) time

der **Bescheid** news, information

beschwerlich difficult, cumbersome
beunruhigt disturbed, worried

das **Fuhrwerk, -e** cart   **knarren** to creak
aus·spannen to unhitch (horses)
sich zusammen·krampfen to contract (feel a pain in the heart)
übel bad   **tretend** stepping, walking
der **Todgeweihte, -n** (*adj. noun*) doomed man; *lit.:* consecrated unto
  death
in Hemdsärmeln in shirtsleeves   die **Backe, -n** cheek
gesunden to get well

schmierigen Laken heben konnte, als die beiden in seiner niedrigen Hütte standen.

Er war willig, Anna zu ehelichen. Am Kopfende des Lagers stand eine gelbhäutige Alte, seine Mutter. Sie sollte ein Entgelt für den Dienst, der Anna erwiesen wurde, bekommen. 5

Das Geschäft war in zehn Minuten ausgehandelt, und Anna und ihr Bruder konnten weiterfahren und ihr Kalb erstehen. Die Verehelichung fand Ende derselben Woche statt. Während der Pfarrer die Trauungsformel murmelte, wandte der Kranke nicht ein einziges Mal den glasigen Blick auf Anna. Ihr Bruder 10 zweifelte nicht, daß sie den Totenschein in wenigen Tagen haben würden. Dann war Annas Mann und Kindsvater auf dem Weg zu ihr in einem Dorf bei Augsburg irgendwo gestorben, und niemand würde sich wundern, wenn die Witwe im Haus ihres Bruders bleiben würde. 15

Anna kam froh von ihrer seltsamen Hochzeit zurück, auf der es weder Kirchenglocken noch Blechmusik, weder Jungfern noch Gäste gegeben hatte. Sie verzehrte als Hochzeitsschmaus ein Stück Brot mit einer Scheibe Speck in der Speisekammer und trat mit ihrem Bruder dann vor die Kiste, in der das Kind lag, 20 das jetzt einen Namen hatte. Sie stopfte das Laken fester und lachte ihren Bruder an.

Der Totenschein ließ allerdings auf sich warten.

Es kam weder die nächste noch die übernächste Woche Bescheid von der Alten. Anna hatte auf dem Hof erzählt, daß 25 ihr Mann nun auf dem Weg zu ihr sei. Sie sagte nunmehr, wenn man sie fragte, wo er bliebe, der tiefe Schnee mache wohl die Reise beschwerlich. Aber nachdem weitere drei Wochen vergangen waren, fuhr ihr Bruder doch, ernstlich beunruhigt, in das Dorf bei Augsburg. 30

Er kam spät in der Nacht zurück. Anna war noch auf und lief zur Tür, als sie das Fuhrwerk auf dem Hof knarren hörte. Sie sah, wie langsam der Bauer ausspannte, und ihr Herz krampfte sich zusammen.

Er brachte üble Nachricht. In die Hütte tretend hatte er den 35 Todgeweihten beim Abendessen am Tisch sitzend vorgefunden, in Hemdsärmeln mit beiden Backen kauend. Er war wieder völlig gesundet.

Der Bauer sah Anna nicht ins Gesicht, als er weiter berichtete.

die **Wendung, -en** turn (of events)

der **Entschluß** decision

unangenehm unpleasant   der **Eindruck** impression

jammern to wail, whine, lament

ungewünscht unwanted   das **Weib, -er** woman, wife (*pejorative*)

zum Schweigen *verweisen to tell one to be quiet (*in rebuke*)

bedächtig slowly, deliberately

bekümmert troubled

den Jungen gehen lehren to teach the boy to walk

der **Spinnrocken, —** distaff   **aus·strecken** to stretch out

zu·wackeln (s) **auf** + *acc.* to totter toward   **unterdrücken** to suppress   das **Schluchzen** sobbing

umklammern to grasp, clutch   ***auf·fangen** to catch up in one's arms

die **Kerze, -n** candle   ***erfahren** to learn, find out

ein abgearbeiteter Fünfziger a worn-out fifty-year-old   **halt so** just like

de **Hausierer** peddler

der **Aufwand, ⸗e (an)** display (of), show (of)   die **Heimlichkeit, -en** secrecy   **aus·richten** to deliver a message

der **Fußweg** footpath

Landsberg *a place name*   **sich begegnen** to meet   die **Verehelichten** the married people (*i.e.,* couple)

antik classical (*referring to classical antiquity*)   der **Feldherr, -n, -en** commander, general

die **Schlachtreihe, -n** battle line   das **Gelände** region; *here:* open country

der **Zahn, ⸗e** tooth   **von oben bis unten** from top to bottom

der **Schafspelz, -e** sheepskin coat

das **Sakrament, -e** sacrament

kurz *here:* abruptly   **sich alles überlegen** to think it all over

der **Händler, —** salesman   der **Schlächter, —** butcher

aus·richten *lassen to have a message delivered

bedächtig slow and deliberate

die **Halsseite** side of the neck

*auf·bringen to annoy, irritate

die **Botschaft, -en** message

Der Häusler, er hieß übrigens Otterer, und seine Mutter schienen über die Wendung ebenfalls überrascht und waren wohl noch zu keinem Entschluß gekommen, was zu geschehen hätte. Otterer habe keinen unangenehmen Eindruck gemacht. Er hatte wenig gesprochen, jedoch einmal seine Mutter, als sie darüber jam- 5 mern wollte, daß er nun ein ungewünschtes Weib und ein fremdes Kind auf dem Hals habe, zum Schweigen verwiesen. Er aß bedächtig seine Käsespeise weiter während der Unterhaltung und aß noch, als der Bauer wegging.

Die nächsten Tage war Anna natürlich sehr bekümmert. 10 Zwischen ihrer Hausarbeit lehrte sie den Jungen gehen. Wenn er den Spinnrocken losließ und mit ausgestreckten Ärmchen auf sie zugewackelt kam, unterdrückte sie ein trockenes Schluchzen und unklammerte ihn fest, wenn sie ihn auffing.

Einmal fragte sie ihren Bruder: Was ist er für einer? Sie hatte 15 ihn nur auf dem Sterbebett gesehen und nur abends, beim Schein einer schwachen Kerze. Jetzt erfuhr sie, daß ihr Mann ein abgearbeiteter Fünfziger sei, halt so, wie ein Häusler ist.

Bald darauf sah sie ihn. Ein Hausierer hatte ihr mit einem großen Aufwand an Heimlichkeit ausgerichtet, daß „ein 20 gewisser Bekannter" sie an dem und dem Tag zu der und der Stunde bei dem und dem Dorf, da wo der Fußweg nach Landsberg abgeht, treffen wolle. So begegneten die Ver- ehelichten sich zwischen ihren Dörfern wie die antiken Feld- herren zwischen ihren Schlachtreihen, im offenen Gelände, das 25 von Schnee bedeckt war.

Der Mann gefiel Anna nicht.

Er hatte kleine graue Zähne, sah sie von oben bis unten an, obwohl sie in einem dicken Schafspelz steckte und nicht viel zu sehen war, und gebrauchte dann die Wörter „Sakrament der 30 Ehe". Sie sagte ihm kurz, sie müsse sich alles noch überlegen und er möchte ihr durch irgend einen Händler oder Schlächter, der durch Großaitingen kam, vor ihrer Schwägerin ausrichten lassen, er werde jetzt bald kommen und sei auf dem Weg erkrankt. 35

Otterer nickte in seiner bedächtigen Weise. Er war über einen Kopf größer als sie und blickte immer auf ihre linke Halsseite beim Reden, was sie aufbrachte.

Die Botschaft kam aber nicht, und Anna ging mit dem

mit einem Gedanken *um·gehen to turn an idea over in one's mind, toy with it

der **Aufenthalt, -e** stay
das **Gesinde** the hired help
mißtrauisch suspicious, mistrustful
das **Mitleid** pity
*beschließen to resolve

trüb dull

die **Hoffnung** hope   die **Besserung, -en** improvement
das **Lächeln, —** smile

sich verstellen to put up a front, dissemble   der **Schreck(en)** terror, fear
wortlos silently
äußern to express, say   **seinerseits** for his part
erwähnen to mention

unterdrücken to suppress

als daß but that

flüchtig hastily, fleetingly
die **Richtung** direction   **brabbeln** to babble
*ein·nehmen gegen to prejudice against
die **Redensart, -en** saying, cliché
bei ihm sei Schmalhans Küchenmeister there was little to eat at his place

neugierig curiously   ***laden (*ein·laden)** to invite

nachlässig casual   **vor·täuschen** to pretend
*verraten to betray
einsilbig in monosyllables

Gedanken um, mit dem Kind einfach vom Hof zu gehen und
weiter südwärts, etwa in Kempten oder Sonthofen, eine
Stellung zu suchen. Nur die Unsicherheit der Landstraßen, über
die viel geredet wurde, und daß es mitten im Winter war, hielt
sie zurück.   5

Der Aufenthalt auf dem Hof wurde aber jetzt schwierig.
Die Schwägerin stellte am Mittagstisch vor allem Gesinde
mißtrauische Fragen nach ihrem Mann. Als sie einmal sogar,
mit falschem Mitleid auf das Kind sehend, laut „armes Wurm"
sagte, beschloß Anna, doch zu gehen, aber da wurde das Kind 10
krank.

Es lag unruhig mit hochrotem Kopf und trüben Augen in
seiner Kiste, und Anna wachte ganze Nächte über ihm in Angst
und Hoffnung. Als es sich wieder auf dem Weg zur Besserung
befand und sein Lächeln zurückgefunden hatte, klopfte es eines 15
Vormittags an die Tür, und herein trat Otterer. Es war niemand
außer Anna und dem Kind in der Stube, so daß sie sich nicht
verstellen mußte, was ihr bei ihrem Schrecken auch wohl unmöglich gewesen wäre. Sie standen eine gute Weile wortlos,
dann äußerte Otterer, er habe die Sache seinerseits überlegt und 20
sei gekommen, sie zu holen. Er erwähnte wieder das Sakrament
der Ehe.

Anna wurde böse. Mit fester, wenn auch unterdrückter
Stimme sagte sie dem Mann, sie denke nicht daran, mit ihm zu
leben, sie sei die Ehe nur eingegangen ihres Kindes wegen und 25
wolle von ihm nichts, als daß er ihr und dem Kind seinen
Namen gebe.

Otterer blickte, als sie von dem Kind sprach, flüchtig nach der
Richtung der Kiste, in der es lag und brabbelte, trat aber nicht
hinzu. Das nahm Anna noch mehr gegen ihn ein.   30

Er ließ ein paar Redensarten fallen; sie solle sich alles noch
einmal überlegen, bei ihm sei Schmalhans Küchenmeister, und
seine Mutter könne in der Küche schlafen. Dann kam die
Bäuerin herein, begrüßte ihn neugierig und lud ihn zum Mittagessen. Den Bauern begrüßte er, schon am Teller sitzend, mit 35
einem nachlässigen Kopfnicken, weder vortäuschend, er kenne
ihn nicht, noch verratend, daß er ihn kannte. Auf die Fragen der
Bäuerin antwortete er einsilbig, seine Blicke nicht vom Teller
hebend, er habe in Mering eine Stelle gefunden, und Anna

*vermeiden to avoid
hacken to chop   das **Holz** wood   **auf·fordern** to call upon, ask (one to do something)
*teil·nehmen an +*dat.*   to take part in, partake of   das **Deckbett, -en** quilt
die **Kammer, -n** small room
merkwürdigerweise which was strange under the circumstances
    murmeln to mumble, murmur

abwesend absent, vacant
an·rühren to touch
in ein Fieber *verfallen to fall into a fever
teilnahmslos indifferent, apathetic
ein paarmal a few times   ***nach·lassen** to abate, let up
zurecht·stopfen to straighten (the covers)
*vor·fahren (s) to drive up
der **Leiterwagen, —** cart, hay wagon

zu Kräften *kommen (s) to gain strength
dünn thin

entschlossen with decision, determinedly
*empfangen to receive
behaupten to maintain, assert
die **Geschwindigkeit, -en** speed
auf·patschen to slap   *here:* falling on his hands with a slapping noise
der **Schrei, -e** cry
der **Zuber, —** tub   ***gewinnen** to win   die **Zuversicht** confidence

freilich to be sure, however
wickeln to wrap
ein·stecken to take along   der **Käse** cheese
vor·haben to plan, intend
das **Bein, -e** leg
die **Schneeschmelze, -n** thaw
geizig stingy
sich verstauchen to sprain
bangen um to worry about

könne zu ihm ziehen. Jedoch sagte er nichts mehr davon, daß dies gleich sein müsse.

Am Nachmittag vermied er die Gesellschaft des Bauern und hackte hinter dem Haus Holz, wozu ihn niemand aufgefordert hatte. Nach dem Abendessen, an dem er wieder schweigend 5 teilnahm, trug die Bäuerin selber ein Deckbett in Annas Kammer, damit er dort übernachten konnte, aber da stand er merkwürdigerweise schwerfällig auf und murmelte, daß er noch am selben Abend zurück müsse. Bevor er ging, starrte er mit abwesendem Blick in die Kiste mit dem Kind, sagte aber nichts 10 und rührte es nicht an.

In der Nacht wurde Anna krank und verfiel in ein Fieber, das wochenlang dauerte. Die meiste Zeit lag sie teilnahmslos, nur ein paarmal gegen Mittag, wenn das Fieber etwas nachließ, kroch sie zu der Kiste mit dem Kind und stopfte die Decke zurecht. 15

In der vierten Woche ihrer Krankheit fuhr Otterer mit einem Leiterwagen auf dem Hof vor und holte sie und das Kind ab. Sie ließ es wortlos geschehen.

Nur sehr langsam kam sie wieder zu Kräften, kein Wunder bei den dünnen Suppen in der Häuslerhütte. Aber eines Morgens 20 sah sie, wie schmutzig das Kind gehalten war, und stand entschlossen auf.

Der Kleine empfing sie mit seinem freundlichen Lächeln, von dem ihr Bruder immer behauptet hatte, er habe es von ihr. Er war gewachsen und kroch mit unglaublicher Geschwindigkeit in 25 der Kammer herum, mit den Händen aufpatschend und kleine Schreie ausstoßend, wenn er auf das Gesicht niederfiel. Sie wusch ihn in einem Holzzuber und gewann ihre Zuversicht zurück.

Wenige Tage später freilich konnte sie das Leben in der 30 Hütte nicht mehr aushalten. Sie wickelte den Kleinen in ein paar Decken, steckte ein Brot und etwas Käse ein und lief weg.

Sie hatte vor, nach Sonthofen zu kommen, kam aber nicht weit. Sie war noch recht schwach auf den Beinen, die Land- straße lag unter der Schneeschmelze, und die Leute in den 35 Dörfern waren durch den Krieg sehr mißtrauisch und geizig geworden. Am dritten Tag ihrer Wanderung verstauchte sie sich den Fuß in einem Straßengraben und wurde nach vielen Stunden, in denen sie um das Kind bangte, auf einen Hof

der **Stall**   barn, shed

der **Fluchtversuch, -e**   attempt to flee
ihr Los *hin·nehmen   to accept her lot (fate)
der **Acker**   plot of ground   die **Wirtschaft, -en**   household   **in Gang
*halten**   to keep it going

mitunter   now and then

das **Röcklein** (*diminutive*)   little coat   **ein·färben**   to dye
der **Farber, —**   dyer   **gut stehen**   to suit, look good on
wurde zufrieden gestimmt   became contented   **erleben**   to experience
die **Erziehung, -en**   education   ***vergehen** (s)   to pass

zurück-kehren   to return
die **Kutsche, -n**   carriage
taumeln   to stagger, reel
das **Entsetzen**   horror
Eßbares   things to eat

*vor·lassen   to admit
vergebens   in vain   der **Trost**   consolation
zu·reden   to talk (something) into (someone)   die **Behörde, -n**   *here:*
   the authorities
an·deuten   to suggest, indicate
daraufhin   thereupon, after that
herrschen   to prevail, rule

aus·richten   to achieve
der **Glücksumstand, ⁼e**   fortunate circumstance   die **Rechtssache, -n**
   lawsuit
*verweisen an + *acc.*   to refer to
Schwaben   Swabia (*a province*)
berühmt   famous   die **Grobheit, -en**   coarseness, rudeness   die
   Gelehrsamkeit   learnedness, erudition   der **Kurfürst, -en, -en**
   Elector (in the Holy Roman Empire)
der **Rechtsstreit, -e**   lawsuit

gebracht, wo sie im Stall liegen mußte. Der Kleine kroch
zwischen den Beinen der Kühe herum und lachte nur, wenn sie
ängstlich aufschrie. Am Ende mußte sie den Leuten des Hofs
den Namen ihres Mannes sagen, und er holte sie wieder nach
Mering. 5

Von nun an machte sie keinen Fluchtversuch mehr und nahm
ihr Los hin. Sie arbeitete hart. Es war schwer, aus dem kleinen
Acker etwas herauszuholen und die winzige Wirtschaft in Gang
zu halten. Jedoch war der Mann nicht unfreundlich zu ihr, und
der Kleine wurde satt. Auch kam ihr Bruder mitunter herüber 10
und brachte dies und jenes als Präsent, und einmal konnte sie
dem Kleinen sogar ein Röcklein rot einfärben lassen. Das, dachte
sie, mußte dem Kind eines Färbers gut stehen.

Mit der Zeit wurde sie ganz zufrieden gestimmt und erlebte
viele Freude bei der Erziehung des Kleinen. So verging 15
das Jahr.

Aber eines Tages ging sie ins Dorf Sirup holen, und als sie
zurückkehrte, war das Kind nicht in der Hütte, und ihr Mann
berichtete ihr, daß eine feingekleidete Frau in einer Kutsche
vorgefahren sei und das Kind geholt habe. Sie taumelte an die 20
Wand vor Entsetzen, und am selben Abend noch machte sie
sich, nur ein Bündel mit Eßbarem tragend, auf den Weg nach
Augsburg.

Ihr erster Gang in der Reichsstadt war zur Gerberei. Sie
wurde nicht vorgelassen und bekam das Kind nicht zu sehen. 25

Schwester und Schwager versuchten vergebens, ihr Trost
zuzureden. Sie lief zu den Behörden und schrie außer sich, man
habe ihr Kind gestohlen. Sie ging so weit, anzudeuten, daß
Protestanten ihr Kind gestohlen hätten. Sie erfuhr daraufhin,
daß jetzt andere Zeiten herrschten und zwischen Katholiken und 30
Protestanten Friede geschlossen worden sei.

Sie hätte kaum etwas ausgerichtet, wenn ihr nicht ein besonderer Glücksumstand zu Hilfe gekommen wäre. Ihre Rechtssache wurde an einen Richter verwiesen, der ein ganz besonderer
Mann war. 35

Es war der Richter Ignaz Dollinger, in ganz Schwaben
berühmt wegen seiner Grobheit und Gelehrsamkeit, vom Kur-
fürsten von Bayern, mit dem er einen Rechtsstreit der freien

aus·tragen *here:* to arbitrate, decide   der **Mistbauer, -n** dirt, dung farmer

taufen to christen   die **Moritat, -en** street ballad   **löblich** praisingly

ungemein uncommonly   **fleischig** fleshy

kahl bare   der **Stoß, ⸗e** pile   das **Pergament, -e** parchment, documents

brummen to growl   **dirigieren** to conduct, direct

plump clumsy   der **Raum** room, space

der **Stoßseufzer, —** deep sigh

der **Gerichtsdiener, —** bailiff

die **Schwelle, -n** threshold

der **Ton, ⸗e** tone, sound; *here:* word   *gehen* (s) **um** to be a matter of, be at stake

ein pfundiges Anwesen a "great" piece of property

verstockt obdurate, stubborn(ly)

sich ein·bilden to imagine, think   **schnappen** to latch onto, get hold of

fallen an *here:* to go to (them)

husten to cough

ärgerlich annoyed, angry

der **Knirps, -e** pigmy, little thing   die **Ziege, -n** she-goat

der **Seidenrock, ⸗e** silk shirt

verschwinden (s) to disappear   das **Gericht** court

der **Platz, ⸗e** *here:* square

der **Perlachturm** Perlach Tower

der **Prozeß, -sse** trial   **bei·wohnen** + *dat.* to attend, be present at

Aufsehen erregen to attract attention

streiten über to argue about

volkstümlich folksy, popular

Reichsstadt ausgetragen hatte, ,,dieser lateinische Mistbauer'' getauft, vom niedrigen Volk aber in einer langen Moritat löblich besungen.

Von Schwester und Schwager begleitet kam Anna vor ihn. Der kurze, aber ungemein fleischige alte Mann saß in einer 5 winzigen kahlen Stube zwischen Stößen von Pergamenten und hörte sie nur ganz kurz an. Dann schrieb er etwas auf ein Blatt, brummte: ,,Tritt dorthin, aber mach schnell!'' und dirigierte sie mit seiner kleinen plumpen Hand an eine Stelle des Raums, auf die durch das schmale Fenster das Licht fiel. Für einige Minuten 10 sah er genau ihr Gesicht an, dann winkte er sie mit einem Stoßseufzer weg.

Am nächsten Tag ließ er sie durch einen Gerichtsdiener holen und schrie sie, als sie noch auf der Schwelle stand, an: ,,Warum hast du keinen Ton davon gesagt, daß es um eine Gerberei mit 15 einem pfundigen Anwesen geht?''

Anna sagte verstockt, daß es ihr um das Kind gehe.

,,Bild dir nicht ein, daß du die Gerberei schnappen kannst'', schrie der Richter. ,,Wenn der Bankert wirklich deiner ist, fällt das Anwesen an die Verwandten von dem Zingli.'' 20

Anna nickte, ohne ihn anzuschauen. Dann sagte sie: ,,Er braucht die Gerberei nicht.''

,,Ist er deiner?'' bellte der Richter.

,,Ja,'' sagte sie leise. ,,Wenn ich ihn nur so lange behalten dürfte, bis er alle Wörter kann. Er weiß erst sieben.'' 25

Der Richter hustete und ordnete die Pergamente auf seinem Tisch. Dann sagte er ruhiger, aber immer noch in ärgerlichem Ton:

,,Du willst den Knirps, und die Ziege da mit ihren fünf Seidenröcken will ihn. Aber er braucht die rechte Mutter.'' 30

,,Ja'', sagte Anna und sah den Richter an.

,,Verschwind'', brummte er. ,,Am Samstag halt ich Gericht.''

An diesem Samstag war die Hauptstraße und der Platz vor dem Rathaus am Perlachturm schwarz von Menschen, die dem Prozeß um das Protestantenkind beiwohnen wollten. Der son- 35 derbare Fall hatte von Anfang an viel Aufsehen erregt, und in Wohnungen und Wirtschaften wurde darüber gestritten, wer die echte und wer die falsche Mutter war. Auch war der alte Dollinger weit und breit berühmt wegen seiner volkstümlichen

Redensarten turns of phrase   der **Weisheitsspruch,** ⸚e wise saying
die **Verhandlung, -en** court sessions   **Plärrer und Kirchweih** folk
  festivals, church festival and fair
sich stauen to be jammed
die **Umgegend** environs, neighboring places
die **Erwartung, -en** expectation

verhandeln to have court sessions
die **Säule, -n** column

die **Decke** ceiling   die **Kette, -n** chain   der **Dachfirst, -e** ridgepole

das **Erztor, -e** bronze door   die **Längswand,** ⸚e longer wall
das **Seil, -e** rope   **ab·trennen** to separate, cut off   der **Zuhörer, —**
  listener; *pl.:* audience
eben level   der **Boden,** ⸚ floor
die **Anordnung, -en** (***treffen**) (to make) an arrangement
die **Aufmachung, -en** staging, get-up
anwesend present   **ab·seilen** to rope off

würdig dignified
wohlbestallt well-fixed, well-established   die **Kaufleute** business-
men

die **Amme, -n** nursemaid
der **Zeuge, -n** witness
pflegte zu sagen used to say, always said   ***aus·fallen** (s) *here:* to
last
der **Beteiligte, -n** (*adj. noun*) a person taking part, participant
verdecken to conceal
die **Fußspitze, -n** tiptoe
aus·renken to dislocate, crane (one's neck)
der **Zwischenfall,** ⸚e incident, disturbance

erblicken to catch sight of   **einen Schrei *aus·stoßen** let out a cry
strampeln to kick
brüllen to howl

rauschen to rustle   **schildern** to describe
das **Sacktüchlein, —** handkerchief   **lüften** *here:* to raise, waft
***entreißen** to take, tear something from a person

berichten to report

Prozesse mit ihren bissigen Redensarten und Weisheitssprüchen. Seine Verhandlungen waren beliebter als Plärrer und Kirchweih.

So stauten sich vor dem Rathaus nicht nur viele Augsburger; auch nicht wenige Bauersleute der Umgegend waren da. Freitag war Markttag und sie hatten in Erwartung des Prozesses 5 in der Stadt übernachtet.

Der Saal, in dem der Richter Dollinger verhandelte, war der sogenannte Goldene Saal. Er war berühmt als einziger Saal von dieser Größe in ganz Deutschland, der keine Säulen hatte; die Decke war an Ketten im Dachfirst aufgehängt. 10

Der Richter Dollinger saß, ein kleiner runder Fleischberg, vor dem geschlossenen Erztor der einen Längswand. Ein gewöhnliches Seil trennte die Zuhörer ab. Aber der Richter saß auf ebenem Boden und hatte keinen Tisch vor sich. Er hatte selber vor Jahren diese Anordnung getroffen; er hielt viel von 15 Aufmachung.

Anwesend innerhalb des abgeseilten Raums waren Frau Zingli mit ihren Eltern, die zugereisten Schweizer Verwandten des verstorbenen Herrn Zingli, zwei gutgekleidete würdige Männer, aussehend wie wohlbestallte Kaufleute, und Anna 20 Otterer mit ihrer Schwester. Neben Frau Zingli sah man eine Amme mit dem Kind.

Alle, Parteien und Zeugen, standen. Der Richter Dollinger pflegte zu sagen, daß die Verhandlungen kürzer ausfielen, wenn die Beteiligten stehen mußten. Aber vielleicht ließ er sie auch 25 nur stehen, damit sie ihn vor dem Publikum verdeckten, so daß man ihn nur sah, wenn man sich auf die Fußspitzen stellte und den Hals ausrenkte.

Zu Beginn der Verhandlung kam es zu einem Zwischenfall. Als Anna das Kind erblickte, stieß sie einen Schrei aus und trat 30 vor, und das Kind wollte zu ihr, strampelte heftig in den Armen der Amme und fing an zu brüllen. Der Richter ließ es aus dem Saal bringen.

Dann rief er Frau Zingli auf.

Sie kam vorgerauscht und schilderte, ab und zu ein Sack- 35 tüchlein an die Augen lüftend, wie bei der Plünderung die kaiserlichen Soldaten ihr das Kind entrissen hätten. Noch in derselben Nacht war die Magd in das Haus ihres Vaters gekommen und hatte berichtet, das Kind sei noch im Haus, wahr-

wahrscheinlich probably   die **Erwartung** anticipation   das **Trinkgeld** tip
jedoch however
*****an·nehmen** to assume
sich bemächtigen + *gen.* to take possession of   **irgendwie** somehow
erpressen to extort   **über kurz oder lang** sooner or later
die **Forderung, -en** demand

*****erschlagen** to kill
an·vertrauen to entrust   die **Hut** custody, keeping

das **Anwesen** estate   **fiel an sie** went to them

die **Aussage, -n** testimony

der **Überfall, ⸚e** attack   **im Stich *lassen** to leave in the lurch

blaß pale
verwundert amazed   **kränken** to insult

sich räuspern to clear one's throat

verhauen to beat soundly
gleichgültig no matter

die **Voruntersuchung, -en** preliminary investigation
zugleich at the same time   **horchen** to listen, hearken

zwar indeed, to be sure

die **Sorge, -n** concern, worry

scheinlich in Erwartung eines Trinkgelds. Eine Köchin ihres Vaters habe jedoch, in die Gerberei geschickt, das Kind nicht vorgefunden, und sie nehme an, die Person (sie deutete auf Anna) habe sich seiner bemächtigt, um irgendwie Geld erpressen zu können. Sie wäre auch wohl über kurz oder lang mit solchen Forderungen hervorgekommen, wenn man ihr nicht zuvor das Kind abgenommen hätte.

Der Richter Dollinger rief die beiden Verwandten des Herrn Zingli auf und fragte sie, ob sie sich damals nach Herrn Zingli erkundigt hätten und was ihnen von Frau Zingli erzählt worden sei.

Sie sagten aus, Frau Zingli habe sie wissen lassen, ihr Mann sei erschlagen worden, und das Kind habe sie einer Magd anvertraut, bei der es in guter Hut sei. Sie sprachen sehr unfreundlich von ihr, was allerdings kein Wunder war, denn das Anwesen fiel an sie, wenn der Prozeß für Frau Zingli verlorenging.

Nach ihrer Aussage wandte sich der Richter wieder an Frau Zingli und wollte von ihr wissen, ob sie nicht einfach bei dem Überfall damals den Kopf verloren und das Kind im Stich gelassen habe.

Frau Zingli sah ihn mit ihren blassen blauen Augen wie verwundert an und sagte gekränkt, sie habe ihr Kind nicht im Stich gelassen.

Der Richter Dollinger räusperte sich und fragte sie interessiert, ob sie glaube, daß keine Mutter ihr Kind im Stich lassen könnte.

Ja, das glaube sie, sagte sie fest.

Ob sie dann glaube, fragte der Richter weiter, daß einer Mutter, die es doch tue, der Hintern verhauen werden müßte, gleichgültig, wieviele Röcke sie darüber trage.

Frau Zingli gab keine Antwort, und der Richter rief die frühere Magd Anna auf. Sie trat schnell vor und sagte mit leiser Stimme, was sie schon bei der Voruntersuchung gesagt hatte. Sie redete aber, als ob sie zugleich horchte, und ab und zu blickte sie nach der großen Tür, hinter die man das Kind gebracht hatte, als fürchtete sie, daß es immer noch schreie.

Sie sagte aus, sie sei zwar in jener Nacht zum Haus von Frau Zinglis Onkel gegangen, dann aber nicht in die Gerberei zurückgekehrt, aus Furcht vor den Kaiserlichen und weil sie Sorgen um

eigen own   **ledig** illegitimate
der **Nachbarort, -e** neighboring village   ***unter·bringen bei** to put
up at (someone's place)
grob coarse, rude   **schnappen** to snap
zumindest at least
verspüren to perceive, feel   **fest·stellen** to ascertain
***beweisen** to prove
die **Vernunft** reason   ***besitzen** to possess
die **Zeugin** witness (*fem.*)
sich kümmern um to worry about   **im Volksmund** popularly

das **Gesetz** law
streng strictly   das **Eigentum, ⸗er** possession

derb blunt, coarse
die **Abgefeimtheit, -en** cunning   **an·schwindeln** to swindle

der **Abstecher, —** digression
verpantschen to adulterate (add water to)
die **Steuer, -n** tax
verkündigen to announce   die **Zeugenaussage** testimony
***ergeben** to produce, yield
das **Anzeichen, —** sign, indication
die **Ratlosigkeit** helplessness   **sich um·blicken** to look around
der **Vorschlag, ⸗e** suggestion

verblüfft dumfounded, amazed, nonplused   **recken** *here:* to crane
(their necks)
der **Hals, ⸗e** neck   **hilflos** helpless   **erwischen** to catch

die **Menge, -n** crowd
das Wort *ergreifen to speak up, take the floor   **seufzen** to sigh
fest·stellen to establish, ascertain
bedauern to pity
sich drücken to make oneself scarce
der **Schuft, -e** scoundrel, lout   **sich melden** to report; *here:* to come
forward   der **Gerichtshof, ⸗e** court (of justice)
geschlagen *here:* exactly

die **Überzeugung, -en** conviction   **gelangen zu** to come to, arrive at
wie gedruckt lügen to lie like a book, lie in one's teeth
***bedenken** to consider
***ein·gehen (s) auf**+*acc.* to enter into   **bloß** mere

ihr eigenes, lediges Kind gehabt habe, das bei guten Leuten im Nachbarort Lechhausen untergebracht gewesen sei.

Der alte Dollinger unterbrach sie grob und schnappte, es habe also zumindest eine Person in der Stadt gegeben, die so etwas wie Furcht verspürt habe. Er freue sich, das feststellen zu können, denn es beweise, daß eben zumindest eine Person damals einige Vernunft besessen habe. Schön sei es allerdings von der Zeugin nicht gewesen, daß sie sich nur um ihr eigenes Kind gekümmert habe, andererseits aber heiße es ja im Volksmund, Blut sei dicker als Wasser, und was eine rechte Mutter sei, die gehe auch stehlen für ihr Kind, das sei aber vom Gesetz streng verboten, denn Eigentum sei Eigentum, und wer stehle, der lüge auch, und lügen sei ebenfalls vom Gesetz verboten. Und dann hielt er eine seiner weisen und derben Lektionen über die Abgefeimtheit der Menschen, die das Gericht anschwindelten, bis sie blau im Gesicht seien, und nach einem kleinen Abstecher über die Bauern, die die Milch unschuldiger Kühe mit Wasser verpantschten, und den Magistrat der Stadt, der zu hohe Marktsteuern von den Bauern nehme, der überhaupt nichts mit dem Prozeß zu tun hatte, verkündigte er, daß die Zeugenaussage geschlossen sei und nichts ergeben habe.

Dann machte er eine lange Pause und zeigte alle Anzeichen der Ratlosigkeit, sich umblickend, als erwarte er von irgendeiner Seite her einen Vorschlag, wie man zu einem Schluß kommen könnte.

Die Leute sahen sich verblüfft an, und einige reckten die Hälse, um einen Blick auf den hilflosen Richter zu erwischen. Es blieb aber sehr still im Saal, nur von der Straße herauf konnte man die Menge hören.

Dann ergriff der Richter wieder seufzend das Wort.

,,Es ist nicht festgestellt worden, wer die rechte Mutter ist'', sagte er. ,,Das Kind ist zu bedauern. Man hat schon gehört, daß die Väter sich oft drücken und nicht die Väter sein wollen, die Schufte, aber hier melden sich gleich zwei Mütter. Der Gerichtshof hat ihnen so lange zugehört, wie sie es verdienen, nämlich einer jeden geschlagene fünf Minuten, und der Gerichtshof ist zu der Überzeugung gelangt, daß beide wie gedruckt lügen. Nun ist aber, wie gesagt, auch noch das Kind zu bedenken, das eine Mutter haben muß. Man muß also, ohne auf bloßes

das **Geschwätz** idle chatter

ärgerlich irritated, annoyed   der **Gerichtsdiener** bailiff
***befehlen** to order

einen **Kreis *ziehen** to draw a circle
***an·weisen** to instruct, direct
knien to kneel
gewünscht desired

das **Geplärr** continual bawling, blubbering   die **Ansprache, -n**
address, speech

die **Probe, -n** test   ***vor·nehmen** to undertake, intend
verkünden to announce, proclaim   ***gelten** to be considered
der **Grundgedanke, -n** basic idea

***erkennen an**+*dat.* to recognize by   die **Stärke** strength   **erproben**
to test

plärrend blubbering, bawling

sich ***wenden an**+*acc.* to turn to

sich **bemühen** to try, attempt
die von euch . . . hat the one of you who has

unruhig restless
sich ***streiten mit** to quarrel with

verstummen (s) to become silent   **ahnen** to suspect, have a presentiment   **. . . um was es ging** . . . what was happening
tränenüberströmt drenched with tears   ***empor·wenden** to turn
upward
heftig violent   der **Ruck, -e** jerk, tug
verstört disconcerted, troubled   **ungläubig** incredulous, unbelieving
Schaden *erleiden to suffer harm

Geschwätz einzugehen, feststellen, wer die rechte Mutter des Kindes ist."

Und mit ärgerlicher Stimme rief er den Gerichtsdiener und befahl ihm, eine Kreide zu holen.

Der Gerichtsdiener ging und brachte ein Stück Kreide. 5

„Zieh mit der Kreide da auf dem Fußboden einen Kreis, in dem drei Personen stehen können", wies ihn der Richter an.

Der Gerichtsdiener kniete nieder und zog mit der Kreide den gewünschten Kreis.

„Jetzt bring das Kind", befahl der Richter. 10

Das Kind wurde hereingebracht. Es fing wieder an zu heulen und wollte zu Anna. Der alte Dollinger kümmerte sich nicht um das Geplärr und hielt seine Ansprache nur in etwas lauterem Ton.

„Diese Probe, die jetzt vorgenommen werden wird", ver- 15 kündete er, „habe ich in einem alten Buch gefunden, und sie gilt als recht gut. Der einfache Grundgedanke der Probe mit dem Kreidekreis ist, daß die echte Mutter an ihrer Liebe zum Kind erkannt wird. Also muß die Stärke dieser Liebe erprobt werden. Gerichtsdiener, stell das Kind in diesen Kreidekreis." 20

Der Gerichtsdiener nahm das plärrende Kind von der Hand der Amme und führte es in den Kreis.

Der Richter fuhr fort, sich an Frau Zingli und Anna wendend:

„Stellt auch ihr euch in den Kreidekreis, faßt jede eine Hand des Kindes, und wenn ich ‚los' sage, dann bemüht euch, das 25 Kind aus dem Kreis zu ziehen. Die von euch die stärkere Liebe hat, wird auch mit der größeren Kraft ziehen und so das Kind auf ihre Seite bringen."

Im Saal war es unruhig geworden. Die Zuschauer stellten sich auf die Fußspitzen und stritten sich mit den vor ihnen Stehen- 30 den.

Es wurde aber wieder totenstill, als die beiden Frauen in den Kreis traten und jede eine Hand des Kindes faßte. Auch das Kind war verstummt, als ahnte es, um was es ging. Es hielt sein tränenüberströmtes Gesichtchen zu Anna emporgewendet. 35 Dann kommandierte der Richter „los".

Und mit einem einzigen heftigen Ruck riß Frau Zingli das Kind aus dem Kreidekreis. Verstört und ungläubig sah Anna ihm nach. Aus Furcht, es könne Schaden erleiden, wenn es an

die **Richtung, -en**   direction

somit   therewith
die **Schlampe, -n**   tramp (*female*), slut   **kalten Herzens**   coldheartedly

die **Umgebung, -en**   environs, surroundings   **die nicht auf den Kopf gefallen waren**   who were not stupid (who were not dropped on their heads as babies)
***zu·sprechen**   to award
zwinkern   to wink

beiden Ärmchen zugleich in zwei Richtungen gezogen würde, hatte sie es sogleich losgelassen.

Der alte Dollinger stand auf.

,,Und somit wissen wir", sagte er laut, , wer die rechte Mutter ist. Nehmt der Schlampe das Kind weg. Sie würde es kalten 5 Herzens in Stücke reißen." Und er nickte Anna zu und ging schnell aus dem Saal, zu seinem Frühstück.

Und in den nächsten Wochen erzählten sich die Bauern der Umgebung, die nicht auf den Kopf gefallen waren, daß der Richter, als er der Frau aus Mering das Kind zusprach, mit den 10 Augen gezwinkert habe.

Cue-sheet

Use the following cues to form complete sentences and paragraphs. Use the
past tense except where otherwise noted.

In order to help you keep the characters straight, we have used proper names
more frequently than would be natural in a normal retelling of the story. (See
section L for a good example.) Replace these proper names with pronouns
where this is appropriate.

A.

1. Während / Dreißigjährig / Krieg / leben / Protestant / Zingli / Augsburg
   Er / haben / Gerberei / in / Stadt
   Zingli / Schweizer // aber / sein / verheiratet / Augsburgerin
   Und / sie / haben / Kind
2. Als / die Katholischen / marschieren / in / Stadt // man / raten / Zingli /
   Flucht
   Aber / Zingli / wegreisen / nicht rechtzeitig
   Er / noch / da // als / Katholisch- / stürmen / Stadt
   So / er / verstecken / Grube
3. Frau Zingli / sollen / gehen / mit / Kind / Verwandte
   Aber / sie / bleiben / zu lange // weil / sie / wollen / packen / Sachen
   Als / Soldaten / kommen / Hof // Frau Zingli / weglaufen
   Kind / zurückbleiben / Haus

B.

1. Nur / Magd / noch / Haus
   Sie / hören / Lärm / von / Gasse
   Sie / laufen / Diele // und / wollen / nehmen / Kind / Wiege
2. Dann / Anna / hören / Schläge / Haustür // und / hinauflaufen / Treppe
   Soldaten / wissen // daß / es / sein / Haus / Protestant
   Darum / Soldaten / zerstören / alles
   Aber / Anna / bleiben / unentdeckt
3. Anna / herausklettern / aus / Schrank
   nehmen / Kind // und / wegschleichen
   Anna / sehen / Zinglis / Leiche / in / Hof
   Soldaten / erschlagen / (Zingli) (*past perf.*)

C.

1. Es / Anna / klar // daß / sie / sein / in / groß / Gefahr
Anna / legen / Kind / Wiege / zurück // und / gehen / Schwester
Dann / gehen / mit / Schwager / durch / Stadt // aufsuchen / Frau Zingli
(*final clause infinitival*)
Anna / klopfen / Tür / mächtig / Haus
2. Frau Zinglis Onkel / aufmachen // sagen // Nichte / nicht da
Onkel / sagen // haben / mit / Protestantenbankert / nichts / tun
Dann / zumachen / Tür
3. Vorhang / in / Fenster / bewegen
Und / Schwager / glauben // Frau Zingli / da
Frau Zingli / schämen / nicht // verleugnen / Kind   (*final clause infinitival*)

D.

1. Anna / wollen / in / Gerberei / zurück // holen / Kind   (*final clause infinitival*)
Schwager / sagen // daß / gefährlich
Anna / versprechen // tun / nichts / Unvernünftig-   (*2nd clause infinitival*)
2. zurückgehen / allein // finden / Kind / Wiege
Anna / ansehen / Kind / lange
Dann / aufstehen // aufheben / Kind
Anna / verlassen / Hof // wie / Person / mit / schlecht / Gewissen

E.

1. Anna / bringen / Kind / Land // wo / Bruder / Bauer
Bauernhof / gehören / Frau
Anna / wissen / nicht // wie / Schwägerin / aufnehmen / Kind   (*final clause subj. II pres.*)
2. Als / Anna / ankommen // Bruder / Frau / bei / Mittagessen
Anna / vorstellen / Kind / als / ihr eigen-
Anna : Mann / haben / Stellung / ander- / Dorf   (*final clause pres.*)
3. Nach / Mittagessen / Anna / sagen / Bruder / Wahrheit
Bruder / wollen / aufrechterhalten / Täuschung

F.

1. Anna / mitarbeiten / bei / Ernte
Aber / als / Winter / kommen // Schwägerin / fragen / Annas Mann
Nachbarn / wundern / auch / über / Vater / Kind
Wenn / Kind / haben / kein / Vater // Hof / kommen / in / Gerede   (*subj. II pres.*)
2. Bauer / mitteilen / Anna // daß / er / finden / Mann / für sie   (*2nd clause past perf.*)
todkrank / Häusler
Er / bereit // heiraten / Anna   (*final clause infinitival*)
Mutter / sollen / bekommen / etwas Geld dafür

G.

1. Die Hochzeit / stattfinden / Ende / Woche
   Bruder / zweifeln / nicht // daß / Mann / sehr bald / sterben   (*2nd clause subj. II pres.*)
   Anna / sein / froh // denn / Kind / haben / Name
2. Totenschein / kommen / aber / nicht
   Nach drei Wochen / Bruder / fahren / zu / Häusler
   Anna / sein / noch auf // als / Bruder / zurückkommen
   Bruder / bringen / Nachricht // daß / Häusler / sein / völlig gesundet
   Bruder / finden / Otterer / bei / Abendessen   (*past perf.*)

H.

1. Otterer / machen / kein / schlecht / Eindruck   (*past perf.*)
   Mutter / jammern // Sohn / haben / jetzt / ungewünscht / Weib / und / Kind
   Aber / Otterer / sagen // daß / Mutter / sollen / schweigen
2. Anna / sehr / bekümmert
   Sie / sehen / Mann / nur / Sterbebett   (*past perf.*)
   Jetzt / Anna / erfahren // daß / Mann / sein / abgearbeiteter Fünfziger
   Bald darauf / Anna und Otterer / sich begegnen / zwischen / Dörfer   (*see note below*)

I.

1. Otterer / gefallen / Anna / nicht
   Anna: müssen / überlegen / alles   (*final clause pres.*)
   Otterer / sollen / vor / Schwägerin / sagen lassen // daß / er / kommen / bald   (*2nd clause subj. II pres.*)
2. Anna / denken / daran // Hof / verlassen   (*2nd clause infinitival*)
   Nur / Unsicherheit / Straßen / zurückhalten / sie
   Leben / Hof / schwierig
3. Schwägerin / mistrauisch / Fragen
   Anna / beschließen // doch / gehen   (*2nd clause infinitival*)
   Aber / Kind / krank

Note:

Bald darauf <u>begegneten sich</u> Anna und Otterer

When the subject of a sentence is the first element, the reflexive pronoun comes right after the verb:

1   2   3

Anna und Otterer begegneten sich . . .

The reflexive pronoun will normally stay in this position even when the subject is displaced by another element. In other words, the reflexive pronoun will *precede* the subject it refers to:

1   2   3   4

Bald darauf begegneten <u>sich</u> Anna und Otterer . . .

J.

1. Als / Kind / fast wieder gesund // Otterer / ankommen
Otterer / kommen // um / holen / Anna / Kind   (*past perf., 2nd clause infinitival*)
Anna / denken / daran / nicht // mit / Otterer / leben   (*2nd clause infinitival*)
Sie / heiraten / Otterer / nur / Kind / wegen   (*past perf.*)
2. Dann / Bäuerin / hereinkommen / und / einladen / Otterer / Mittagessen
Otterer: Stelle / Mering   (*2nd clause pres.*)
Anna / Kind / können / ziehen / zu ihm   (*subj. II pres.*)

K.

1. Nachmittag / Otterer / hacken / Holz / hinter / Haus
Nach / Abendessen / Otterer / sagen // daß / zurück müssen / gleich
Otterer / starren / Kiste // aber / sagen / nichts
2. In / Nacht / Anna / werden / krank
Es / sein / Fieber // das / dauern / wochenlang
In / vierte Woche / von Annas Krankheit / Otterer / holen / Anna / Kind
Anna / lassen / es / geschehen / wortlos
3. Anna / werden / langsam / wieder gesund
Anna / sehen // wie schmutzig / Kind sein // und / sie / aufstehen / entschlossen

L.

1. Anna / können / aushalten / Leben / Hütte / nicht / mehr
Anna / nehmen / Kind / und / weglaufen
Aber / sie / kommen / nicht weit
2. An / dritt- Tag / Anna / verstauchen / Fuß
Anna / Kind / gebracht / auf / Hof   (*passive*)
Anna / müssen / sagen / Name // und Otterer / holen / sie
3. Anna / machen / kein / Fluchtversuch mehr
Mit / Zeit / Anna / zufrieden
Anna / haben / Freude / bei / Erziehung / Kind

M.

1. Ein- Tag- // als / Anna / zurückkommen / von / Dorf // Kind / nicht / mehr / da
Otterer: feingekleidete Frau / holen / Kind   (*2nd clause past perf.*)
selb- / Abend / Anna / gehen / Augsburg
2. Anna / gehen / Gerberei // aber / dürfen / sehen / Kind / nicht
Dann / sie / laufen / Behörden
Sie / sagen // daß / Protestanten / stehlen / Kind   (*2nd clause subj. II past*)
3. Glücksumstand / kommen / Anna / Hilfe
Ihr / Rechtssache / verweisen / an / Richter Ignaz Dollinger   (*passive*)
Dollinger / sein / wegen / Grobheit / Gelehrsamkeit / berühmt

N.

1. Dollinger / anhören / Anna / nur kurz
   Aber / er / ansehen / Anna / genau // dann / er / wegwinken / sie
   nächst- / Tag / er / lassen / Anna / holen
2. Dollinger: es / gehen / um / Gerberei   (*2nd clause pres.*)
   Anna: es / gehen / um / Kind   (*2nd clause pres.*)
         Kind / brauchen / Gerberei / nicht   (*2nd clause pres.*)
   Dollinger: Kind / brauchen / recht- / Mutter   (*2nd clause pres.*)
         er / halten / Samstag / Gericht   (*2nd clause subj. II pres.*)
3. Samstag / Platz / vor / Rathaus / voll / Menschen
   Sie (*pl.*) / wollen / sehen / Prozeß
   Es / gestritten (*passive*) // wer / echt / und / wer / falsch / Mutter
   Viele Leute / übernachten / in Erwartung / Prozeß / in / Stadt   (*past perf.*)

O.

1. Dollinger / verhandeln / in / sogenannt / Golden- / Saal
   Richter / sitzen / vor / geschlossen / Erztor
   Seil / abtrennen / Zuhörer
   Dollinger / sitzen / Boden // und / haben / kein / Tisch
2. Anwesend / sein / Frau Zingli / Schweizer Verwandte / Anna / Annas
   Schwester
   Amme / halten / Kind
   Dollinger / lassen / stehen / Parteien und Zeugen
   Dollinger / sagen // Verhandlungen / sein / kürzer // wenn / Parteien /
   müssen / stehen
3. Als / Anna / sehen / Kind // ausstoßen / Schrei
   Kind / anfangen / brüllen
   Und / Dollinger / lassen / bringen / Kind / aus / Saal

P.

1. Dann / Dollinger / aufrufen / Frau Zingli
   Sie / schildern // wie / Soldaten / nehmen / Kind   (*2nd clause subj. II
   past*)
   Sie (*sing.*) / annehmen // Anna / nehmen / Kind // um / erpressen / Geld
   (*2nd clause past. perf., final clause infinitival*)
2. Dollinger / fragen / Verwandte // was / Frau Zingli / erzählen / (*them*)
   (*2nd clause past perf.*)
   Es / kein / Wunder // daß / Verwandte / sprechen / unfreundlich / von /
   Frau Zingli
   Wenn / Frau Zingli / sollen / verlieren / Prozeß // Verwandte / bekommen /
   Gerberei   (*subj. II pres.*)
3. Richter / wollen / wissen // ob / Frau Zingli / lassen / Kind / in / Stich
   (*2nd clause subj. II past*)
   Frau Zingli / sein / gekränkt

Q.

1. Dann / Dollinger / aufrufen / Anna
   Anna / wiederholen // was / sie / sagen / bei / Voruntersuchung   (*2nd clause past perf.*)
   Anna: nicht / zurückkehren / Gerberei
         haben / Angst / um / eigen- / Kind
2. Dollinger / halten / Lektion / über / Menschen // — / anschwindeln / Gericht
   Dann / Dollinger / sagen // Zeugenaussage / geschlossen
   Zeugenaussage / ergeben / nichts   (*past perf.*)

R.

1. Dollinger: überzeugt // beide / lügen   (*indirect quote in pres.*)
           aber / Kind / müssen / haben / Mutter   (*indirect quote in pres.*)
   Richter / müssen / feststellen // wer / recht- / Mutter
2. Dollinger / befehlen / Gerichtsdiener // Kreide / holen   (*2nd clause infinitival*)
   Richter / lassen / ziehen / Kreidekreis // in / (*which*) / drei Personen / können / stehen
   Kind / hereingebracht   (*passive*)
   Es / anfangen // heulen / wieder   (*2nd clause infinitival*)
3. Grundgedanke / Probe / sein // daß / echt / Mutter / erkannt (*passive*) / an / Liebe / zu / Kind   (*pres.*)
   Gerichtsdiener / führen / Kind / Kreis

S.

1. Jede / Frau / sollen / fassen / Hand / Kind
   Wer / lieben / stärker // ziehen / Kind / aus / Kreis   (*pres.*)
   Frauen / treten / Kreis
2. Mit / ein / heftig / Ruck / Frau Zingli / reißen / Kind / aus / Kreis
   Anna / loslassen / Kind / — / Furcht   (*past perf.*)
   Denn / Kind / können / erleiden / Schaden   (*subj. II past*)
3. Dollinger / lassen / wegnehmen / Frau Zingli / Kind
   Frau Zingli / reißen / es / in Stücke   (*subj. II past*)
   Bauern / erzählen // daß / Richter / zwinkern // als / er / zusprechen / Anna / Kind

merkwürdig remarkable   der **Abschnitt, -e** period
der **Angestellte, -n** (*adj. noun*)   employee
***zu·bringen** to spend (time)   das **Nachdenken** reflection, con-
   templation
das **Nichtstun** doing nothing   **zugeneigt** + *dat.* disposed to, inclined to
***zwingen** to force   **anhaltend** persisting, continuous

die **Stelle** *here:* job
der **Tiefpunkt** low point   **sich an·vertrauen** + *dat.* to entrust oneself
   to, put oneself in the hands of   die **Arbeitsvermittlung, -en** employ-
   ment agency
der **Leidensgenosse, -n** comrade in suffering
die **Eignungsprüfung, -en** aptitude test
unterzogen werden + *dat.* to be subjected to

Es wird etwas geschehen

Eine handlungsstarke Geschichte

Heinrich Böll

Zu den merkwürdigsten Abschnitten meines Lebens gehört wohl der, den ich als Angestellter in Alfred Wunsiedels Fabrik zubrachte. Von Natur bin ich mehr dem Nachdenken und dem Nichtstun zugeneigt als der Arbeit, doch hin und wieder zwingen mich anhaltende finanzielle Schwierigkeiten—denn 5 Nachdenken bringt so wenig ein wie Nichtstun—eine sogenannte Stelle anzunehmen. Wieder einmal auf einem solchen Tiefpunkt angekommen, vertraute ich mich der Arbeitsvermittlung an und wurde mit sieben anderen Leidensgenossen in Wunsiedels Fabrik geschickt, wo wir einer Eignungsprüfung 10 unterzogen werden sollten.

der **Anblick** sight

der **Ziegel,** — brick, tile   die **Abneigung, -en** antipathy, disliking

ausgemalt painted   die **Kantine** *here:* cafeteria

das **Ei, -er** egg   **geschmackvoll** tasteful   die **Karaffe, -n** carafe
drücken to press   **blasiert** dull, blasé

platzen (s) to burst
die **Willensanstrengung, -en** effort of will
dauernd constantly   **trällern** to sing "tra-la-la"

ahnen to sense, suspect
gehören zu to belong to, be a part of   **kauen** to chew
hingebungsvoll devotedly, enthusiastically   das **Bewußtsein** consciousness
wertvoll valuable   der **Stoff, -e** material
zu·führen to supply, convey
nüchtern sober; *here:* empty   der **Magen** stomach

handlungsschwanger *lit.:* pregnant with action

führen to lead
reizend charming   der **Fragebogen,** — questionnaire   ***bereit·liegen** to be lying out, be ready
getönt toned, colored   der **Einrichtungsfanatiker,** — interior decorating "nut"
entzückend charming, "divine"   **zaubern** to conjure
sich benehmen to behave   **unbeobachtet** unobserved
ungeduldig impatiently
der **Füllfederhalter** = der **Füller** fountain pen   **auf·schrauben** to unscrew
*heran·ziehen to pull (over to oneself)   der **Choleriker,** — a choleric; *here:* a violent person   ***hin·ziehen** to pull (over to oneself)

ernten to harvest
das **Zögern** hesitation
der **Tatendrang** hunger for activity
die **Ausstattung, -en** "equipment"   **kümmerlich** miserable, inadequate

Schon der Anblick der Fabrik machte mich mißtrauisch; die Fabrik war ganz aus Glasziegeln gebaut, und meine Abneigung gegen helle Gebäude und helle Räume ist so stark, wie meine Abneigung gegen die Arbeit. Noch mißtrauischer wurde ich, als uns in der hellen fröhlich ausgemalten Kantine gleich ein 5 Frühstück serviert wurde: hübsche Kellnerinnen brachten uns Eier, Kaffee und Toaste, in geschmackvollen Karaffen stand Orangensaft; Goldfische drückten ihre blasierten Gesichter gegen die Wände hellgrüner Aquarien. Die Kellnerinnen waren so fröhlich, daß sie vor Fröhlichkeit fast zu platzen schienen. Nur 10 starke Willensanstrengung—so schien mir—hielt sie davon zurück, dauernd zu trällern. Sie waren mit ungesungenen Liedern so angefüllt wie Hühner mit ungelegten Eiern. Ich ahnte gleich, was meine Leidensgenossen nicht zu ahnen schienen: daß auch dieses Frühstück zur Prüfung gehöre; und so kaute 15 ich hingebungsvoll, mit dem vollen Bewußtsein eines Menschen, der genau weiß, daß er seinem Körper wertvolle Stoffe zuführt. Ich tat etwas, wozu mich normalerweise keine Macht dieser Welt bringen würde: ich trank auf den nüchternen Magen Orangensaft, ließ den Kaffee und ein Ei stehen, den größten 20 Teil des Toasts liegen, stand auf und marschierte handlungsschwanger in der Kantine auf und ab.

So wurde ich als erster in den Prüfungsraum geführt, wo auf reizenden Tischen die Fragebogen bereitlagen. Die Wände waren in einem Grün getönt, das Einrichtungsfanatikern das 25 Wort „entzückend" auf die Lippen gezaubert hätte. Niemand war zu sehen, und doch war ich so sicher, beobachtet zu werden, daß ich mich benahm, wie ein Handlungsschwangerer sich benimmt, wenn er sich unbeobachtet glaubt: ungeduldig riß ich meinen Füllfederhalter aus der Tasche, schraubte ihn auf, sezte 30 mich an den nächstbesten Tisch und zog den Fragebogen an mich heran, wie Choleriker Wirtshausrechnungen zu sich hinziehen.

Erste Frage: Halten Sie es für richtig, daß der Mensch nur zwei Arme, zwei Beine, Augen und Ohren hat? 35

Hier erntete ich zum ersten Male die Früchte meiner Nachdenklichkeit und schrieb ohne Zögern hin: „Selbst vier Arme, Beine, Ohren würden meinem Tatendrang nicht genügen. Die Ausstattung des Menschen ist kümmerlich."

bedienen to operate (a machine), take care of
die **Lösung** solution
eine Gleichung ersten Grades an equation of the first degree, a simple
equation

vollkommen ausgelastet utilized to the fullest
nach Feierabend after work

*streichen to strike, omit
die **Tat, -en** deed
tatsächlich really, indeed

die **Muschel, -n** mouthpiece; *lit.:* shell   der **Hörer, —** (telephone)
receiver

gemäß + *dat.* in keeping with
sich bedienen + *gen.* to make use of, employ

umgeben surrounded
es wimmelt von it's crawling with   **verrückt auf** crazy for, hooked on
der **Lebenslauf** life history   **wie eben** just as   **handlungsstark**
strong on action

der **Knopf** button
sie erbrechen (den Lebenslauf) in Ehren they really spill it out
der **Stellvertreter, —** deputy, representative
seinerseits for his part   der **Ruhm** fame, reputation   ***erwerben**
to acquire
gelähmt crippled
ernähren to feed   **zugleich** at the same time   der **Handels-**
vertreter, — sales representative   **eine Handelsvertretung**
ausüben *lit.:* to carry out the duties of a sales representative
*bestehen to pass   **mit Auszeichnung** with honors

die **Sünde, -n** sin

das **Stricken** knitting
die **Heimatkunde** *general study of the history, customs, and culture of*
one's native land   **promovieren in** to take a Ph.D. in   **Schäfer-**
hunde züchten to breed German shepherds
die **Barsängerin** nightclub singer
handeln to act
der **Gürtel, —** belt

**Zweite Frage: Wieviele Telefone können Sie gleich-
zeitig bedienen?**
Auch hier war die Antwort so leicht wie die Lösung einer
Gleichung ersten Grades. „Wenn es nur sieben Telefone sind",
schrieb ich, „werde ich ungeduldig, erst bei neun fühle ich mich   5
vollkommen ausgelastet."
Dritte Frage: Was machen Sie nach Feierabend?
Meine Antwort: „Ich kenne das Wort ‚Feierabend' nicht mehr
—an meinem fünfzehnten Geburtstag strich ich es aus meinem
Vokabular, denn am Anfang war die Tat."   10
Ich bekam die Stelle. Tatsächlich fühlte ich mich sogar mit
den neun Telefonen nicht ganz ausgelastet. Ich rief in die
Muscheln der Hörer: „Handeln Sie sofort!" oder: „Tun Sie
etwas!—Es muß etwas geschehen—Es wird etwas geschehen
—Es ist etwas geschehen—Es sollte etwas geschehen." Doch   15
meistens—denn das schien mir der Atmosphäre gemäß—
bediente ich mich des Imperativs.
    Interessant waren die Mittagspausen, wo wir in der Kantine,
von lautloser Fröhlichkeit umgeben, vitaminreiche Speisen aßen.
Es wimmelte in Wunsiedels Fabrik von Leuten, die verrückt   20
darauf waren, ihren Lebenslauf zu erzählen, wie eben hand-
lungsstarke Persönlichkeiten es gern tun. Ihr Lebenslauf ist
ihnen wichtiger als ihr Leben, man braucht nur auf einen Knopf
zu drücken, und schon erbrechen sie ihn in Ehren.
    Wunsiedels Stellvertreter war ein Mann mit Namen Broschek,   25
der seinerseits einen gewissen Ruhm erworben hatte, weil er als
Student sieben Kinder und eine gelähmte Frau durch Nacht-
arbeit ernährt, zugleich vier Handelsvertretungen erfolgreich
ausgeübt und dennoch innerhalb von zwei Jahren zwei Staatsprüfungen mit Auszeichnung bestanden hatte. Als ihn Reporter   30
gefragt hatten: „Wann schlafen Sie denn, Broschek?", hatte er
geantwortet: „Schlafen ist Sünde!"
    Wunsiedels Sekretärin hatte einen gelähmten Mann und vier
Kinder durch Stricken ernährt, hatte gleichzeitig in Psychologie
und Heimatkunde promoviert, Schäferhunde gezüchtet und war   35
als Barsängerin unter dem Namen Vamp 7 berühmt geworden.
    Wunsiedel selbst war einer von den Leuten, die morgens,
kaum erwacht, schon entschlossen sind, zu handeln. „Ich muß
handeln", denken sie, während sie energisch den Gürtel des

der **Bademantel** bathrobe   **zu·schnüren** to tie

der **Seifenschaum** lather
ab·spülen to rinse off
das **Opfer,** — victim   der **Tatendrang** hunger for action   die
   Verrichtung, -en act, function
aus·lösen to elicit, inspire, result in   die **Befriedigung** satisfaction
   rauschen to gurgle, rush
verbraucht used, consumed
*****ab·schlagen** to knock off
belanglos inconsequential, pointless   die **Tätigkeit, -en** activity
die **Handlung, -en** action, act   **auf·setzen** put on   **bebend vor**
   aquiver with
zu·knöpfen to button up
*****betreten** to walk into (or onto)   der **Gruß** greeting
frohen Mutes in good spirits
die **Abteilung** department

strahlend beaming

steigern to raise   die **Zahl** number

es machte mir Spaß it was fun for me
*****erfinden** to invent
verschieden different   das **Tempus** (*pl.* **Tempora**) tense (*grammar*)
das **Genus** (*pl.* **Genera**) mood (*grammar*)   **hetzen durch** to chase
   through, run through

tatsächlich actually   **ausgelastet** fully utilized

sich zurecht·setzen to get oneself settled, put one's thoughts in order
stürzen to rush

zögern to pause
munter cheerful   **vorgeschrieben** prescribed (*regulation*)

sonst usually, otherwise   **an·brüllen** to roar at

widerstrebend reluctant(ly)
*****zwingen** to force   die **Anstrengung** effort

Bademantels zuschnüren. „Ich muß handeln", denken sie, während sie sich rasieren, und sie blicken triumphierend auf die Barthaare, die sie mit dem Seifenschaum von ihrem Rasierapparat abspülen: Diese Reste der Behaarung sind die ersten Opfer ihres Tatendranges. Auch die intimeren Verrichtungen   5
lösen Befriedigung bei diesen Leuten aus: Wasser rauscht, Papier wird verbraucht. Es ist etwas geschehen. Brot wird gegessen, dem Ei wird der Kopf abgeschlagen.

Die belangloseste Tätigkeit sah bei Wunsiedel wie eine Handlung aus: wie er den Hut aufsetzte, wie er—bebend vor   10
Energie—den Mantel zuknöpfte, der Kuß, den er seiner Frau gab, alles war Tat.

Wenn er sein Büro betrat, rief er seiner Sekretärin als Gruß zu: „Es muß etwas geschehen!" Und diese rief frohen Mutes: „Es wird etwas geschehen!" Wunsiedel ging dann von Abteilung   15
zu Abteilung, rief sein fröhliches: „Es muß etwas geschehen!" Alle antworteten: „Es wird etwas geschehen!" Und auch ich rief ihm, wenn er mein Zimmer betrat, strahlend zu: „Es wird etwas geschehen!"

Innerhalb der ersten Woche steigerte ich die Zahl der   20
bedienten Telefone auf elf, innerhalb der zweiten Woche auf dreizehn, und es machte mir Spaß, morgens in der Straßenbahn neue Imperative zu erfinden oder das Verbum „geschehen" durch die verschiedenen Tempora, durch die verschiedenen Genera, durch Konjunktiv und Indikativ zu hetzen; zwei Tage   25
lang sagte ich nur den einen Satz, weil ich ihn so schön fand: „Es hätte etwas geschehen müssen", zwei weitere Tage lang einen anderen: „Das hätte nicht geschehen dürfen."

So fing ich an, mich tatsächlich ausgelastet zu fühlen, als wirklich etwas geschah. An einem Dienstagmorgen—ich hatte   30
mich noch gar nicht richtig zurechtgesetzt—stürzte Wunsiedel in mein Zimmer und rief sein „Es muß etwas geschehen!" Doch etwas Unerklärliches auf seinem Gesicht ließ mich zögern, fröhlich und munter, wie es vorgeschrieben war, zu antworten: „Es wird etwas geschehen!" Ich zögerte wohl zu lange, denn   35
Wunsiedel, der sonst selten schrie, brüllte mich an: „Antworten Sie! Antworten Sie, wie es vorgeschrieben ist!" Und ich antwortete leise und widerstrebend wie ein Kind, das man zu sagen zwingt: ich bin ein böses Kind. Nur mit großer Anstrengung

quer vor right in front of, squarely across
bestätigen to confirm
der **Liegende** (*adj. noun*) *from* **liegen** to lie
kopfschüttelnd shaking one's head
der **Flur, -e** corridor

der **Mund** mouth   der **Kugelschreiber, —**; der **Kugelstift, -e** ball-point pen
der **Block, ⁼e** *here:* pad (of paper)
bloß *here:* bare   die **Strickmaschine, -n** knitting machine
*****bei·tragen zu** to contribute to
vervollständigen to supplement, complete
spucken to spit
lösen von to disengage from   **zögernd** hesitantly   die **Zehe, -n** toe

schlüpfen (s) to slip   die **Pantoffeln** (*pl.*) slippers
die **Leiche, -n** corpse
drehen to turn
der **Rücken** back   **zu·drücken** *here:* close (his eyes)
betrachten to observe, look at
*****empfinden** to feel   die **Zärtlichkeit** tenderness
hassen to hate

hartnäckig stubbornly   **sich weigern** to refuse   der **Weihnachts-mann** Santa Claus

überzeugend klingen to sound convincing

beerdigen to bury
ausersehen selected   der **Kranz, ⁼e** wreath   **künstlich** artificial
der **Sarg, ⁼e** coffin
der **Hang zu** predisposition to

brachte ich den Satz heraus: „Es wird etwas geschehen", und kaum hatte ich ihn ausgesprochen, da geschah tatsächlich etwas: Wunsiedel stürzte zu Boden, rollte im Stürzen auf die Seite und lag quer vor der offenen Tür. Ich wußte gleich, was sich mir bestätigte, als ich langsam um meinen Tisch herum auf 5 den Liegenden zuging: daß er tot war.

Kopfschüttelnd stieg ich über Wunsiedel hinweg, ging langsam durch den Flur zu Broscheks Zimmer und trat dort ohne anzuklopfen ein. Broschek saß an seinem Schreibtisch, hatte in jeder Hand einen Telefonhörer, im Mund einen Kugelschreiber, 10 mit dem er Notizen auf einen Block schrieb, während er mit den bloßen Füßen eine Strickmaschine bediente, die unter dem Schreibtisch stand. Auf diese Weise trägt er dazu bei, die Bekleidung seiner Familie zu vervollständigen. „Es ist etwas geschehen", sagte ich leise. Broschek spuckte den Kugelstift 15 aus, legte die beiden Hörer hin, löste zögernd seine Zehen von der Strickmaschine.

„Was ist denn geschehen?" fragte er.

„Herr Wunsiedel ist tot", sagte ich.

„Nein", sagte Broschek. 20

„Doch", sagte ich, „kommen Sie!"

„Nein", sagte Broschek, „das ist unmöglich", aber er schlüpfte in seine Pantoffeln und folgte mir über den Flur.

„Nein", sagte er, als wir an Wunsiedels Leiche standen, „nein, nein!" Ich widersprach ihm nicht. Vorsichtig drehte ich 25 Wunsiedel auf den Rücken, drückte ihm die Augen zu und betrachtete ihn nachdenklich.

Ich empfand fast Zärtlichkeit für ihn, und zum ersten Male wurde mir klar, daß ich ihn nie gehaßt hatte. Auf seinem Gesicht war etwas, wie es auf den Gesichtern der Kinder ist, die 30 sich hartnäckig weigern, ihren Glauben an den Weihnachtsmann aufzugeben, obwohl die Argumente der Spielkameraden so überzeugend klingen.

„Nein", sagte Broschek, „nein."

„Es muß etwas geschehen", sagte ich leise zu Broschek. 35

„Ja", sagte Broschek, „es muß etwas geschehen."

Es geschah etwas: Wunsiedel wurde beerdigt und ich wurde ausersehen, einen Kranz künstlicher Rosen hinter seinem Sarg herzutragen, denn ich bin nicht nur mit einem Hang zur Nach-

aus·statten to equip
die **Gestalt** figure **sich eignen für** to be suited to **vorzüglich**
especially
offenbar apparently

großartig wonderful *erhalten* to receive das **Angebot, -e**
offer
das **Beerdigungsinstitut** funeral home **berufsmäßig** professional
der **Trauernde, -n** (*adj. noun*) mourner
ein·treten (s) *here:* to take a position
die **Garderobe** dress, outfit **stellen** *here:* to provide (*by the firm*)
kündigen to give notice (of quitting a job) die **Begründung, -en**
reason

brach·liegen to lie fallow (unused)
der **Trauergang, ⁼e** funeral procession **gehören** to belong

schlicht simple der **Blumenstrauß, ⁼e** bouquet

achten to respect das **Stammlokal, -e** one's regular restaurant
der **Auftritt, -e** appearance, performance

beordnen zu to summon to **aus meiner Tasche** out of my own
pocket (money)
sich gesellen zu to join die **Wohlfahrt** welfare
der **Heimatlose** (*adj. noun*) homeless person
schließlich after all **verdanken** to owe to, be indebted to (*not
referring to money*)
erwünscht desired
die **Pflicht, -en** duty
ein·fallen (s) to occur to
her·stellen to produce, manufacture
die **Seife** soap

denklichkeit und zum Nichtstun ausgestattet, sondern auch mit einer Gestalt und einem Gesicht, die sich vorzüglich für schwarze Anzüge eignen. Offenbar habe ich—mit dem Kranz künstlicher Rosen in der Hand hinter Wunsiedels Sarg hergehend— großartig ausgesehen. Ich erhielt das Angebot eines eleganten 5 Beerdigungsinstitutes, dort als berufsmäßiger Trauernder einzutreten. ,,Sie sind der geborene Trauernde'', sagte der Leiter des Instituts, ,,die Garderobe bekommen Sie gestellt. Ihr Gesicht —einfach großartig!''

Ich kündigte Broschek mit der Begründung, daß ich mich dort 10 nicht richtig ausgelastet fühle, daß Teile meiner Fähigkeiten trotz der dreizehn Telefone brachlägen. Gleich nach meinem ersten berufsmäßigen Trauergang wußte ich: Hierhin gehörst du, das ist der Platz, der für dich bestimmt ist.

Nachdenklich stehe ich hinter dem Sarg in der Trauerkapelle, 15 mit einem schlichten Blumenstrauß in der Hand, während Händels *Largo* gespielt wird, ein Musikstück, das viel zu wenig geachtet ist. Das Friedhofscafé ist mein Stammlokal, dort verbringe ich die Zeit zwischen meinen beruflichen Auftritten, doch manchmal gehe ich auch hinter Särgen her, zu denen ich nicht 20 beordert bin, kaufe aus meiner Tasche einen Blumenstrauß und geselle mich zu dem Wohlfahrtsbeamten, der hinter dem Sarg eines Heimatlosen hergeht. Hin und wieder auch besuche ich Wunsiedels Grab, denn schließlich verdanke ich es ihm, daß ich meinen eigentlichen Beruf entdeckte, einen Beruf, bei dem 25 Nachdenklichkeit geradezu erwünscht und Nichtstun meine Pflicht ist.

Spät erst fiel mir ein, daß ich mich nie für den Artikel interessiert habe, der in Wunsiedels Fabrik hergestellt wurde. Es wird wohl Seife gewesen sein. 30

Cue-sheet

Use the following cues to relate the story, using the past tense unless otherwise indicated.
See note on the use of proper names on page 172.

A.

1. Erzähler / mehr / Nachdenken / Nichtstun / zugeneigt / als / Arbeit
   (*pres.*)
   Doch / finanziell*e* Schwierigkeiten / zwingen / (*him*) // annehmen /
   Stelle   (*pres. final clause infinitival*)
2. Also / er / gehen / zu*r* Arbeitsvermittlung
   Er / geschickt (*passive*) / Wunsiedels Fabrik
   Und dort / er / müssen / machen / Prüfung

B.

1. Fabrik / machen / (*him*) / mistrauisch
   Denn / Abneigung / hell*e* Gebäude / sein / so stark wie / Abneigung /
   Arbeit
2. In / Kantine / Frühstück / serviert (*passive*)
   Er / ahnen // Frühstück / gehören / Prüfung
   Also / er / lassen / stehen / Frühstück // und / marschieren / handlungs-
   schwanger / auf und ab

C.

1. Er / geführt (*passive*) / in / Prüfungsraum
   Dort / Fragebogen (*pl.*) / liegen / Tische
2. Erzähler / können / sehen / niemand
   Doch / er / sein / sicher // daß / er / beobachtet   (*final clause passive*)
   Ungeduldig / reißen / Füller / Tasche // und / setzen / Tisch

D.

1. erste Frage // ob / richtig // Mensch / nur zwei Arme   (*final two clauses*
   pres.)
   Er / schreiben // selbst vier / genügen / nicht   (*2nd clause subj. II pres.*)

2. zweite Frage // wieviele Telefone / können / bedienen (*final clause pres.*)
   Erzähler: bedienen / neun (*final clause pres.*)
3. dritte Frage / was // nach / Feierabend (*final clause pres.*)
   Erzähler: kennen / Wort / Feierabend / nicht (*final clause pres.*)

E.

1. Erzähler / bekommen / Stelle
   Er / rufen / in / Telefone // daß / etwas / müssen / geschehen
2. Fabrik / sein / voll Leuten // die / erzählen / ihren Lebenslauf *wollen*.
   Lebenslauf / wichtiger / Leben
   DER WAR ALS

F.

1. Wunsiedels Stellvertreter / heißen / Broschek
   Als Student / er / ernähren / sieben Kinder / Frau (*pres.*) *hat. PERF.*
   Dennoch / bestehen / innerhalb / zwei Jahren // zwei Staatsprüfungen *bestand*
   (*past perf.*) *hatte er*
2. Reporter: wann / schlafen (*past perf.*) *DAß SCHLAFEN SÜNDE IST*
   Broschek: Sünde (*2nd clause pres.*)
3. Wunsiedels Sekretärin / ernähren / Mann / vier Kinder // und *hatte* promovieren / Psychologie (*past perf.*) *GEWORDEN WAR*
   Auch / als Barsängerin / unter / Name / Vamp 7 / berühmt (*past perf.*) *OSM*

G. *BETRAT*

1. Wenn / Wunsiedel / betreten / Büro // rufen // „Es muß..."
   Sekretärin: „Es wird..."
2. Dann / Abteilung zu Abteilung *GING ER, stürzte ER VON*
   Auch Erzähler / antworten / Wunsiedel

H. *DER* *GEN — DER ERSTEN Woche*

1. Innerhalb / erste Woche / bedienen / elf Telefone
   Innerhalb zweite Woche / dreizehn Telefone *NEUE IMPERATIVE*
   machen / Erzähler / Spaß // erfinden / Imperative (*final clause infinitival*)
2. Er / finden / zwei Sätze / besonders schön:
   „Es / müssen / geschehen / etwas" (*subj. II past*)
   und „Das / dürfen / geschehen / nicht" (*subj. II past*)

J. *AN*

1. Ein Dienstagmorgen / Wunsiedel / Büro / und / rufen: „Es muß..."
   Erzähler / zögern *IHM ZU ANTWORTEN*
2. Wunsiedel / anbrüllen / Erzähler // daß / sollen / antworten
   Dann / geschehen / etwas *GESCHAH*
   Wunsiedel / Boden

J.

1. Erzähler / wissen / gleich // Wunsiedel / tot
   Er / hinwegsteigen / Leiche // zu / Broschek   *MASCHIERTE ZU . . . . .*
   STIEG . ÜBER DIE   Erzähler: etwas / geschehen   (*2nd clause pres. perf.*)
2. Broschek: was   (~~2nd clause pres.~~)
   Erzähler: Wunsiedel / tot   (*2nd clause pres.*)
   Broschek: unmöglich   (*2nd clause pres.*)
   Dann / Broschek / folgen / Erzähler   *DEM ERZÄHLER*
   IST GEFOLGT

K.

1. Es / werden *DEM* / Erzähler / klar // hassen / Wunsiedel / nie   (*2nd clause past perf.*)
   Wunsiedel / beerdigt (*passive*) *DEM*
   Erzähler / tragen / Kranz / hinter / Sarg   *—TRUG EINEN KRANZ HINTER*
2. Erzähler / bekommen *EIN* Angebot / vom / Beerdigungsinstitut
   Erzähler / sollen / werden / berufsmäßiger Trauernder / dort

L.

1. Erzähler / kündigen / Broschek // weil / nicht / ausgelastet *te* *ER SICH* *FÜHLTE*
   Nach / erst- / Trauergang / Erzähler / wissen // daß / er / finden / richtig /
   Platz   (*2nd clause past perf.*)   *SEINEM RICHTIGEN*
2. Hin und wieder / Wunsiedels Grab   *SEINEN BERUF.*
   Denn / verdanken / Wunsiedel / Beruf
   Es / sein *EIN* / Beruf // wo / Nachdenklichkeit / erwünscht // und / *IST*
   Nichtstun / Pflicht   (*pres.*) *IST*

das **Erdgeschoß** ground floor, first floor
***hinab·steigen** (s) to descend   **sich *vor·kommen** (s) to feel;
   lit.: to seem to oneself   **federleicht** light as a feather
verspüren to feel, sense   **unbändig** uncontrollable   die **Lachlust**
   desire to laugh
tüchtig *here:* heavily, hard

sich *besinnen auf to recall, remember, recollect   ***heim·finden** to
   find the way home
genügen to suffice, be enough
drunten downstairs

Wer ist man?

Kurt Kusenberg

Als Herr Boras um halb elf Uhr vormittags ins Erdgeschoß seines Hauses hinabstieg, kam er sich federleicht vor und verspürte unbändige Lachlust. Am Abend vorher hatte er mit einem Freunde tüchtig getrunken, zuerst Wein, dann Schnaps, dann Bier, dann alles durcheinander. Es war wohl ein bißchen 5 viel gewesen, denn auf den Heimweg konnte er sich durchaus nicht mehr besinnen. Wozu auch? Er hatte heimgefunden, das stand fest, das genügte, er war spät aufgestanden und nun erwartete ihn drunten das Frühstück. Das Frühstück? Das Spätstück! Erwartete das Spätstück ihn oder erwartete er das 10

lauern (aufeinander) to lie in wait (for each other)   die **Vorstellung, -en** notion, idea
listig cunning   **überrumpeln** to take by surprise
erheitern to amuse   **los·prusten** to burst out laughing, snort
der **Zerstäuber, —** atomizer
angelangt having reached   ***beschließen** to decide
hantieren to bustle about
***hin·ziehen** to attract, draw toward

streng harshly   **verletzend** cuttingly   **hämisch** sneering, spiteful, sardonic

erfrischen to refresh

sich *ergehen to stroll, take a walk
der **Himbeerstrauch, ⁼er** raspberry bush   **gewahren** to notice, perceive   **eifrig** busily
das **Loch** hole   **scharren** to scratch, scrabble   ***pfeifen** to whistle
***inne·halten** to pause, stop   **äugen** to eye (someone)
***hoch·springen** to jump up
umkreisen to circle   **drohen** to threaten   das **Geknurre und Gebell** growling and barking
wittern to smell, scent
dunsten *here:* to sweat
***befehlen** to order   **begütigend** soothingly, in a conciliatory way
die **Herausforderung, -en** challenge, provocation
***zu·schlagen** to hit at (someone)   der **Zorn** anger
packen to seize
tollwütig rabid

***behalten** to keep   der **Kreisel, —** top (spinning top)   **zu·drehen** to turn in circles toward

schrillen *here:* to scream
sich *um·wenden to turn around
sich erwehren + *gen.* to resist, stave off
ärger still worse   **bedrängen** to crowd

wahrhaftig in truth, really
der **Rausch, ⁼e** intoxication, drunkenness   **verleugnen** to disavow, renounce

der **Onkel** *here:* (strange) man   **sich erkundigen** to inquire

Spätstück? Vielleicht lauerten sie beide aufeinander. Die Vorstellung, daß er das listige Spätstück sogleich überrumpeln werde, erheiterte Herrn Boras, er prustete los wie ein Zerstäuber. Es war sein letztes Lachen an diesem Tage.

Im Erdgeschoß angelangt, beschloß Herr Boras, einen Blick 5 in den Garten zu tun. Er hörte seine Frau in der Küche hantieren, doch zog es ihn zu ihr nicht hin. Leute, die früh aufgestanden sind, haben eine hohe Meinung von sich und behandeln Spätaufsteher streng, verletzend oder gar hämisch. Ein Garten hingegen ist die reine Güte; er schaut einen nicht an, sondern 10 läßt sich anschauen. Er ist da, nur da und sehr grün. Grün aber braucht der Mensch, weil es ihn erfrischt—Grünes sehen ist fast so gesund wie Grünes essen.

Herr Boras erging sich ein wenig im Garten. Als er zu den Himbeersträuchern kam, gewahrte er seinen Hund, der eifrig ein 15 Loch in die Erde scharrte. Er pfiff ihm. Das Tier hielt inne, äugte und lief herbei. Anstatt aber freudig an seinem Herrn hochzuspringen, umkreiste es ihn drohend, mit bösem Geknurre und Gebell.

Er hat etwas gegen mich, dachte Herr Boras. Vielleicht wittert 20 er den Alkohol, der mir aus den Poren dunstet. „Komm her!" befahl er und klopfte begütigend an seiner Hose, doch der Hund nahm es für eine Herausforderung—er schnappte nach der Hose, und als Herr Boras zuschlug, biß er ihn in die Hand. Zorn packte diesen, gleich darauf aber Angst. Am Ende war das Tier 25 tollwütig! Er trat den Rückweg an, um mit seiner Frau darüber zu reden. Langsam nur kam er von der Stelle, denn er mußte den Hund im Auge behalten; einem Kreisel gleich, drehte er sich seinem Hause zu.

„Was tun Sie in unserem Garten?" schrillte es, und als Herr 30 Boras sich unwandte, blickte er in das Gesicht seiner Frau. Er konnte nicht lange hinblicken, weil er sich des Hundes erwehren mußte, der ihn nun noch ärger bedrängte.

„Martha!" rief er. „Ihr seid wohl alle verrückt geworden!"

„Noch einmal meinen Vornamen, und ich rufe die Polizei!" 35 Wahrhaftig, so sprach sie mit ihm. Es war nicht zu glauben: eines kurzen Rausches wegen verleugnete sie die lange Ehe.

„Wer ist der Onkel?" erkundigte sich eine Kinderstimme.

schmerzlich painfully
auf·hetzen to stir up, incite (against Boras)

der **Knabe** boy   **mutig** courageous, bold   der **Schutz** protection
vor·rücken (s) (gegen) to advance (on, toward)
*****nach·geben** to yield, give in   *****verlassen** to leave
das **Grundstück** property
ratlos confused   *****biegen** to turn

*****ein·fallen** (s) to remember

sich übel *betragen to behave badly   der **Abscheu** aversion,
  abhorrence   **erregen** to arouse
freilich to be sure
immerhin nonetheless   **im Rausch** when a person is drunk
  eigentlich actually

läuten to ring (a bell)

wünschen to wish
der **Unsinn** nonsense
spöttisch mocking, scornful

durch·blicken to see through (*i.e.,* understand)   **sich *gestehen**
  to admit to oneself

*****heißen (hieß)** *here:* meant, involved   **daran** *here:* due to that
allmählich gradually   der **Umgang** association   **erloschen** faded
  away, died out
seine Trägheit *überwinden to overcome his inertia
an·langen (s) to reach
stolpern (s) to stumble

bestellen to order   *****unterschreiben** to sign

Herrn Boras traf das besonders schmerzlich, denn er liebte
seinen Sohn. Und nun hatte man den Jungen aufgehetzt!
„Hinaus!" rief die Frau.
„Hinaus!" schrie der Knabe, mutig im Schutz der zornigen
Mutter, und der Hund bellte dasselbe. Alle drei rückten gegen 5
Herrn Boras vor. Da gab der Mann nach, wie ein Dieb verließ
er sein eigenes Grundstück.

Ratlos durchschritt er die Straße, bog um die nächste Ecke,
ging weiter, bog wieder ein und so fort, eine ganze Weile lang;
seine Gedanken wollten sich gar nicht ordnen. Plötzlich fiel ihm 10
ein, er könne sich vielleicht am Abend zuvor, bei der trunkenen
Heimkehr, übel betragen und den Abscheu seiner Familie erregt
haben. Wahrscheinlich war das freilich nicht, aber es war
immerhin möglich; im Rausch ist vieles möglich, eigentlich alles.

Vielleicht, überlegte Herr Boras, hat Kilch mich gestern nach 15
Hause gebracht, vielleicht weiß er mehr. Ich werde ihn fragen.

Der Freund wohnte nicht weit; fünf Minuten später läutete
Herr Boras an seiner Tür. Kilch öffnete und blickte Herrn Boras
kühl an. „Sie wünschen?" fragte er.

„Kilch!" rief Herr Boras. „Was soll der Unsinn?" 20

Der andere zog ein spöttisches Gesicht. „Das frage ich mich
auch!" sprach er und warf die Tür zu.

Selbst der Freund stand gegen ihn! Was mochte geschehen
sein, da alle Türen sich vor Herrn Boras schlossen?

Ich blicke nicht durch, gestand sich der Arme. Zu den Meinen 25
kann ich nicht zurück, jedenfalls heute nicht, die waren gar zu
böse. Wo aber soll ich nächtigen? Bei Carlo natürlich. Er ist der
bessere Freund, ich hätte es wissen sollen, wir kennen uns seit
der Schulzeit, das bindet.

Carlo aufsuchen hieß eine kleine Reise tun, und daran war 30
allmählich der Umgang mit dem Freunde erloschen. An diesem
Tage aber überwand Herr Boras seine Trägheit, er fuhr eine gute
halbe Stunde, bis er bei Carlos Wohnung anlangte. Auf der
Treppe stolperte er. Schlecht! dachte Herr Boras. Schon den
ganzen Tag stolpere ich. 35

Er läutete. Schritte kamen näher, die Tür ging auf, der
Schulfreund zeigte sich. „Ich kaufe nichts!" sagte er unfreundlich. „Ich bestelle nichts, ich unterschreibe nichts, ich habe kein

ins Schloß *fallen (s)   *freely:* to click shut

das Empfinden sensation, feeling

schweben to float (above the ground)   **sich melden** to announce
itself, show up

*begreifen to understand

Ihm war die Gleichheit mit sich selber abhanden gekommen.
freely: He had lost his identity.

ein·büßen to lose   **sich *aus·weisen** to prove one's identity

sonderbar strange   **zwar** to be sure, certainly

die Spur, -en trace

das Dasein existence   **überzeugen** to convince

die Einbildung, -en figment

ungeschickt clumsy

die Bewegung movement

heraus·rutschen (s) to slip out of   **nirgends** nowhere   **hinein·
passen** to fit in

planmäßig regular, systematic

inzwischen meanwhile

dem Gefüge der Welt nicht mehr an·gehören *freely:* to be out of
phase with the world

spüren to feel   **pflegen** to be used to, accustomed to

überhaupt at all   **die Gepflogenheit, -en** habit

Umschau *halten (nach) to look around (for)

die Gegend district   **abgelegen** remote   **der Vorort** suburb

eingerichtet set up

trübe gloomily

ähneln + *dat. obj.* to resemble, be like   **ungemein** uncommonly

bislang = bisher up until now   **deshalb** therefore

erstaunt astonished, surprised

auf·klinken to unlatch

der Eierkuchen, — pancake

erwidern to reply   **streifen** to brush, scrape

der Staub dust

flüchtig cursory, fast

löffeln to spoon (up)

*auf·fallen (s) to attract attention

übel bad   **schmecken** to taste (good)

Geld. Guten Tag!'' Die Tür fiel ins Schloß. Während Herr Boras die Treppe hinabstieg, überkam ihn abermals das Empfinden, er sei federleicht und schwebe. Auch die Lachlust meldete sich wieder, doch war es eine andere als vorhin.

Auf der Straße—endlich, endlich!—begriff Herr Boras, was 5 geschehen sei: ihm war, kurz gesagt, die Gleichheit mit sich selber abhanden gekommen. Er hatte seine Vergangenheit eingebüßt wie eine Brieftasche, er konnte sich nicht mehr ausweisen. Sonderbar! dachte Herr Boras. Zwar lebe ich, doch scheint es, als hätte ich nie gelebt, denn es sind keine Spuren 10 geblieben. Und dabei war ich von meinem Dasein so fest überzeugt! Nein, es *kann* keine Einbildung gewesen sein. Wie aber habe ich das alles verloren! Vielleicht durch eine ungeschickte Bewegung? Richtig, so wird's sein: ich bin aus dem Weltplan herausgerutscht und passe nun nirgends mehr hinein. Jeder 15 Komet ist planmäßiger als ich.

Inzwischen war es ein Uhr nachmittags geworden. Obwohl Herr Boras, wie er meinte, dem Gefüge der Welt nicht mehr angehörte, spürte er Hunger, denn um diese Zeit pflegte er zu essen—sofern er überhaupt von Gepflogenheiten reden durfte. 20 Er hielt Umschau nach einer Gastwirtschaft, doch damit stand es in dieser Gegend nicht zum besten; der abgelegene Vorort war nur zum Wohnen eingerichtet.

Trübe schritt Herr Boras an vielen Gärten, an vielen Häusern vorbei; manche ähnelten ungemein dem Hause, welches er bis- 25 lang für das seine gehalten hatte. Deshalb war er auch nicht sonderlich erstaunt, als eine Frau sich aus einem Fenster beugte und ihm zurief: ,,Zeit, daß du kommst! Die Suppe steht schon auf dem Tisch.''

Ohne lange zu überlegen, klinkte Herr Boras die Gartenpforte 30 auf und trat ein; er hatte Hunger. An der Haustür sprang ihm ein Knabe entgegen. ,,Vati, es gibt Eierkuchen!''

,,Fein, mein Junge!'' erwiderte Herr Boras. Er streifte den Staub von den Schuhen, hing seinen Hut an den Haken, gab der Frau einen flüchtigen Kuß, setzte sich zu Tisch und begann die 35 Suppe zu löffeln. Während des Essens betrachtete er die Frau und den Jungen, vorsichtig, damit es ihnen nicht auffiel, denn sie hielten ihn offenbar für den Hausvater. Die Frau war nicht übel, und auch der Junge gefiel ihm; das Essen schmeckte gut.

die **Hauptsache**   main thing

unterschlüpfen (s)   to find shelter, refuge
sich aus·suchen   to choose, select
wählen   to choose
der **Tausch, -e**   exchange   ***versprechen**   to promise   **einiges**
   something   **zumindest**   at least
die **Abwechslung**   change
etwas auszusetzen haben   to find fault with something

ab·wischen   to wipe (off)   das **Mundtuch** = die **Serviette**   napkin

die **Obstschale, -n**   fruit bowl   **schälen**   to peel
sich ein·gewöhnen   to get used to things

träumen   to dream

angelehnt   ajar
vor sich *gehen   to happen

nicht bei Trost sein   to be out of one's mind
Laß die Späße!   Knock off the jokes.
die **Armenküche, -n**   soup kitchen (welfare kitchen)
duzen   to call "du" (use the familiar form of address)   der **Streit, -e**
   quarrel, argument
das Feld räumen   to quit the field, retreat   **zu·knallen**   to slam shut

die **Frechheit, -en**   impertinence   ***bei·stehen** + *dat. obj.*   to stand
   by, support
der **Bursche**   fellow
plagen   to torment
verwechseln   to confuse, mistake (for)

eilig   quickly, hurriedly
spendieren   to treat (someone to)
ein·holen   to catch up with
die **Erregung**   excitement
wie Ihnen zumute ist   how you must feel
kritzeln   to scrawl, scribble
die **Zeile**   line (of writing)

Ach was, dachte er, Familie ist Familie, die Hauptsache bleibt, man hat eine. Ich kann von Glück reden, daß ich wieder untergeschlüpft bin, es sah vorhin trübe aus. Gewiß, ich habe mir die beiden hier nicht ausgesucht, doch was sucht man sich schon aus? Man wählt ja immer, wie man muß. Nein, nein, der Tausch ist ganz gut, er verspricht sogar einiges—zumindest Abwechslung. 5

„Was schaust du uns so an?" fragte die Frau. „Hast du etwas auszusetzen?"

Herr Boras wischte sich die Lippen mit dem Mundtuch ab. 10 „Im Gegenteil, alles ist in bester Ordnung." Er griff in die Obstschale, nahm einen Apfel und begann ihn zu schälen. Bald, das wußte er, würde er sich eingewöhnt haben. Vielleicht hatte er immer schon hier gelebt und sich das andere Dasein nur eingebildet. Wer weiß schon genau, ob er träumt oder lebt? 15

Es läutete. „Bleib sitzen!" sprach die Frau, stand auf und ging hinaus. Da sie die Tür angelehnt ließ, konnte man genau hören, was im Flur vor sich ging.

„Wohin? Was soll das!" erklang streng die Stimme der Frau. „Sofort hinaus—oder ich rufe meinen Mann!" 20

„Du bist wohl nicht bei Trost!" antwortete eine Männerstimme. „Laß die Späße, ich habe Hunger."

„Hier ist keine Armenküche. Hinaus! Ich werde Sie lehren, mich zu duzen!" Nun, der Streit ging weiter, doch nicht lange. Der Mann räumte das Feld, und die Tür knallte hinter ihm zu. 25

Mit rotem Gesicht trat die Frau wieder ein. „Solch eine Frechheit! Und du stehst mir natürlich nicht bei."

„Der Bursche tat mir leid", entgegnete Herr Boras. „Sicherlich plagte ihn Hunger oder er hat unser Haus mit dem seinen verwechselt." 30

„Verwechselt?" rief die Frau. „Der hat bestimmt kein Haus, auch keine Familie."

Herr Boras erhob sich eilig. „Eben darum will ich ihm ein Mittagessen spendieren. Ich bin sofort zurück." Er lief hinaus und holte den Fremden an der Gartenpforte ein. Der Mann war 35 bleich vor Erregung, seine Augen blickten verwirrt.

„Ich kann mir denken", sprach Herr Boras, „wie Ihnen zumute ist, und ich will helfen." Er zog sein Notizbuch, kritzelte eine Zeile und riß das Blatt ab. „Hier, mein Freund, haben Sie

der **Zettel,** — slip of paper, note
***an·bringen** add *here:* add to the conversation
enteilen (s) to hurry off
gutmütig good natured
durchaus nicht not at all
vorsorglich as a precaution **spenden** to give (charity)
***zu·stoßen** (s) to befall, happen to

stricken to knit **drein·schauen** to look, have a look on one's face
zufrieden contented

eine gute Adresse. Fahren Sie hin, aber rasch—sonst wird das Essen kalt."

Der andere nahm den Zettel, fand jedoch keine Worte. Er hätte sie auch nicht mehr anbringen können, denn Herr Boras enteilte bereits.

,,Du bist viel zu gutmütig", meinte die Frau, als er eintrat. Herr Boras setzte sich und nahm den Apfel wieder vor. ,,Durchaus nicht. Ich habe nur vorsorglich gespendet. Was heute ihm passiert, kann morgen mir zustoßen."

Am nächsten Tag fuhr Herr Boras in die Stadt und suchte die Straße auf, in der er gewohnt hatte. Als er bei seinem Hause vorbeischritt, sah er seine Frau mit dem anderen im Garten sitzen. Die Frau strickte, der Mann las die Zeitung; beide schauten zufrieden drein. Da war auch Herr Boras zufrieden.

Cue-sheet

Use the following cues to relate the story, using the past tense unless otherwise indicated.
See note on the use of proper names on page 172.

A.

1. Boras / hinabsteigen / 10.30 / Erdgeschoß
   verspüren / Lachlust
2. Abend vorher / trinken / mit / Freund   (*past perf.*)
   bißchen viel // denn / Boras / können / erinnern / an / Heimweg / nicht
   (*1st clause past perf.*)
   Aber / er / heimfinden // und / aufstehen / spät   (*past perf.*)
3. Nun / erwarten / Frühstück // oder / Spätstück?
   Dies- / Vorstellung / erheitern / Herr Boras
   Aber / letzt- / Lachen / dies- / Tag

B.

hören / Frau / Küche
Aber / wollen / nicht / zu (*her*)
Frühaufsteher / Spätaufsteher

C.

1. Boras / gehen / Garten
   sehen / Hund / und / pfeifen
   Hund / laufen / Boras // aber dann / umkreisen / drohend
2. Boras: Hund / sollen / herkommen
   Hund / beißen / Boras / Hand
3. Boras / wollen / reden / Frau
   Frau / wollen / wissen // Boras / in / Garten
   Boras: verrückt?   (*pres.*)
   Frau: rufen / Polizei   (*fut.*)
4. Sohn / kommen // fragen // wer / Boras
   So / Boras / verlassen / eigen- / Haus / wie / Dieb

D.

1. ratlos / Boras / durchschreiten / Straße
   Es / einfallen / Boras // daß / er / betragen / sich / Abend vorher / übel (*2nd clause past perf.*)
   nicht wahrscheinlich // aber / möglich
   Rausch / alles / möglich (*pres.*)
2. gehen / zu Kilch
   Freund / öffnen // anblicken / Boras / kühl
   Kilch: was / wollen? (*2nd clause pres.*)
   Boras: was / sollen / Unsinn? (*2nd clause pres.*)
   Kilch / Tür / zu

E.

1. Boras / fragen / sich // wo / sollen / übernachten
   Boras / denken / an / Carlo
   kennen / seit / Schulzeit
2. Boras / aufsuchen / Carlo
   Boras / stolpern / Treppe
   Carlo / aufmachen / Tür
3. Carlo / sagen // wollen / kaufen / nichts // und / schließen / Tür
   Boras / verspüren / wieder / Lachlust

F.

1. Boras / begreifen / endlich // daß / verlieren / Vergangenheit (*final clause past perf.*)
   Er / leben // aber / es / sein // als ob / er / leben / nie (*final clause subj. // past*)
   Er / hineinpassen / nirgends mehr
2. Doch / Boras / Hunger // denn / ein Uhr
   suchen / Gastwirtschaft
3. Boras / vorbeigehen / an / viele Häuser
   Viele / aussehen / wie / eigen- / Haus
   Dann / Frau / zurufen / Boras // daß / Essen / sein / fertig

G.

1. Boras / eintreten // weil / Hunger
   Junge / entgegenspringen / Boras // sagen // es / geben / Eierkuchen (*final clause pres.*)
   Boras / streifen / Staub / Schuhe // hängen / Hut / Haken
2. Er / geben / Frau / flüchtig / Kuß // setzen / Tisch
   Frau / nicht übel // Junge / gefallen // Essen / schmecken
3. Boras / denken // Familie / sein / Familie (*2nd clause pres.*)
   Hauptsache // man / haben / ein- (*pres.*)
   Boras / wissen // daß / einleben / bald (*2nd clause subj. // pres.*)

H.

1. Es / läuten // Frau / hinaus
   Ein Mann / wollen / hereinkommen
   Frau / rufen // daß / Mann / sollen / hinausgehen / sofort
2. Mann: Hunger   (*2nd clause pres.*)
   Frau: dort / kein / Armenküche   (*2nd clause pres.*)
   Frau / wieder / herein
3. Boras: Mann / tun / — / leid   (*2nd clause pres.*)
   vielleicht / verwechseln / Haus   (*pres. perf.*)
   Boras / wollen / spendieren / Mann / Mittagessen
   Boras / hinaus // einholen / Mann

I.

1. Boras: wollen / helfen / Mann   (*2nd clause pres.*)
   geben / Mann / sein- / alt / Adresse
2. nächst- / Tag / Boras / in / Stadt
   aufsuchen / alt / Haus
   Boras / sehen / sitzen / Mann / Garten
   Frau / Mann / aussehen / zufrieden
   Da / Boras / auch / zufrieden

Strong and Irregular Verbs

INFINITIVE (*3rd sing. pres.*)	PAST	PAST PARTICIPLE	MEANING
backen (bäckt)	**buk** *or* **backte**	**gebacken**	*to bake*
befehlen (befiehlt)	**befahl**	**befohlen**	*to command*
beginnen	**begann**	**begonnen**	*to begin*
beißen	**biß**	**gebissen**	*to bite*
bergen (birgt)	**barg**	**geborgen**	*to hide*
bersten (birst)	**barst**	ist **geborsten**	*to burst*
bewegen[1]	**bewog**	**bewogen**	*to induce*

---

[1] **Bewegen** meaning *to move* is weak.

biegen	**bog**	ist, hat **gebogen**	*to bend*
bieten	**bot**	**geboten**	*to offer*
binden	**band**	**gebunden**	*to bind*
bitten	**bat**	**gebeten**	*to request*
blasen (bläst)	**blies**	**geblasen**	*to blow*
bleiben	**blieb**	ist **geblieben**	*to remain*
braten (brät *or* bratet)	**briet**	**gebraten**	*to roast*
brechen (bricht)	**brach**	ist, hat **gebrochen**	*to break*
brennen	**brannte**	**gebrannt**	*to burn*
bringen	**brachte**	**gebracht**	*to bring*
denken	**dachte**	**gedacht**	*to think*
dingen	**dingte** *or* **dang**	**gedungen**	*to engage, hire*
dringen	**drang**	ist, hat **gedrungen**	*to press*
dünken (*impers.*) (dünkt *or* deucht)	**dünkte** *or* **deuchte**	**gedünkt** *or* **gedeucht**	*to seem*
dürfen (darf)	**durfte**	**gedurft**	*to be allowed*
einladen	**lud . . . ein** *or* **ladete . . . ein**	**eingeladen**	*to invite*
empfehlen (empfiehlt)	**empfahl**	**empfohlen**	*to recommend*
erbleichen	**erblich**	ist **erblichen**	*to grow pale*
erlöschen (erlischt)	**erlosch**	ist **erloschen**	*to go out (of light)*
erschrecken[1] (erschrickt)	**erschrak**	ist **erschrocken**	*to become frightened*
essen (ißt)	**aß**	**gegessen**	*to eat (of people)*
fahren (fährt)	**fuhr**	ist, hat **gefahren**	*to drive*

---

[1] **Erschrecken** used transitively is weak.

fallen	**fiel**	ist **gefallen**	*to fall*
(fällt)			
fangen	**fing**	**gefangen**	*to catch*
(fängt)			
fechten	**focht**	**gefochten**	*to fight*
(ficht)			
finden	**fand**	**gefunden**	*to find*
flechten	**flocht**	**geflochten**	*to braid*
(flicht)			
fliegen	**flog**	ist, hat **geflogen**	*to fly*
fliehen	**floh**	ist **geflohen**	*to flee*
fließen	**floß**	ist **geflossen**	*to flow*
fressen	**fraß**	**gefressen**	*to eat* (of
(frißt)			animals)
frieren	**fror**	**gefroren**	*to freeze*
gebären	**gebar**	**geboren**	*to bear*
(gebiert *or*			
gebärt)			
geben	**gab**	**gegeben**	*to give*
(gibt)			
gedeihen	**gedieh**	ist **gediehen**	*to thrive*
gehen	**ging**	ist **gegangen**	*to go*
gelingen	**gelang**	ist **gelungen**	*to succeed*
gelten	**galt**	**gegolten**	*to be worth*
(gilt)			
genesen	**genas**	ist **genesen**	*to recover*
genießen	**genoß**	**genossen**	*to enjoy*
geschehen	**geschah**	ist **geschehen**	*to happen*
(*impers.*)			
(geschieht)			
gewinnen	**gewann**	**gewonnen**	*to win*
gießen	**goß**	**gegossen**	*to pour*
gleichen	**glich**	**geglichen**	*to resemble*
gleiten	**glitt**	ist **geglitten**	*to glide*
glimmen	**glomm** *or*	**geglommen** *or*	*to gleam*
	glimmte	geglimmt	
graben	**grub**	**gegraben**	*to dig*
(gräbt)			
greifen	**griff**	**gegriffen**	*to seize*

haben (du hast, er hat)	**hatte**	**gehabt**	*to have*
halten (hält)	**hielt**	**gehalten**	*to hold*
hängen	**hing**	**gehangen**	*to hang* (intrans.)
heben	**hob**	**gehoben**	*to lift*
heißen	**hieß**	**geheißen**	*to be called*
helfen (hilft)	**half**	**geholfen**	*to help*
kennen	**kannte**	**gekannt**	*to know*
klimmen	**klomm**	ist **geklommen**	*to climb*
klingen	**klang**	**geklungen**	*to sound*
kneifen	**kniff**	**gekniffen**	*to pinch*
kommen	**kam**	ist **gekommen**	*to come*
können (kann)	**konnte**	**gekonnt**	*to be able*
kriechen	**kroch**	ist **gekrochen**	*to creep*
laden (lädt)	**lud**	**geladen**	*to load; invite*
lassen (läßt)	**ließ**	**gelassen**	*to let*
laufen (läuft)	**lief**	ist **gelaufen**	*to run*
leiden	**litt**	**gelitten**	*to suffer*
leihen	**lieh**	**geliehen**	*to lend*
lesen (liest)	**las**	**gelesen**	*to read*
liegen	**lag**	ist, hat **gelegen**	*to lie, recline*
lügen	**log**	**gelogen**	*to (tell a) lie*
mahlen	**mahlte**	**gemahlen**	*to grind*
meiden	**mied**	**gemieden**	*to avoid*
melken (melkt)	**molk** *or* **melkte**	**gemolken** *or* **gemelkt**	*to milk*
messen (mißt)	**maß**	**gemessen**	*to measure*
mögen (mag)	**mochte**	**gemocht**	*to like; may*

müssen	**mußte**	**gemußt**	*must*
(muß)			
nehmen	**nahm**	**genommen**	*to take*
(nimmt)			
nennen	**nannte**	**genannt**	*to name*
pfeifen	**pfiff**	**gepfiffen**	*to whistle*
preisen	**pries**	**gepriesen**	*to praise*
quellen	**quoll**	ist **gequollen**	*to gush*
(quillt)			
raten	**riet**	**geraten**	*to advise*
(rät)			
reiben	**rieb**	**gerieben**	*to rub*
reißen	**riß**	ist, hat **gerissen**	*to rip*
reiten	**ritt**	ist, hat **geritten**	*to ride*
rennen	**rannte**	ist **gerannt**	*to run*
riechen	**roch**	**gerochen**	*to smell*
ringen	**rang**	**gerungen**	*to struggle, wrestle; wring*
rinnen	**rann**	ist **geronnen**	*to run*
rufen	**rief**	**gerufen**	*to call*
salzen	**salzte**	**gesalzen**	*to salt*
saufen	**soff**	**gesoffen**	*to drink* (of animals)
(säuft)			
saugen	**sog**	**gesogen**	*to suck*
schaffen[1]	**schuf**	**geschaffen**	*to create*
scheiden	**schied**	ist, hat **geschieden**	*to separate*
scheinen	**schien**	**geschienen**	*to seem; shine*
schelten	**schalt**	**gescholten**	*to scold*
(schilt)			
schieben	**schob**	**geschoben**	*to shove*
schießen	**schoß**	**geschossen**	*to shoot*
schlafen	**schlief**	**geschlafen**	*to sleep*
(schläft)			
schlagen	**schlug**	**geschlagen**	*to strike*
(schlägt)			
schleichen	**schlich**	ist **geschlichen**	*to sneak*

---

[1] **Schaffen** meaning *to work, to be busy* is weak.

schließen	schloß	ist, hat geschlossen	to close
schlingen	schlang	geschlungen	to wind; devour
schmeißen	schmiß	geschmissen	to fling
schmelzen (schmilzt)	schmolz	ist, hat geschmolzen	to melt
schneiden	schnitt	geschnitten	to cut
schreiben	schrieb	geschrieben	to write
schreien	schrie	geschrieen	to cry
schreiten	schritt	ist geschritten	to stride
schweigen	schwieg	geschwiegen	to be silent
schwellen (schwillt)	schwoll	ist geschwollen	to swell (intrans.)
schwimmen	schwamm	ist, hat geschwommen	to swim
schwinden	schwand	ist geschwunden	to disappear
schwingen	schwang	geschwungen	to swing
schwören	schwur *or* schwor	geschworen	to swear
sehen (sieht)	sah	gesehen	to see
sein (ist)	war	ist gewesen	to be
senden	sandte	gesandt	to send
sieden	sott	gesotten	to boil
singen	sang	gesungen	to sing
sinken	sank	ist gesunken	to sink
sinnen	sann	gesonnen	to think
sitzen	saß	gesessen	to sit
sollen (soll)	sollte	gesollt	shall
speien	spie	gespieen	to spit
spinnen	spann	gesponnen	to spin
sprechen (spricht)	sprach	gesprochen	to speak
sprießen	sproß	ist gesprossen	to sprout
springen	sprang	ist gesprungen	to spring
stechen (sticht)	stach	gestochen	to prick, sting

stecken	stak *or* steckte	gesteckt	*to stick* (intrans.)
stehen	stand	gestanden	*to stand*
stehlen (stiehlt)	stahl	gestohlen	*to steal*
steigen	stieg	ist gestiegen	*to ascend*
sterben (stirbt)	starb	ist gestorben	*to die*
stieben	stob	ist, hat gestoben	*to scatter*
stinken	stank	gestunken	*to stink*
stoßen (stößt)	stieß	ist, hat gestoßen	*to push*
streichen	strich	gestrichen	*to stroke*
streiten	stritt	gestritten	*to argue*
tragen (trägt)	trug	getragen	*to carry*
treffen (trifft)	traf	getroffen	*to meet; hit*
treiben	trieb	ist, hat getrieben	*to drive*
treten (tritt)	trat	ist, hat getreten	*to step*
triefen	troff	getroffen	*to drip*
trinken	trank	getrunken	*to drink*
trügen	trog	getrogen	*to deceive*
tun (tut)	tat	getan	*to do*
verderben (verdirbt)	verdarb	ist, hat verdorben	*to spoil*
verdrießen	verdroß	verdrossen	*to annoy*
vergessen (vergißt)	vergaß	vergessen	*to forget*
verlieren	verlor	verloren	*to lose*
verlöschen (verlischt)	verlosch	ist verloschen	*to extinguish*
verschlingen	verschlang	verschlungen	*to wind; devour*
verschwinden	verschwand	ist verschwunden	*to disappear*
verzeihen	verzieh	verziehen	*to pardon*

wachsen (wächst)	wuchs	ist gewachsen	*to grow*
wägen	wog	gewogen	*to weigh* (fig.)
waschen (wäscht)	wusch	gewaschen	*to wash*
weichen	wich	ist gewichen	*to yield*
weisen	wies	gewiesen	*to show*
wenden	wandte *or* wendete	gewandt *or* gewendet	*to turn*
werben (wirbt)	warb	geworben	*to apply* (*for*)
werden (wird)	wurde	ist geworden	*to become*
werfen (wirft)	warf	geworfen	*to throw*
wiegen	wog	gewogen	*to weigh* (lit.)
winden	wand	gewunden	*to wind*
wissen (weiß)	wußte	gewußt	*to know*
wollen (will)	wollte	gewollt	*will*
wringen	wrang	gewrungen	*to wring*
zeihen	zieh	geziehen	*to accuse*
ziehen	zog	ist, hat gezogen	*to pull, move*
zwingen	zwang	gezwungen	*to force*

Vocabulary

ab·bezahlen to pay off
die **Abbildung, -en** illustration
der **Abend, -e** evening
das **Abendbrot** supper
das **Abendessen, —** dinner, supper
abends in the evening
aber but
abermals again, once more
abgearbeitet worn out by work
die **Abgefeimtheit** cunning
abgelegen remote
abgeseilt roped off

· separable prefix
* strong verb
(s) verb with auxiliary **sein**

abhanden *kommen (s) to get lost
ab·holen to pick up
der **Ablauf, ⸗e** lapse, expiration
ab·lehnen to refuse, decline
* **ab·nehmen** to take off
die **Abneigung, -en** antipathy, dislike
ab·nutzen to wear out by use
die **Abrechnung, -en** settlement of accounts
der **Absatz, ⸗e** paragraph
der **Abscheu** disgust, abhorrence, aversion
* **ab·schlagen** to knock off
* **ab·schließen** to break off; lock, close
* **ab·schneiden** to cut off

der **Abschnitt, -e** period (of
time); excerpt
absichtlich purposeful(ly)
ab·spülen to rinse off
der **Abstecher, —** digression
abstehende Ohren pro-
truding ears
die **Abteilung, -en** department
ab·trennen to separate, cut
off
ab·tropfen to drip off
ab und zu now and then
die **Abwechslung, -en**
change
* **ab·weisen** to refuse
sich * **ab·wenden** to turn away
(from something)
abwesend absent, vacant
ab·wischen to wipe (off)
die **Achseln zucken** to shrug
one's shoulders
acht (die Achter) eight
(the eights)
der **Acker, ⸚** field, land
die **Agenda, die Agenden**
agenda, memorandum
book
ähneln to resemble
ahnen to suspect, have a
presentiment
ähnlich (+ *dat.*) similar (to)
die **Ähnlichkeit, -en** similarity
der **Akkord, -e** chord
alarmiert alarmed
alleinstehend single, alone
allerdings to be sure
allerhand all manner of
allerlei all sorts of
alles everything
allgemein general(ly)
allmählich gradual(ly)
der **Alltag** normalcy, everyday
life
als as, when; than
als ob as if
alt (älter, ältest) old

das **Alter** age
Amerika America
die **Amme, -n** nursemaid
sich **amüsieren** to enjoy or
amuse oneself
der **Anblick** sight (*e.g.*, the
sight of her face)
* **an·bringen** to add on, put in
an·brüllen to roar at
ander- other
an·deuten to indicate,
suggest
der **Anfall, ⸚e** attack, spell, fit
der **Anfang, ⸚e** beginning
von Anfang an from the
beginning
* **an·fangen** to begin
an·fertigen to prepare
die **Anfrage, -n** inquiry
das **Angebot, -e** offer (of a job)
angefüllt filled
* **an·gehen** (s) to go on
(*e.g.*, lights) ₒ
an·gehören (+ *dat.*) to
belong to
angelangt (s) having
reached, arrived at
angelehnt ajar
der **Angestellte, -n** (*adj. noun*)
employee
die **Angst, ⸚e** fear, anxiety
ängstlich anxious(ly)
die **Angstperle, -n** pearl of
sweat (caused by fear)
* **an·halten** to hold (*e.g.*,
one's breath)
anhaltend persisting,
continuing
an·lächeln to smile at
(einen) an·lachen to
laugh (while looking at
someone; *not:* to laugh at
someone in the pejorative
sense)
der **Anlaß, ⸚sse** occasion
an·merken to notice,
observe

* **an·nehmen** to accept, take, assume
die **Anordnung, -en** arrangement
an·reden to address, speak to
an·rühren to touch
an·schauen to look at
anscheinend apparently
* **an·schlagen** to strike
* **an·schreiben** to give credit
an·schwindeln to swindle
* **an·sehen** to look at
die **Ansichtskarte, -n** picture postcard
an·spannen to hitch up (horses)
die **Ansprache, -n** address, speech
der **Anspruch, ⸚e** claim
die **Anstalt, -en** institution
anständig decent
die **Anständigkeit, -en** decency
anstandslos unhesitating(ly)
an·stellen to conduct
an·stöhnen to groan at
die **Anstrengung, -en** effort
antik classical (*referring to classical antiquity*)
die **Antwort, -en** answer
antworten (+*dat.*) to answer (*with people*)
antworten auf (+*acc.*) to answer (*with things*)
an·vertrauen to entrust
das **Anwesen, —** estate, property, premises, house
anwesend present
das **Anzeichen, —** sign, indication
an·zeigen to advertise
* **an·ziehen** to put on
an·zünden to ignite
die **Apotheke, -n** drugstore

der **Apotheker, —** pharmacist, druggist
das **Aquarium, die Aquarien** aquarium
die **Arbeit, -en** work
arbeiten to work
der **Ärger** annoyance, vexation
ärgerlich vexed, angry, annoyed
ärgern to annoy, irritate
der **Arm, -e** arm
die **Armenküche, -n** soup kitchen (welfare kitchen)
der **Artikel, —** article
der **Arzt, ⸚e** doctor
das **As, -se** ace (*in cards*)
das **Asthma** asthma
der **Atem** breath
atemlos breathless
die **Atemnot** difficulty in breathing
der **Atemzug, ⸚e** moment
atmen to breathe
die **Atmosphäre** atmosphere
auch also, too
auch wenn even if
auf on, onto
auf·bewahren to store, keep
auf·blicken to look up
* **auf·bringen** to annoy, irritate
auf·bügeln to press off
auf einmal all at once
der **Aufenthalt, -e** stay
* **auf·essen** to eat up
* **auf·fallen** (s) to attract attention, strike, register
* **auf·fangen** to catch while in motion, snatch up
auf·fordern to call up, ask (someone to do something)
die **Aufführung, -en** performance
aufgegriffen apprehended, stopped

aufgekratzt wound up, excited

aufgeregt excited(ly)

* **auf·halten** to delay, hold up

auf·hetzen to stir up, incite

auf·hören to stop, cease

auf·klinken to unlatch

auf·machen to open

die **Aufmachung, -en** staging, get-up

* **auf·nehmen** to take in, take up

auf·patschen to clap; slap

* **aufrecht·erhalten** to keep up, maintain

die **Aufregung, -en** excitement, agitation

sich **auf·richten** to straighten up, stand up, sit up straight

* **auf·rufen** to call up, call forward

* **auf·schlagen** to open

auf·schrauben to unscrew

* **auf·schreien** to scream out

die **Aufschrift, -en** title

* **auf·sehen** to look up

das **Aufsehen** sensation

auf·setzen to put on (a hat)

* **auf·springen** (s) to jump up

* **auf·stehen** (s) to get up, stand up

auf·suchen to look up, search out

auf·tauen to thaw out

der **Auftritt, -e** appearance, performance

auf·wachen (s) to wake up

der **Aufwand, ⁒e** (an + *dat.*) display, show (of)

auf·zehren to devour

das **Auge, -n** eye

äugen to eye

der **Augenblick, -e** moment

das **Augenlicht** *poet.:* sight

der **Augenzeuge, -n** eyewitness

die **Augsburgerin, -nen** Augsburg woman

* **aus·brechen** to break out

die **Ausdrucksweise, -n** method of expression

* **auseinander·nehmen** to take apart

ausersehen selected

der **Ausflugsort, -e** place for an outing

ausführlich detailed

* **aus·geben** to spend (money)

ausgeglichen even (-tempered)

ausgelastet loaded up; utilized

ausgemalt painted

ausgemergelt emaciated

ausgerechnet exactly

ausgesprochen avowed, really, decidedly

ausgestattet equipped

* **aus·halten** to stand (something), put up with

aus·handeln to transact; conclude a business deal

aus·kosten to taste to the full

die **Auslage, -n** display

aus·lösen to elicit, inspire, result in

aus·machen to arrange, agree; turn off

die **Ausnahme, -n** exception

aus·packen to unpack, unwrap

aus·rechnen to figure out, calculate

aus·reden to talk out of

ausreichend sufficient

aus·renken to dislocate, crane (one's neck)

aus·richten to achieve

(einem) aus·richten to deliver a message (to someone)

das Ausrufezeichen, — (or Ausrufungszeichen) exclamation point

sich aus·ruhen to rest

sich aus·rüsten to equip oneself

die Aussage, -n testimony

aus·sagen to testify

* aus·sehen to look, appear

außer (*dat. prep.*) besides

außerdem besides, in addition

äußerlich outward(ly)

äußern to express, say

außerstande unable, incapable

zum Äußersten *greifen to take most extreme measures

die Äußerung, -en remark

aus·spannen to unhitch (horses)

sich aus·spannen to relax

aus·spielen to play a card

* aus·sprechen to pronounce

* aus·stoßen to thrust out, knock out; emit, utter (a cry or scream)

aus·strecken to stretch out

aus·suchen to choose, select

die Auszeichnung, -en honor, distinction

etwas auszusetzen haben to have a quarrel with, find fault with

die Autorität, -en authority

Avignon *city in southern France*

die Backe, -n cheek

der Bademantel, ⸚ bathrobe

badisch *referring to Baden, Germany*

bald darauf shortly thereafter

der Band, ⸚e volume (of a book)

bangen um (+*acc.*) to worry about

die Bank, ⸚e bench

der Bankert, -e bastard

barfuß barefoot

die Barsängerin, -nen café singer, nightclub singer

der Bart, ⸚e beard

die Barthaare (*pl.*) whiskers

bärtig bearded

das Bassin, -s basin, pond

bauen to build

der Bauernhof, ⸚e farm

die Bauersleute farmers

der Bauingenieur, -e civil engineer

der Baumstumpf, ⸚e tree stump

Bayern Bavaria

beachten to pay attention to

bebend quaking, trembling

bedächtig slow(ly), deliberate(ly)

sich bedanken to express one's thanks

bedauern to pity

bedecken to cover

* bedenken to think about, consider

bedeuten to mean

bedienen to serve; operate (a machine)

bedrängen to crowd, press, harass

die Beerdigung, -en funeral

das Beerdigungsinstitut, -e funeral home

das Beereneinkochen putting up preserves

* befehlen to order, command

sich * befinden to be, find oneself

befragen to ask, question, interrogate

befremden to appear strange to, astonish, surprise

die **Befriedigung, -en** satisfaction, gratification

sich **begegnen** to meet each other

die **Begeisterung** enthusiasm

der **Beginn** beginning

zu Beginn at the beginning

* **beginnen** to begin

begleiten to accompany

sich **begnügen mit** to content oneself with, be satisfied with

das **Begräbnis, -se** funeral

der **Begriff, -e** concept

im Begriff etwas zu tun (to be) just about to do something

die **Begründung, -en** reason

begrüßen to greet

die **Begrüßung, -en** greeting

begütigend soothing(ly); conciliatory

* **behalten** to keep, retain

beharren to persist

beharrlich persistent(ly), repeated(ly)

behaupten to maintain, assert

die **Behörden** (*pl.*) the authorities

bei by, with, near, at someone's house

beide both

beiläufig casually, in passing

das **Bein, -e** leg; bone

beinahe almost

* **bei·stehen** (+*dat.*) to stand by, support

bei·wohnen (+*dat.*) to attend, be present at

beizeiten in time

der **Bekannte, -en** (*adj. noun*) acquaintance

* **bekommen** to get, receive

bekümmert troubled

* **beladen** to load

belanglos inconsequential, pointless

beliebig any old, any(one) at all

bellen to bark

sich **bemächtigen** (+*gen.*) to seize

sich **bemühen** to try, attempt

sich * **benehmen** to behave

beneiden to envy

benutzen to use

beobachten to observe

die **Beratung, -en** counseling

einem etwas berechnen to charge a person for something

bereden to discuss

bereits already

der **Bericht, -e** report

berichten über (+*acc.*) to report about

der **Beruf, -e** profession

beruflich professional

berufsmäßig professional

berühmt famous

berühren to touch

der **Bescheid** news, information; reply

bescheiden modest

* **beschließen** to decide

beschwerlich difficult, cumbersome

* **besingen** to sing about (someone or something)

sich * **besinnen auf** (+*acc.*) to recall, recollect

* **besitzen** to possess

besonder- special

besonders especially

besorgen to take care of, look after (*only with things*) die **Besserung, -en** improvement

bestätigen to confirm, prove

* **bestechen** bribe

das **Besteck, -e** silver (*i.e.*, silverware)

* **bestehen** (*trans.*) to pass (a test)

* **bestehen aus** to consist of

* **bestehen in** (+*dat.*) to consist in

bestellen to order (something)

bestimmt definite, definitely

bestimmt für meant for, intended for

die **Bestimmtheit** certainty

der **Besuch, -e** visit

betäubt stunned

der **Beteiligte, -n** (*adj. noun*) person taking part (in something)

betonen to stress

die **Betonung** stress, emphasis

betrachten to observe, look at, consider

sich * **betragen** to behave, conduct oneself

* **betreten** to walk (into or onto)

betreten (*adj.*) crestfallen

betreuen to take care of, look after (*with people and things*)

das **Bett, -en** bed

sich **beugen über** (+*acc.*) to bend over

beunruhigt disturbed, worried

bevor before

bewährt proven, time-tested

sich **bewegen** to move

die **Bewegung, -en** movement

* **beweisen** to prove

bewundern to admire

das **Bewußtsein** consciousness

bezahlen to pay

* **biegen** (s) to turn (into a street); bend

das **Bier, -e** beer

* **bieten** to offer

das **Bild, -er** picture

billig cheap

* **binden** to bind, tie

der **Biologe, -n** biologist

bis until

bisher previously, up to now

bissig biting

die **Bitte, -n** request

blank shiny

blasiert dull; blasé

blaß pale

das **Blatt, ⸚er** sheet (of paper)

blättern to turn pages, leaf (through)

blau blue

das **Blech** tin

die **Blechmusik** brass (band) music

* **bleiben** (s) to stay, remain

der **Bleistift, -e** pencil

der **Blick, -e** glance, gaze

blicken to look, glance

der **Block, ⸚e** pad (of paper)

die **Blockflöte, -n** recorder

das **Blockflötenspiel** playing the recorder

der **Blockflötenunterricht** recorder lessons

bloß mere(ly), bare

der **Blumenstrauß, ⸚e** bouquet

die **Blumenvase, -n** flower vase

das **Blut** blood

der **Boden, ⸚** floor

die **Bombe, -n** bomb

böse angry, mad

einem (*dat.*) **böse sein** to
be mad at someone
die **Botschaft, -en** message
brabbeln to babble
* **brach·liegen** to lie fallow
brauchen to need; use
* **brechen** to break
die **Bregg** break (a high-
wheeled carriage)
breit wide, broad
* **brennen** to burn
der **Brief, -e** letter
der **Briefwechsel, —** correspondence
* **bringen** to bring, take
das **Brot, -e** bread
die **Brotkrümel** bread crumbs
der **Brotteller, —** bread plate
brüllen to howl
brummen to growl,
grumble
das **Buch, ⁼er** book
der **Buchdrucker, —** printer
das **Bücherregal, -e** bookcase
der **Buchkauf** purchase of a
book
der **Buchladen, ⁼** bookstore
sich **bücken** to bend over, stoop
das **Bündel, —** bundle
bürgerlich bourgeois
der **Bursche, -n** guy, fellow
die **Butter** butter
das **Butterbrot, -e** bread and
butter

der **Choleriker, —** choleric;
fig.: a violent person

da there
dabei sein to be doing
something
der **Dachfirst, -e** ridgepole
die **Dachrinne, -n** gutter (of a
roof)
dafür for it; on the other
hand
dagegen against it

* **da·liegen** to lie there
damals formerly, pre-
viously, back then
der **Damasteinband, ⁼e**
damask binding
damit with that; so that
der **Dampf, ⁼e** steam
der **Dampfer, —** steamship
dann then
daran by that, from that; of it
daraufhin after that,
thereupon
darin in it
darüber above it, over it
darum for that reason
das **Dasein** existence
daß (*conj.*) that
die **Dauer** length, duration
auf die Dauer in the long
run
dauern to last
das **Deckbett, -en** quilt
die **Decke, -n** ceiling; blanket;
tablecloth
der **Deckel, —** cover
* **denken (an**+*acc.*) to think
(of)
denkwürdig notable,
memorable
denn (*conj.*) because, for,
since
derb severe; blunt; crude
derselbe the same
desgleichen the same
deuten auf (+*acc.*) to
point to, indicate
Deutschland Germany
dick fat, thick
die **Diebin, -nen** thief
(*female*)
die **Diele, -n** hall
der **Dienst, -e** service
der **Dienstag, -e** Tuesday
der **Dienstagmorgen, —**
Tuesday morning
das **Dienstmädchen, —** maid
dies- this

diesmal this time
das **Ding, -e** thing
dirigieren to conduct, direct
doch nonetheless
der **Donnerstag, -e** Thursday
das **Dorf, ⸚er** village
dort there
dösen to doze
der **Drang, ⸚e** urge, impulse
drängen to press
draußen outside
dreckig filthy, dirty
drehen to turn
drein·schauen to look
drin in it
* **dringen** to penetrate
dringend urgent
dröhnen to boom, resound
der **Druck** pressure
drucken to print
sich **drücken** to make oneself scarce
drunten down below, downstairs
dumm stupid
dunkel dark
das **Dunkel** darkness
dünn thin
dunsten to sweat; steam
durch through, by means of
durch·blicken to see through (*i.e.,* understand)
* **durch·gehen** (s) to go through, pass
* **durchschreiten** to walk (through)
durch·setzen to push through
die **Durchsuchung, -en** search
* **dürfen** may, to be permitted to
das **Dutzend, -e** dozen

eben flat, level; just
ebenfalls likewise

echoen to echo
echt genuine
die **Ecke, -n** corner
die **Ehe, -n** marriage
ehelichen to marry
ehemalig former
der **Ehemann, ⸚er** married man
das **Ei, -er** egg
eichen oaken
das **Eidechsenauge, -n** lizard's eye
der **Eierkuchen, —** pancake
die **Eierspeise, -n** *type of scrambled eggs*
eifrig busy; zealous
eigen own
das **Eigenheim, -e** one's own house
eigentlich actual(!y)
das **Eigentum, ⸚er** possession
sich **eignen für** to be suited for
die **Eignungsprüfung, -en** aptitude test
eilig quickly, hurriedly
* **ein·biegen** (s) to turn into (a street)
sich (**etwas**) **ein·bilden** to imagine (something)
die **Einbildung, -en** figment, fantasy
* **ein·bringen** to bring in, earn
ein·büßen to lose
der **Eindruck, ⸚e** impression
einer one (of them)
einfach simple; simply
* **ein·fallen** (s) to remember, occur to
ein·färben to dye
der **Eingang, ⸚e** entrance
* **ein·gehen** (s) **auf** (+*acc.*) to enter into, agree to
eingekleidet dressed
eingewickelt wrapped up
sich **ein·gewöhnen** to get used to things
* **ein·gießen** to pour, pour in

ein·heiraten to marry into
einig- some
* **ein·laden** to invite
der **Einlaß, ⸗sse** admittance
sich * **ein·lassen auf** (+*acc.*) to get involved in
einmal once
* **ein·nehmen gegen** (+*acc.*) to prejudice against
ein·packen to pack, wrap up
ein·richten to set up
der **Einrichtungsfanatiker, —** interior decorating "nut"
einsam alone, lonely
* **ein·schlafen** (s) to fall asleep
einsilbig in monosyllables
* **ein·stecken** to put in; take along
der **Eintrag, ⸗e** to enter (*e.g.*, information)
* **ein·treten** (s) to enter
der **Eintritt, -e** admittance, entry
einzeln single
einzig single; solely
die **Eisenbahn, -en** railroad, train
elegant elegant
elend miserable
die **Eltern** parents
* **empfangen** to receive
* **empfehlen** to recommend
* **empfinden** to feel
das **Empfinden** sensation, feeling
empfindlich noticeably, uncomfortably
empört indignant
* **empor·wenden** to turn upward
das **Ende, -n** end
endigen to end, conclude
die **Energie** energy
eng narrow, close, small
englisch English

das **Enkelkind, -er** grandchild
enteilen (s) to hurry off
sich **entfernen** to move away, withdraw
entfernt von away from
entgegen·starren to stare at
das **Entgelt** recompense, payment
sich * **enthalten** to resist
entlang along
* **entnehmen** to take it, deduce
* **entreißen** to take or tear something (from a person), snatch away
sich * **entschließen** to decide
entschlossen determined, with decision
der **Entschluß, ⸗sse** decision
sich **entschuldigen** to excuse oneself, take one's leave
die **Entschuldigung, -en** excuse
"**Entschuldigung.**"
"Excuse me."
das **Entsetzen** horror
entsetzt horrified, aghast
enttäuschen to disappoint
entwaffnend disarming
entzücken to charm, delight, enchant
erbarmenswürdig pitiable
* **erbleichen** to turn pale
erblicken to see, catch sight of
das **Erdenleben** "earthly life"
das **Erdgeschoß, -e** ground floor, first floor
sich **ereifern** (über+*acc.*) to get excited or riled up about (something)
* **erfahren** (über+*acc.*) to learn (about), find out (about); experience
die **Erfahrung, -en** experience
erfrischen to refresh

* **ergeben** to yield, produce
ergebenst very sincerely
sich * **ergehen** to stroll, take a walk
* **ergreifen** to seize, grab
ergriffen seized
* **erhalten** to gain, acquire, receive, get
erhältlich available
sich * **erheben** to rise, get up
erhebend uplifting
erheblich considerable
erheitern to amuse, cheer up
erhellen to illuminate
sich **erholen** to recover
sich **erinnern** (an+*acc.*) to remember
sich **erkälten** to catch cold
* **erkennen** (an+*dat.*) to recognize (by)
erklären to explain
* **erklingen** to sound, resound
erkranken to get sick
sich **erkundigen nach** (+*dat.*) to inquire about
erlauben to permit
die **Erlaubnis** permission
erleben to experience
* **erlöschen** (s) to die out, fade
erlösen to release, set free
ermüden to tire
ernähren to feed
ernstlich seriously
die **Ernte, -n** harvest
ernten to harvest
eröffnen to open
erpressen to extort
erproben to test
erregen to arouse
die **Erregung, -en** excitement, great emotion
* **erscheinen** to appear
die **Erscheinung, -en** appearance

* **erschlagen** to kill, slay; level (*slang*)
erschöpfen to exhaust
erschreckt startled
erschrocken horrified
erst first, only
erstarren to grow rigid, stiffen
erstaunt surprised, astonished
erstens first, first of all
erteilen to give (*e.g.*, lessons)
* **ertragen** to bear, stand, endure
erwacht awake
erwähnen to mention
erwarten to expect, await
die **Erwartung, -en** expectation, anticipation
sich **erwehren** (+*gen.*) to resist, stave off
* **erweisen** to show to; do (*e.g.*, a service)
* **erwerben** to earn, garner
erwischen to catch
erzählen to tell, relate, narrate
* **erziehen** to educate, raise
der **Erzieher, —** teacher, educator
die **Erziehung, -en** education
das **Erztor, -e** bronze door
eßbar edible
Eßbares (*adj. noun*) things to eat
* **essen** to eat (*of people*)
das **Essen, —** meal, food
etlich- several
etwa approximately, about; perhaps
etwas something
die **Existenz, -en** existence; people (*neg.*)

die **Fabrik, -en** factory

das **Fach,** ⸚**er** shelf, compartment
* **fahren** (s) to drive; travel
der **Fahrzeug, -e** cart or carriage
der **Fall,** ⸚**e** case, incident
* **fallen** to fall
(einem) **leicht** *fallen to be easy (for a person)
fallen *lassen to drop; let drop
die **Falte, -n** wrinkle, fold
die **Familie, -n** family
das **Familienleben** family life
die **Farbe, -n** color, dye
der **Färber,** — dyer
fassen to grasp
fast almost
faul lazy
die **Faust,** ⸚**e** fist
federleicht light as a feather
fehl am Platze *sein to be out of place
fehlen to be lacking or missing
der **Fehler,** — error, mistake
die **Feier, -n** celebration
nach Feierabend after work, after hours
feiern to celebrate
feingekleidet well-dressed
feixen to snort, suppress a laugh
das **Feld, -er** field
der **Feldherr, -n, -en** commander, general
das **Fenster,** — window
die **Ferien** (*pl.*) vacation
fest firm
festigen to secure, make firm
festlich festive
* **fest·stehen** to be a fact, be certain
fest·stellen to ascertain

der **Festtag, -e** festival day
fettig fatty
das **Fieber,** — fever
* **finden** to find
der **Finger,** — finger
die **Fingerspitze, -n** fingertip
fischig fishy
flach shallow
die **Flasche, -n** bottle
der **Fleck, -en, -en** spot
der **Fleischberg** mountain of flesh
fleischig fleshy, fat
der **Flickschuster,** — shoe repairman, shoemaker
* **fliegen** (s) fly
* **fliehen** (s) to flee
die **Fliese, -n** tile
der **Floh,** ⸚**e** flea
die **Flucht, -en** escape
flüchtig cursory, fast, fleeting
der **Fluchtversuch, -e** attempt to flee
die **Folge, -n** consequence
die **Forderung, -en** demand
das **Fort, -s** small fort
* **fort-fahren** (s) to continue
der **Frachter,** — freighter
der **Fragebogen,** — questionnaire
fragen (nach + *dat.*) to ask (about)
die **Fragerei** questioning (*neg.*), nagging
Frankreich France
französisch French
die **Frau, -en** woman; Mrs.
frei free
die **Freiheit, -en** freedom
freilich to be sure, indeed
der **Freitag, -e** Friday
fremd foreign, strange
die **Fremdenlegion** Foreign Legion
* **fressen** to eat (*of animals*); (*vulgar: of people*)

die **Freude, -n** joy
freudig cheerful(ly), joyful(ly)
sich **freuen auf** (+*acc.*) to look forward to
sich **freuen über** (+*acc.*) to be happy about
freundlich friendly
der **Friede, -ns, -n** peace
das **Friedhofscafé** cemetery café
frisch fresh
frischgebacken freshly baked, brand new
die **Frist, -en** period of time
fröhlich merry, joyous
die **Fröhlichkeit** merriment
die **Frucht, ⁼e** fruit
früh early
der **Frühjahrsmantel, ⁼** spring coat
das **Frühstück, -e** breakfast
fühlen to feel
führen to lead
das **Fuhrwerk, -e** cart
füllen to fill
fünf five
funktionieren to function, work
für for
die **Furcht** fear
furchtbar frightful(ly)
fürchten to be afraid of
sich **fürchten** (**vor**+*dat.*) to be afraid (of)
der **Fuß, ⁼e** foot
der **Fußboden, ⁼** floor
die **Fußspitze, -n** tiptoe
der **Fußweg, -e** path

gähnen to yawn
der **Gang, ⁼e** hall, corridor; gait (*how one walks*)
ihr erster Gang the first place she went
die **Gänsehaut** gooseflesh
ganz complete(ly); very

die **Garderobe, -n** dress, outfit, wardrobe; cloak-room, closet
die **Gartenpforte, -n** garden gate
das **Gartentor, -e** garden gate
das **Gäßchen, —** little street
die **Gasse, -n** street
der **Gast, ⁼e** guest
der **Gasthof, ⁼e** inn
der **Gastwirt, -e** innkeeper
die **Gastwirtschaft, -en** inn, restaurant
die **Gattin, -nen** wife
das **Gebäude, —** building
das **Gebell** barking
geboren born; borne
der **Gebrauch, ⁼e** custom; use
gebrauchen to need; use
gebührend duly, properly
der **Geburtsort, -e** place of birth
der **Geburtstag, -e** birthday
die **Geburtstagstorte, -n** birthday cake
der **Gedanke, -n** thought
die **Gedankenfreiheit** free-dom of thought
sich **Gedanken machen** (**über**+*acc.*) to think or worry (about)
* **gedeihen** (s) to thrive, get on well
* **gedenken** to have in mind, intend
die **Gefahr, -en** danger
gefährlich dangerous
(**einem**) *gefallen** to please (someone)
das **Gefäß, -e** container
das **Gefüge, —** texture, make-up
gefürchtet feared
gegen against; along toward
gegenseitig mutual(ly), to each other

das **Gegenteil, -e** the opposite
gegenüber across from, vis à vis
das **Gehalt, ⸗er** salary
* **gehen** (s) to go
* **gehen um** (+*acc.*) to be a matter of
der **Gehilfe, -n** apprentice
das **Gehölz, -e** wood, copse
gehorchen (+*dat.*) to obey
gehören (+*dat.*) to belong
geizig stingy
gekachelt tiled
das **Geknurre** growling
gekränkt insulted
gekrempelt rolled up
gelähmt paralyzed
das **Gelände, —** region; countryside
gelangen (s) to reach, arrive at
gelassen calm, composed
gelb yellow
gelbhäutig yellow-skinned
das **Geld, -er** money; coin
geldlich monetary
die **Gelehrsamkeit** learned-ness, erudition
* **gelten** to be considered
gelüftet aired
gelungen successful
gemäß in keeping with
genau exact; closely
genehmigen to approve, sanction
das **Genick, -e** neck
genug (+*gen.*) enough (of)
genügen to suffice
genügend sufficiently
die **Gepflogenheit, -en** habit
das **Geplärr** bawling, blubbering
gerade exactly, just
geradezu downright
* **geraten** to get into (a situation or a mood)
das **Geräusch, -e** sound, noise

die **Gerberei, -en** tannery
das **Gerede** talk, rumor, gossip
ins Gerede *kommen to be talked or gossiped about
das **Gericht, -e** court (of law)
gerichtet an addressed to
der **Gerichtsdiener, —** bailiff
der **Gerichtshof, ⸗e** court (of justice)
das **Gerücht, -e** rumor
das **Geschäft, -e** store, business; business transaction
geschäftig busily
der **Geschäftsmann,** die **Geschäftsleute** businessman
die **Geschäftsreise, -n** business trip
* **geschehen** (s) to happen
die **Geschichte, -n** story; history
geschmackvoll tasteful
das **Geschwätz** idle chatter
die **Geschwindigkeit, -en** speed, velocity
die **Geschwister** (*pl.*) brother(s) and sister(s)
(einem) Gesellschaft leisten to keep (some-one) company
das **Gesetz, -e** law
gesetzlich legal
das **Gesicht, -er** face
das **Gesinde, —** help, servants, hired hands
das **Gespräch, -e** conversation
ins Gespräch *kommen to get into a conversation
die **Gestalt, -en** form, figure
(sich) **gestatten** to permit (oneself)
gestern yesterday
gestört disturbed
gesund healthy
gesunden to get well
die **Gesundheit** health

getönt toned, colored

das **Getränk, -e** drink

getreu faithful

das **Getümmel, —** turmoil

gewähren to grant, permit

gewähren *lassen to indulge something

gewellt waved

* gewinnen to win

gewiß certain(ly), surely

das **Gewissen** conscience

gewissenhaft conscientious

sich **gewöhnen an** (+*acc.*) to get used to

gewöhnlich usual(ly); common(ly)

gewohnt used (to), accustomed (to)

gewünscht desired

giftig poisonous

girren to coo

Gis G-sharp

der **Glanz** gleam, radiance

glänzen to glisten, shine

das **Glas, ˸er** glass

glasig glassy

die **Glasscheibe, -n** pane of glass

der **Glasziegel, —** glass brick

der **Glaube, -ns, -n** belief, faith

gleich immediately, right away

gleichgültig indifferent, of no importance

die **Gleichheit** sameness, identity

gleichmäßig even

die **Gleichung, -en** equation

gleichwohl anyway, nevertheless

gleichzeitig at the same time

das **Glockenläuten** ringing of bells

glücklich happy; fortunate

der **Glücksumstand, ˸e** fortunate circumstance

glühen to glow

golden golden

der **Goldfisch, -e** goldfish

der **Goldfischteich, -e** goldfish pond

der **Goldschnitt, -e** gilt edge

der **Gottesacker, ˸** cemetery

Gott sei Dank! Thank God!

das **Grab, ˸er** grave

der **Grad, -e** degree

das **Gramm, -e** gram

das **Gratisbier, -e** free glass of beer

grau gray

* greifen (nach+*dat.*) to reach (for), grasp (for)

die **Greisin, -nen** old woman

grenzenlos boundless

das **Grinsen** grinning

grob coarse, crude

die **Grobheit, -en** coarseness, rudeness

großartig great, wonderful

die **Größe, -n** size

der **Größenunterschied, -e** difference in size

die **Großmutter, ˸** grandmother

die **Großstadt, ˸e** large city

der **Großvater, ˸** grandfather

* groß·ziehen to raise, bring up

großzügig generous, magnanimous

die **Grube, -n** pit

das **Grün** green

der **Grund, ˸e** ground; basis, reason, cause

im Grunde at base

der **Grundgedanke, -n** basic idea

der **Grundsatz, ˸e** principle

das **Grundstück, -e** property, piece of land

der **Gruß, ⸗e** greeting
grüßen to greet
gucken to look, peer
der **Gurt, -e** belt
der **Gürtel, —** belt
gut good; well
die **Güte** goodness, kindness
gut gekleidet well-dressed
gutmütig good-natured

das **Haar, -e** hair
hacken to cut, chop
hager thin, slender, haggard
der **Haken, —** hook
halb half
der **Halbwüchsige, -n** (or der **Halbstarke**) (*adj. nouns*) teen-ager
die **Halluzination, -en** hallucination
der **Hals, ⸗e** neck
das **Hälschen, —** (little) neck
die **Halsseite, -n** side of the neck
* **halten** to hold; keep
* **halten für** (+*acc.*) to consider to be
* **halten von** (+*dat.*) to think of (*opinion or preference*)
halt so just that way
halt so wie just like
die **Haltung, -en** attitude
hämisch sneering, sardonic
die **Hand, ⸗e** hand
die **Handbewegung, -en** motion of the hand, gesture
handeln to act, do something
sich **handeln um** to concern, be a matter of
handeln von to deal with
handfest sturdy
der **Händler, —** dealer, person who sells something

die **Handlung, -en** act, action
handlungsschwanger pregnant with action
handlungsstark action-filled
der **Handwerksbursche, -n** workman
hantieren to work, putter around; be busy with, occupy oneself with
hart hard; difficult
hartnäckig stubborn(ly)
hassen to hate
hastig hasty; hastily
häufig frequent(ly)
die **Hauptsache, -n** the main thing
die **Hauptstraße, -n** main street
das **Haus, ⸗er** house
die **Hausarbeit, -en** homework; housework
der **Haushalt** household
der **Hausierer, —** peddler
der **Häusler, —** cottager
die **Häuslerhütte, -n** cottager's hut
häuslich domestic
die **Haut, ⸗e** skin
* **heben** to lift
das **Heft, -e** notebook
heftig violent(ly)
das **Heim, -e** home
die **Heimat, -en** home, native country
der **Heimatlose, -en** (*adj. noun*) homeless person
* **heim·finden** to find one's way home
die **Heimkehr** homecoming, coming or returning home
heimlich secretly
die **Heimlichkeit, -en** secrecy
der **Heimweg, -e** way home
das **Heimweh** homesickness, nostalgia
heiß hot

* **heißen** to be called; be said; mean
hell light, bright
hellgrau light gray
hellgrün light green
das **Hemd, -en** shirt
der **Hemdärmel, —** shirt sleeve
* **heran·wachsen** to grow up
die **Herausforderung, -en** challenge, provocation
heraus·klettern (s) to scramble out, climb out
* **heraus·nehmen** to take out, remove
heraus·rechnen to figure out, calculate
falsch heraus·rechnen to miscalculate
heraus·rutschen (s) to slip out of
heraus·stecken to stick out
sich **heraus·stellen als** to turn out to be
* **heraus·ziehen** to pull out
der **Herbst, -e** fall
* **herein·treten** (s) to walk in
* **her·geben** to give; yield
* **her·kommen** (s) to come from
der **Herr, -n, -en** gentleman; Mr.
die **Herrlichkeit, -en** splendor
herrschen to rule, prevail
herum·blättern to skim, thumb through (a book)
(viel) *herum·kommen (s) to get around (a lot)
* **herum·sitzen** to sit around
herum·stochern to poke around
herum·tollen (s) to scamper about
sich * **herum·treiben** to knock around, gallivant

* **herunter·fallen** (s) to fall down
herunter·krempeln to roll down
herunter·machen to roll down, let down
* **hervor·kommen** (s) to come forth
hervor·quetschen to force out, squeeze out
das **Herz, -ens, -en** heart
herzlichst best regards
heulen to howl
heute today
hier here
hiermit enclosed (in a letter)
hierzulande in these parts
die **Hilfe, -n** help
einem zu Hilfe *kommen to come to one's aid
hilflos helpless
der **Himbeerstrauch, ⸚er** raspberry bush
hinab·schicken to send down
* **hinab·steigen** (s) to descend
* **hinaus·werfen** to throw out
das **Hindernis, -se** obstacle
hin·deuten auf (+*acc.*) to refer to, allude to
hinein·klemmen to jam in
hinein·schauen to look in
hingebungsvoll devoted
hingegen on the other hand
* **hin·gehen** (s) to go there
hin·legen to set down, put down
* **hin·nehmen** to accept
* **hin·schieben** to push over to
hinter behind
hintereinander one after the other
der **Hinterhalt, -e** ambush

(einem etwas) *hinter-
lassen to leave, leave
behind; bequeath
der Hintern backside (*slang*)
die Hintertür, -en back door
hin und wieder now and
again
sich hinunter·neigen to bend
down
* hin·weisen auf (+*acc.*) to
point out (something)
* hin·ziehen to attract, draw
toward
* hinzu·treten (s) to step
over to (something or
someone)
die Hinzuziehung calling in
(for consultation)
die Hitze heat
hoch (höher, höchst-) high
* hoch·heben to lift up; raise
hochrädrig high-wheeled
hochrot very red
* hoch·springen (s) to jump
up
die Hochzeit, -en marriage
(ceremony), wedding
der Hochzeitsschmaus, ⸚e
wedding banquet
der Hof, ⸚e courtyard
hoffen auf (+*acc.*) to
hope for
hoffentlich hopefully
die Hoffnung, -en hope
die Höhe, -n height
holen to get, fetch, pick up
das Holz, ⸚er wood
der Holzball, ⸚e wooden ball
der Holzstuhl, ⸚e wooden
chair
der Holzzuber, — wooden tub
horchen to hear, listen,
hearken
hören to hear
der Hörer, — receiver
(*telephone*)
die Hose, -n pants

der Hosenboden, ⸚ seat of the
pants
die Hosentasche, -n pants
pocket
hüllen to wrap
der Humor humor
hundsföttisch low-down,
lousy
der Hunger hunger
der Hungerleider, — wretch
husten to cough
der Hut, ⸚e hat
die Hut custody, keeping
die Hütte, -n cottage, hut
die Hypothek, -en (*auf-
nehmen) (to take out) a
mortgage

die Idylle, -n idyl, idyllic scene
immer always
immerhin anyway,
nonetheless; after all
immerzu still
der Imperativ, -e imperative
imstande *sein to be
capable
indem as, while; by doing
something
der Indikativ, -e indicative
ineinander·stecken to fit
into one another
* inne·halten to pause, stop
das Innere (*adj. noun*) inside,
interior
innerhalb (*gen. prep.*)
inside of, within
innerlich inward(ly)
der Insasse, -n inmate
insgesamt in all
die Intelligenz intelligence
interessieren to interest
sich interessieren für (+*acc.*)
to be interested in
interessiert interested; in
an interested way
intim intimate
inzwischen meanwhile

irgendein- someone (or
something) or other
irgendweich- someone
(or something) or other
irgendwie somehow
irgendwo somewhere
sich **irren** to make a mistake
der **Irrtum, ̈er** mistake
irrtümlich mistakenly

das **Jahr, -e** year
der **Jahrgang (1912)** born in
(1912)
das **Jahrzehnt, -e** decade
jammern (über+*acc.*) to
wail, whine, lament (about)
je ever
jed- each, every
jedenfalls in any case, at
any rate
jedesmal every time
jedoch however, nevertheless
jemand somebody
jenes, jener, jene that
jetzt now
die **Jugend** youth
der **Juli** July
jung (jünger, jüngst-)
young

der **Kaffee** coffee
die **Kaffeegesellschaft, -en** a
coffee (party)
die **Kaffemühle, -n** coffee
grinder
kahl bare
kaiserlich imperial
das **Kalb, ̈er** calf
kalt cold
die **Kälte** cold, coldness
die **Kammer, -n** small room
kämpfen (gegen+*acc.*) to
fight (against)
die **Kantine, -n** canteen,
commissary
das **Kapitel, —** chapter

kaputt broken
die **Karaffe, -n** carafe
kärglich scant
der **Karren, —** cart
die **Karte, -n** postcard; map;
ticket
das **Kartenspiel, -e** card game
der **Käse, —** cheese
die **Käsespeise, -n** cheese dish
der **Kasten, ̈** (der
Briefkasten) mailbox
das **Katheder, —** lecture
platform
die **Katholischen** the Catholic
forces
kauen (an+*dat.*) to chew
(on)
der **Kaufmann,** die **Kaufleute**
businessman
kaum scarcely, hardly
die **Kegelbahn, -en** bowling
alley
kein no, not a, not any
keinesfalls by no means
die **Kellnerin, -nen** waitress
* **kennen** to know, be
acquainted with
kennen·lernen to meet,
make the acquaintance of
der **Kerl, -e** guy, fellow
die **Kerze, -n** candle
die **Kette, -n** chain
das **Kind, -er** child
der **Kinderwagen, —** baby
carriage
kindlich childlike
der **Kindsvater, ̈** father of a
child (*a colloquial
redundancy*)
der **Kinnhaken, —** uppercut
(*boxing*)
das **Kino, -s** movies
die **Kirchenglocke, -n** church
bell
Kirchweih church festival
die **Kirsche, -n** cherry
die **Kiste, -n** box, crate

klagen über (+*acc.*) to complain about
klappern to bang
die **Klasse, -n** class
die **Klassenarbeit, -en** exercise written in class; test
das **Klassenbuch, ∺er** class book
der **Klavierstimmer, —** piano tuner
der **Klecks, -e** stain, inkblot
das **Kleid, -er** dress
die **Kleider** (*pl.*) clothes
klein small
kleinlich petty
* **klingen** to sound
klirrend with a clatter
klopfen to knock
klug (klüger, klügst-) clever
der **Knabe, -n, -n** boy
knapp exact; scarce, scanty; narrow, tight
knarren to creak
die **Knechtschaft** servitude
* **kneifen** to pinch
knien to kneel
der **Knirps, -e** pigmy, little thing
knochig bony
der **Knopf, ∺e** button
knusperig crisp
kochen to cook
die **Köchin, -nen** cook (*female*)
der **Koffer, —** suitcase
der **Kolonialwarenladen, ∺** grocery store
die **Kolonie, -n** colony
der **Komet, -en** comet
kommandieren to command
* **kommen (s)** to come
auf einen *zu·kommen (s) to come toward someone
das **Kommunionskleid, -er** Communion dress

die **Konferenz, -en** conference
der **Konfirmationsanzug, ∺e** confirmation suit
der **König, -e** king
der **Konjunktiv, -e** subjunctive
* **können** to be able, can
konstruieren to construct
kontrollieren to check on, find out, make sure of
konzentriert concentrated
der **Kopf, ∺e** head
das **Kopfnicken** nod of the head
kopfschüttelnd shaking one's head
der **Körper, —** body
der **Korridor, -e** corridor
korrigieren to correct
köstlich excellent, charming
krabbeln to crawl
die **Kraft, ∺e** strength, power
kräftig powerful
der **Kragen, —** collar
krakeln to scribble
sich **krallen an** (+*acc.*) to cling to
kränken to insult
die **Krankheit, -en** sickness, illness
der **Kranz, ∺e** wreath
die **Kreide, -n** (piece of) chalk
der **Kreis, -e** circle
der **Kreisel, —** top (spinning top)
die **Kreislaufstörung, -en** circulatory trouble
* **kriechen (s)** to creep
an einem hoch *kriechen to creep up on a person
der **Krieg, -e** war
kriminalistisch criminalistic
kriminell criminal
kritzeln to scrawl, scribble
der **Krüppel, —** cripple
die **Küche, -n** kitchen

das **Küchenmädchen,** —
kitchen girl, maid
der **Küchenschrank,** ⸚e
kitchen cupboard
der **Küchentisch, -e** kitchen
table
der **Kugelschreiber,** — ball-
point pen
die **Kuh,** ⸚e cow
kühl cool
kümmerlich miserable,
inadequate
sich **kümmern um** (+*acc.*) to
worry about, look after
kündigen to give notice,
quit
künstlich artificial
das **Kupferzeug** copperware,
pots and pans
der **Kurfürst, -en, -en** Elector
(in the Holy Roman Empire)
kurz short(ly), abrupt(ly)
kurz darauf shortly
thereafter
sich **kurz fassen** to be brief
kurzum in short, to sum up
kurz und klein to bits, into
pieces
die **Kutsche, -n** carriage

lächeln to smile
das **Lächeln** smile
lachen to laugh
die **Lachlust** urge to laugh
der **Lack, -e** paint
lackiert glossy
* **laden** to load; to invite
das **Laken,** — sheet
die **Lampe, -n** lamp
das **Land,** ⸚er country
die **Landstraße, -n** road,
highway
lang (länger, längst-) long
die **Länge, -n** length; long run
die **Langeweile** boredom
langsam slow(ly)

längst for a long time, long
since
längstens for a long time
die **Längswand,** ⸚e longer wall
langweilig boring
der **Lärm** noise
* **lassen** to let, allow; have
(something done)
lateinisch Latin
lauern (auf+*acc.*) to lurk,
lie in wait (for)
der **Lauf,** ⸚e course, path
laut loud; aloud
lauter pure(ly), nothing but
lautlos soundless
das **Leben,** — life
der **Lebenslauf,** ⸚e life history,
curriculum vitae
der **Leberfleck, -e(n)** mole
lebhaft lively
die **Lederhandlung, -en**
leather goods store
ledig single
lediges Kind illegitimate
child
leer empty
leerstehend empty
legen to lay, put
der **Lehrer,** — teacher
die **Leiche, -n** corpse, body
leicht easy; light
(einem) leid *tun to be
sorry for (a person)
* **leiden** to suffer
die **Leidenschaft, -en** passion
der **Leidensgenosse, -n, -n**
fellow sufferer
leider unfortunately
* **leihen** to lend
die **Leinendecke, -n** linen
sheet or cover
leise soft(ly)
sich **leisten** to afford oneself
der **Leiterwagen,** — cart, hay
wagon
die **Lektion, -en** lesson, rebuke
lernen to learn, study

lesbar legible
die **Leseware, -n** reading matter
leuchten to shine, glisten
das **Licht, -er** light
der **Lichtschalter,** — light switch
lieb- dear
liebenswert lovely, lovable
liebenswürdig kind
lieber preferably
das **Liebespaar, -e** lovebirds
* **liegen** to lie, recline
* **liegen an** (+ *dat.*) to be due to
link- left
links left
das **Liter,** — liter
die **Lithographenanstalt, -en** lithography shop
loben to praise
löblich praisingly
das **Loch, ̈er** hole
locken to tempt, attract
lohnen to pay; be worth (something)
das **Lokal, -e** place, joint
los loose; wrong
das **Los** lot, fate
los! (ready, set) go!, move!, move it!
lösen to solve; loosen
* **los·lassen** to let go
los·prusten to snort, burst out laughing
die **Lösung, -en** solution
* **los·ziehen über** (+ *acc.*) to run something (or someone) down
* **lügen** to (tell a) lie, make an untrue statement
Lust haben to want to (do something)
lustig merry

machen to make; do
mächtig powerful, mighty

die **Magd, ̈e** maid, girl
mager thin, lean
die **Mahlzeit, -en** meal, mealtime
mal just
das **(erste) Mal** the (first) time
malerisch picturesque, scenic
Mallorca Majorca
man one
manchmal often, sometimes
der **Mann, ̈er** man
nach Männerart as men will do, in masculine fashion
die **Mannschaft, -en** team
die **Mannsleute** men (*archaic or rural*)
die **Manschette, -n** cuff
der **Markt, ̈e** market marketplace
der **Markttag, -e** market day
marschieren to march
auf die Stadt zumarschieren to march on the city
Marseille *city on the coast of southern France*
der **Maßschuh, -e** ready-made shoe, custom-made shoe
die **Mathematikstunde, -n** math period
mehr more, anymore
meinen to mean, say, think
meinethalben (or **meinetwegen**) for all I care
die **Meinung, -en** opinion
meistens (meist) usually; mostly; most
(sich) **melden** to report, show up
die **Menge, -n** crowd
der **Mensch, -en, -en** person
der **Menschenkenner,** — keen observer of human nature

merken to notice
merkwürdig remarkable
das **Messer,** — knife
der **Meter,** — meter
mieten to rent, hire
die **Milch** milk
der **Milchmann,** ⸗er milkman
die **Minute, -n** minute
mißbilligend disapproving
die **Mißbilligung, -en** disapproval
mißtrauisch suspicious, distrustful
der **Mistbauer,** — dung farmer
mit with
* **mit·geben** to include
mithin consequently
das **Mitleid** pity, sympathy
* **mit·nehmen** to take along
mitsamt along with
der **Mittag, -e** noon
das **Mittagessen,** — noonday meal, lunch, dinner
die **Mittagspause, -n** midday break, lunch break
der **Mittagstisch, -e** dinner table
(**einem etwas**) **mit·teilen** to tell (someone something), impart
das **Mittel,** — middle; mean(s)
das **Mittelmeer** Mediterranean Sea
mitten in in the middle of
der **Mittwoch, -e** Wednesday
mitunter now and then, occasionally
(**ich**) **möchte** (I) would like
die **Mode, -n** fashion
die **Mole, -n** pier, jetty
der **Moment, -e** moment
monatlich monthly, every month
der **Montag, -e** Monday
der **Mord, -e** murder
morgen tomorrow

der **Morgen,** — morning
der **Morgenrock,** ⸗e housecoat, dressing gown
morgens in the morning
die **Moritat, -en** street ballad (*usually gruesome; word derived from* **Mordtat**)
müde tired
die **Mühle, -n** mill
der **Mund,** ⸗er mouth
mündlich oral
das **Mundtuch,** ⸗er napkin
munter cheerful
murmeln to mumble, murmur, mutter
mürrisch in a bad mood
die **Muschel, -n** mouthpiece (*telephone*); *lit.:* shell
das **Musikstück, -e** piece of music
* **müssen** to have to, must
mutig courageous, bold
die **Mutter,** ⸗ mother

nach after; according to
der **Nachbar, -n, -n** neighbor
das **Nachbardorf,** ⸗er neighboring village
nachdem after, after that
das **Nachdenken** thinking, reflection, contemplation
die **Nachdenklichkeit** thoughtfulness
* **nach·geben** to give in, yield
nach·gucken to look at, stare after
nachher afterward, later
* **nach·lassen** to abate, let up
nachlässig casual
nachmittags in the afternoon
die **Nachricht, -en** news, information
nächstbest- next best
die **Nacht,** ⸗e night
nachts nights, at night

nackt bare, naked
nah (näher, nächst-) near
die **Nähe** proximity
der **Name, -ns, -n** name
    namens by the name of
    nämlich namely; really
    naß wet
    natürlich natural(ly)
    neben next to
das **Nebenzimmer** next room
  * **nehmen** to take
    zu sich *nehmen to eat or
    drink, consume
sich **neigen** to bend over;
    incline; draw to a close
    neu new
    neugierig curious
die **Neuheit, -en** novelty,
    something new
    nicht not
die **Nichte, -n** niece
    nichts nothing
    nichtsahnend unsuspect-
    ing
das **Nichtstun** doing nothing
    nicken to nod
    nie never
  * **nieder·fallen (s)** to fall
    down
sich **nieder·setzen** to sit down
    niedrig low
    niemals never
    niemand no one
    noch still, yet
    noch einmal once more
    normalerweise normally
    nötig necessary
    nötig *haben to need
die **Notizen** (*pl.*) notes
    nüchtern sober
    nüchterner Magen empty
    stomach
    nun now
    nunmehr henceforth, from
    now on
    nur only
    nützlich useful

    ob whether, if
    oben up, up there, on top;
    at the head of a table
die **Obertertia, -tertien** upper
    third form, 9th grade
die **Obstschale, -n** fruit bowl
    obwohl although
    öd(e) desolate, dull
    oder or
    offen open
    offenbar apparently
    öffnen to open
    oft (öfters) often
    ohnehin anyway
die **Ohnmacht, -en** fainting
der **Ohnmächtige, -n** (*adj.*
    noun) unconscious
    person
das **Ohr, -en** ear
der **Onkel, —** uncle
das **Opfer, —** victim; sacrifice
der **Orangensaft, ⁼e** orange
    juice
    ordentlich proper
    ordnen to order, put in
    order
die **Ordnung, -en** order
die **Originalität** originality
der **Ort, -e** place

    ein paarmal a couple of
    times
    packen to pack, seize
der **Pädagoge, -n, -n** peda-
    gogue
die **Panik** panic
die **Pantoffeln** (*pl.*) slippers
das **Paradies** paradise
der **Parkwächter, —** park
    attendant
die **Partei, -en** party
der **Passant, -en, -en** passer-
    by
    pathologisch pathological
die **Pause, -n** pause
    peinlich painful(ly)
der **Pelzmantel, ⁼** fur coat

pendeln to swing back and forth

das **Pergament, -e** parchment, document

die **Person, -en** person

persönlich personal(ly)

die **Persönlichkeit, -en** personality

der **Pfarrer, —** minister

* **pfeifen** to whistle

das **Pferdegefährt, -e** horse-drawn vehicle

das **Pferderennen, —** horse race

der **Pflaumenkuchen, —** plum tart

pflegen to be accustomed to; nurture, cultivate, take care of, keep up

die **Pflicht, -en** duty

pfundig first-rate, great (*slang*)

die **Photographie, -n** picture, photo

der **Pilz, -e** mushroom

der **Pilzsammler, —** mushroom collector

die **Pilzsuche** mushroom hunt

plagen to torment

das **Plakat, -e** poster, placard

planmäßig regular, systematic

plärren to bawl, blubber

Plärrer *an Augsburg folk festival*

platschen to plop

der **Platz, ⸚e** place; seat; square

platzen to burst

plötzlich sudden(ly)

plump clumsy; pudgy

plündern to plunder, sack

die **Plünderung, -en** plundering

der **Plüsch, -e** plush

die **Polizei** police

die **Pore, -n** pore

die **Portion, -en** portion, share

prächtig magnificent

prätentiös pretentiously

die **Probe, -n** test

das **Problem, -e** problem

pro forma as a matter of form

das **Programmblatt, ⸚er** program

die **Promenadenbank, ⸚e** park bench

promovieren to take one's Ph.D.

der **Protestant, -en, -en** Protestant

der **Protestantenbankert, -e** Protestant bastard

der **Prozeß, -sse um** trial about (concerning)

prüfen to test; look over, inspect

die **Prüfung, -en** test

der **Prüfungsraum, ⸚e** testing room

der **Psychologe, -n, -n** psychologist

das **Publikum** public, audience

pur pure

die **Putzfrau, -en** cleaning woman

das **Quartier, -e** quarter (of a city)

quer vor squarely across

quittieren über to make out a receipt for

der **Rand, ⸚er** border, edge

der **Rappen, —** Swiss cent

rasch quickly

der **Rasen, —** lawn

rasend furious

* **raten** to advise

das **Rathaus, ⸚er** city hall

ratlos confused, aimless

die **Ratlosigkeit** helplessness

rattern to rattle

der **Raum, ̈e** room; space
räumen to vacate, quit, make room
der **Rausch, ̈e** intoxication, drunkenness
rauschen to gurgle, rush
sich **räuspern** to clear one's throat
rechnen to add, calculate
rechnen zu (+ *dat.*) to count among
die **Rechnung, -en** bill
recht real, right, very
der **Rechtsanwalt, ̈e** lawyer
die **Rechtssache, -n** lawsuit, case
der **Rechtsstreit, -e** lawsuit
recken to extend, stretch, crane (*e.g.*, one's neck)
die **Rede, -n** speech
beim Reden while talking
die **Redensart, -en** saying, cliché
reden über (+ *acc.*) to speak, talk about
zur Rede stellen to call to account, take to task
nicht der Rede wert not worth mentioning
die **Regel, -n** rule
regelmäßig regular
die **Reihe, -n** row, series
der Reihe nach in order, one after another
* **rein·halten** to keep clean
die **Reise, -n** trip
* **reißen** to rip; yank
reizend charming
* **rennen** to run
die **Replik, -en** reply, retort
reservieren to reserve
respektabel respectable
(der) Respekt haben vor to have respect for
der **Rest, -e** rest, remainder; leftovers
das **Restaurant, -s** restaurant

das **Resultat, -e** result
der **Retter, —** rescuer
die **Reue** repentance
der **Revolver, —** revolver
die **Revolvertasche, -n** holster
der **Richter, —** judge
richtig right, correct; real
die **Richtung, -en** direction
röchelnd rattling (in one's throat)
der **Rock, ̈e** coat; dress; skirt; petticoat
roh rough, harsh, coarse
die **Rolle, -n** role
römisch Roman
die **Rose, -n** rose
der **Rosenstock, ̈e** rose tree
rosig rosy
rot red
die **Rotte, -n** band
der **Rotwein, -e** red wine
die **Routine** routine
der **Ruck, -e** jerk, tug
der **Rücken, —** back
die **Rücksicht, -en** regard, consideration
rücksichtslos careless, thoughtless
der **Rückweg, -e** way back; retreat
ruhig calm, quiet
der **Ruhm** fame, reputation
rund round
* **(he)runter·gehen** (s) to come down, fall

der **Saal, die Säle** hall, room
die **Sache, -n** thing, affair, matter
die **Sachlichkeit** down-to-earth nature
das **Sacktüchlein, —** little handkerchief
sagen to say, tell
das **Saiteninstrument, -e** stringed instrument

der **Sakko, -s** jacket
das **Sakrament, -e** sacrament
sammeln to collect, gather
der **Samstag, -e** Saturday
sanft soft
der **Sarg, ⸚e** coffin
satt full, well-fed
der **Satz, ⸚e** sentence
sauber clean
sauber·machen to clean
die **Sauerstoffmaske, -n** oxygen mask
die **Säule, -n** column
schaffen to do
nichts zu schaffen haben mit to have nothing to do with
der **Schafspelz, -e** sheepskin (coat)
schälen to peel
der **Schall, -e** or **⸚e** sound
sich **schämen** to be ashamed
schätzen to value, treasure
schauderhaft frightful
schauen to look
das **Schaufenster, —** shop window
der **Schaukelflug, ⸚e** swinging flight
schaukeln to swing
die **Scheibe, -n** slice
die **Scheidung, -en** divorce
die **Scheidungsklage, -n** divorce suit, divorce complaint
scheinbar apparently
* **scheinen** to seem; shine
schellen to ring (*of a bell*)
der **Schemel, —** footstool
scheu shy
scheuern to rub
schicken to send
* **schieben** to shove, push
* **schießen** to shoot
schildern to describe
schimpfen to cuss, be abusive

der **Schlächter, —** butcher
die **Schlachtreihe, -n** battle line
der **Schlaf** sleep
* **schlafen** to sleep
die **Schlafstube, -n** bedroom
das **Schlafzimmer, —** bedroom
der **Schlag, ⸚e** blow, knock
* **schlagen** to hit, bang
der **Schlagrahm** whipped cream; whipping cream
die **Schlampe, -n** tramp (*female*), slut
schlau clever, sly
schlecht bad, poor(ly)
* **schleichen** to creep, sneak
schlendern to amble, stroll, wander off
schlicht simple, modest
* **schließen** to close; conclude
schließlich finally, after all
schlimm (das Schlimme) bad (the bad thing)
der **Schlips, -e** necktie
das **Schloß, ⸚sser** lock
das **Schluchzen** sobbing
schlüpfen to slip
der **Schluß, ⸚sse** end, conclusion
der **Schlüssel, —** key
schmal narrow
schmallippig narrow-lipped
schmecken to taste
schmerzlich painful
schmierig greasy, dirty
der **Schmuck** jewelry
der **Schmutzfleck, -e(n)** dirty spot
schmutzig dirty
schnappen to latch (onto), get hold (of), snap (up)
schnappen nach to snap at
der **Schnaps, ⸚e** brandy
der **Schnee** snow

die **Schneeschmelze, -n** thaw

der **Schnellzug, ⸚e** express train

schnippen to flick

die **Schnur, ⸚e** string

der **Schock, -s** shock

schon already

schön pretty, beautiful

schonen to spare

der **Schrank, ⸚e** cabinet, closet, cupboard

der **Schreck(en)** terror, fear

die **Schreckreaktion** fear reaction

der **Schrei, -e** cry, yell, scream

* **schreiben (an+*acc.*)** to write (to)

das **Schreiben, —** writing; letter

* **schreien** to scream

die **Schrift, -en** handwriting

schriftlich written

schrillen to sound harsh

der **Schritt, -e** footstep, step, stride, pace

schüchtern shy, timid

der **Schuft, -e** scoundrel, lout, rat (*slang*)

der **Schuh, -e** shoe

die **Schuld, -en** debt; guilt

schuldbeladen guilt-laden

die **Schuldfrage, -n** question of guilt

Schuld *haben (an+*dat.*) to be at fault (for)

einem etwas schuldig *bleiben to owe someone something

die **Schule, -n** school

der **Schüler, —** pupil

der **Schulkollege, -n** schoolmate

die **Schulzeit** school days

der **Schuß, ⸚sse** shot

schütteln to shake

schütten to pour

der **Schutz** protection, defense

der **Schutzumschlag, ⸚e** dust jacket

Schwaben Swabia

schwach (schwächer, schwächst-) weak

schwachsinnig simpleminded

der **Schwager, ⸚** brother-in-law

die **Schwägerin, -nen** sister-in-law

schwärmen to be effusive about, gush

schwarz black

schweben to float (above the ground)

* **schweigen** to be silent

das **Schweigen** silence

schweigend silently

zum Schweigen *verweisen to tell to be quiet

die **Schweinerei, -en** mess

der **Schweizer** (*noun and adj.*) Swiss

die **Schwelle, -n** threshold

schwer difficult

schwerfällig awkward

es schwer haben to have it rough (*coll.*)

die **Schwiegertochter, ⸚** daughter-in-law

schwierig difficult

die **Schwierigkeit, -en** difficulty

der **Schwung, ⸚e** swing; animation

* **sehen** to see

der **Seidenrock, ⸚e** silk shirt

die **Seife, -n** soap

der **Seifenschaum** lather

das **Seil, -e** rope

seinerseits for his part

seitdem since then

die **Seite, -n** side; page

seitwärts von to one side of

selber, selbst (my-, your-, him-, her-, it-)self, (our-, your-, them-)selves
der Selbstmörder, — suicide
selbstverständlich of course; (that's) obvious or self-evident
selig blissful
seltsam strange
seltsamerweise for some strange reason
der Sergeant, -en, -en sergeant
setzen to set, put
sich (hin)·setzen to sit down
seufzen to sigh
sicher certain(ly), sure(ly)
sichtlich visible, visibly
der Sieg, -e victory
sinnlos senseless
der Sirup, -e sirup
der Sitz, -e seat
* sitzen to sit
sobald as soon as
so daß so that
soeben just
sofern if; as far as
sogar even
sogenannt- so-called
sogleich immediately
der Sohn, ⸚e son
der Soldat, -en, -en soldier
sollen shall, should, ought to; be supposed to, be said to
somit therewith
der Sommer, — summer
sondern rather, but
die Sonne, -n sun
der Sonnenschirm, -e parasol
der Sonnenuntergang, ⸚e sunset
der Sonntag, -e Sunday
der Sonntagnachmittag, -e Sunday afternoon
sonntags on Sunday
sonntagsangezogen dressed in his Sunday best

sonst otherwise, in other respects
die Sorge, -n concern, anxiety, trouble, care
sorgfältig carefully
soviel (wie) as much (as)
der Sozialdemokrat, -en, -en social democrat
spannend exciting, tense
der Spaß, ⸚e fun, joke
Spaß machen to be fun
spät late
der Spätaufsteher, — late riser
spazieren to take a walk
der Speck bacon
der Speicher, — attic
die Speise, -n food
die Speisekammer, -n pantry
speisen to eat
spenden to treat (to), give
das Spiel, -e game
spielen to play
der Spieler, — player
der Spielkamerad, -en, -en playmate
die Spielregel, -n rule of the game
der Spinnrocken, — distaff
die Spitznase, -n pointed nose
sprachlos speechless
die Sprechweise, -n way of speaking
die Spur, -en trace, trail
die Staatsprüfung, -en state examination
die Stachelbeere, -n gooseberry
das Städtchen, — small city, town
der Stadtteil, -e part of the city
der Stall, ⸚e stall, shed
stammen to come from (*origin*)
das Stammlokal, -e one's regular restaurant or hangout

das **Standesamt, ⸚er** justice of the peace
stark (stärker, stärkst-) strong
die **Stärke, -n** strength
starren to stare
* **statt·finden** to take place
stauen to stow
stecken to stick, put, place; be somewhere or in something
* **stehen** to stand
(einem) gut *stehen to look good (on someone)
* **stehen·bleiben (s)** to stop, come to a halt
* **stehlen** to steal
steigern to increase, raise
der **Steinpilz, -e** a highly prized mushroom (*boletus edulis*)
die **Stelle, -n** job, position; place
stellen to put, place
die **Stellung, -en** job
stellungslos unemployed
der **Stellvertreter, —** representative, deputy
das **Sterbebett, -en** deathbed
* **sterben (s)** to die
stet- continual, constant
die **Steuer, -n** tax
im Stich *lassen to leave in the lurch
der **Stift, -e** pin
still silent
im stillen silently, in silence, secretly
die **Stimme, -n** voice
die **Stirn, -nen** brow
der **Stock, ⸚e** stick; story (of a building)
der **Stoff, -e** substance; material
stolpern to stumble
der **Stolz** pride
stolz auf (+*acc.*) proud of

stopfen to stuff; tuck in
stören to disturb, bother
der **Stoß, ⸚e** pile
* **stoßen** to push, bump
der **Stoßseufzer, —** deep sigh
strahlend beaming, radiant
strampeln to kick
die **Straße, -n** street
der **Straßengraben, ⸚** ditch (alongside of the road)
* **streichen** to strike, remove
streifen to brush, scrape
der **Streit, -e** argument, quarrel
* **streiten über** (+*acc.*) to argue about
streng hard, harsh
das **Stricken** knitting
die **Strickmaschine, -n** knitting machine
die **Stube, -n** room
die **gute Stube** parlor
das **Stück, -e** piece
das **Studium, die Studien** study
der **Stuhl, ⸚e** chair
die **Stunde, -n** hour, class hour
stürmen to storm
stürzen to rush, crash, fall
stürzen auf (+*acc.*) to pounce on
stutzig taken aback
suchen to look for
südwärts to the south
die **Sünde, -n** sin
die **Suppe, -n** soup
die **Szene, -n** scene

der **Tag, -e** day
täglich daily
tagsüber during the day
die **Taktik, -en** tactic
der **Talentflegel, —** talented brat
tapfer brave
tappen to grope
das **Taschenbuch, ⸚er** handbook

das **Tashentuch,** ::**er** handkerchief
die **Tasse, -n** cup
die **Tat, -en** deed
   in der Tat indeed, actually
   tatarisch Tartar
der **Tatendrang** hunger for activity
die **Tätigkeit, -en** activity
   tatsächlich really, actually
das **Tau, -e** rope, line, cable
der **Tauchsieder, —** immersion heater
   taumeln to stagger, reel
   täuschen to deceive
die **Täuschung, -en** deception
   technisch technical
der **Teil, -e** part
die **Teilnahme** interest, concern
   teilnahmslos indifferent, apathetic, disinterested
* **teil·nehmen an** (+ *dat.*) to take part in, participate in
   teilweise partially
das **Telefon, -e** telephone
der **Teller, —** plate
   temperieren to warm up
die **Tenorblockflöte, -n** tenor recorder
   teuer expensive
die **Theaterkarte, -n** theater ticket
   tief deep(ly)
der **Tiefpunkt, -e** low point
der **Tisch, -e** table
das **Tischtuch,** ::**er** tablecloth
der **Toast, -e** toast
der **Tod, -e** death
die **Todesursache, -n** cause of death
der **Todgeweihte, -n** (*adj. noun*) doomed man
   todkrank deathly ill
   tollwütig rabid; mad
der **Ton,** ::**e** sound, tone, tone of voice
der **Topf,** ::**e** pot, jar, jug

das **Tor, -e** gate, doorway
die **Torte, -n** torte, cake
   tot dead
das **Totenbett, -en** deathbed
der **Totenschein, -e** death certificate
   totenstill deathly silent
die **Tracht, -en** costume, uniform
* **tragen** to carry; wear
die **Trägheit** inertia
   tragisch tragic
die **Tragödie, -n** tragedy
   trällern to sing "tra-la-la"
die **Träne, -n** tear
   tränenüberströmt drenched with tears
der **Trauergang,** ::**e** funeral procession
die **Trauerkapelle, -n** mortuary chapel
der **Trauernde, -n, -n** (*adj. noun*) mourner
   träumen to dream
   traut- cozy, intimate
die **Trauungsformel, -n** marriage vow
* **treffen** to meet; strike, hit
die **Treppe, -n** staircase
* **treten** (s) to step, walk
* **trinken** to drink
das **Trinkgeld, -er** tip
   triumphierend triumphant
   trocken dry
der **Tropenhelm, -e** pith helmet
der **Trost** consolation
der **Trotz** defiance
   trotzdem nonetheless, despite that
   trüb(e) gloomy, dull
die **Truppen** troops
   tüchtig capable; good; well; a lot
* **tun** to do
die **Tür, -en** door
der **Türhüter, —** doorkeeper

die **Türklinke, -n** door handle

das **Tuten** blast on a horn, whistle

übel bad, ill

üben to practice

über over, across

der **Überfall, ⸚e** attack

überhaupt at all; altogether

* **überkommen** to overcome

überlegen in a superior manner

sich **überlegen** to think over, consider, ponder, reflect

übernächst- the one after the next

übernachten to spend the night

* **übernehmen** to take over, take upon oneself

überraschen to surprise

überrascht surprised

überrumpeln to take by surprise

übervoll overfull, overloaded

* **überwinden** to overcome, conquer, master

überzeugend convincing

die **Überzeugung, -en** conviction

üblich usual, customary

übrig other

* **übrig·bleiben** to be left over, remain

übrigens moreover, furthermore; by the way

die **Uhr, -en** clock, watch; o'clock

umarmen to embrace

um·blicken to look around

* **um·fallen** (s) to collapse

der **Umgang** association, acquaintance

die **Umgebung, -en** environs, surroundings

die **Umgegend** neighboring places, environs

umher·blicken to look around

umher·irren (s) to wander around

* **umher·sehen** to look around

umklammern to grasp, clutch, embrace

umkreisen to circle

umringen to surround

sich **um·schauen** to look around

Umschau halten (nach) to look around (for)

der **Umschlag, ⸚e** envelope

um·stimmen to change (someone's) mind

sich * **um·wenden** to turn around

unangenehm unpleasant

unappetitlich unappetizing

unauslöschlich inedible

unbändig unconstrained

unbedingt without fail

unberührt untouched

und and

unecht ingenuine, false

unentdeckt undiscovered

unerklärbar inexplicable

unerklärlich inexplicable

unersättlich insatiable

unfreundlich unfriendly

ungeduldig impatient

ungefähr approximate(ly)

ungemein uncommon(ly)

ungeschickt clumsy

ungeschmiert not greased, not oiled

ungestört without troubling about it

ungewohnt unusual, unaccustomed

ungewünscht unwanted, not expected or desired

ungläubig incredulous, unbelieving

unglaublich unbelievable, incredible
unheimlich uncanny, strange
die **Uniform, -en** uniform
unmöglich impossible
unreif unripe
unruhig restless
unschuldig innocent
unsicher uncertain(ly)
die **Unsicherheit, -en** uncertainty
der **Unsinn** nonsense
unten below, down there, downstairs
unter beneath, underneath, below
* **unterbrechen** to interrupt
* **unter·bringen bei** (+ *dat.*) to put up (at someone's place)
unterdrücken to suppress
untergeschlüpft sheltered, found a place
die **Unterhaltung, -en** conversation
* **unterlassen** to abstain from, give up, refrain from
die **Unterlippe, -n** lower lip
* **unternehmen** to undertake
der **Unterricht, -e** instruction, class hour
* **unterschreiben** to sign
die **Unterschrift, -en** signature
unterst- lowermost
die **Unterstützung, -en** support
die **Untersuchung, -en** investigation, examination
unterzeichnen to sign
unterzogen werden to be subjected to
ununterbrochen uninterrupted
unverändert unchanged
der **Unverantwortliche, -en,**

-en (*adj. noun*) irresponsible person
unverlöschlich inextinguishable
unvermeidlich unavoidable
unvermittelt sudden(ly)
unvernünftig unreasonable
unversehrt unharmed
unvorsichtigerweise incautiously
unwiderstehlich irresistible
unwillkürlich without thinking about it
unwürdig unworthy, shameful
üppig luxuriously
die **Ursache, -n** cause, reason

der **Vater, ∺** father
sich **verabschieden** to say goodbye
veraltet obsolete
verändern to change
veranlassen to cause, induce
verbeult battered, dented
* **verbinden** to combine
die **Verbindung, -en** contact, connection
verblüfft dumfounded, amazed, nonplused
verbogen bent
das **Verbot, -e** prohibition
verboten forbdden
verbrauchen to use, consume
das **Verbum, die Verben** verb
verchromt chromium-plated
verdecken to cover
* **verderben** to ruin, go to ruin
verdienen to earn; deserve
verdutzen to puzzle, take aback

die **Verehelichung, -en**
marriage ceremony
vereinsamt isolated
die **Vereinsamung** isolation
sich **verfärben** to grow pale
verfluchen to curse
die **Vergangenheit** past
vergebens in vain
* **vergehen** (s) to fade,
diminish; pass (time)
* **vergessen** to forget
der **Vergleich, -e** comparison;
compromise
das **Vergnügen, —** pleasure
sich * **verhalten** to react
verhandeln to deliberate,
negotiate, have court
sessions
die **Verhandlung, -en** trial,
court session
verhauen to beat soundly
verheiraten to marry
verheiratet (mit) married
(to)
das **Verhör, -e** examination,
interrogation
der **Verkauf, ⁼e** sale
der **Verkehr** traffic; company
verkehren to frequent,
visit
verkünden to announce,
proclaim
verkündigen to announce
verlangen to demand
* **verlassen** to leave
verlegen embarrassed
verletzend cutting
verleugnen to deny,
disclaim
verliehen lent
* **verlieren** to lose
der **Verlierer, —** loser
der **Verlust, -e** loss
* **vermeiden** to avoid
vermeintlich supposed,
presumed, putative
vermissen to miss

vernachlässigen to
neglect
die **Vernunft** reason
verpantschen to adulterate
(*e.g.*, add water to)
die **Verpflichtung, -en** duty,
obligation
verprügeln to whip, beat
up
verpufft fizzled
* **verraten** to betray, disclose
verreisen (s) to take a trip
die **Verrichtung, -en** act,
function
verrückt mad, crazy
verrufen disreputable
verrutscht crooked, askew
versäumen to overlook,
miss, omit
verschämt modest(ly)
verschieden different
verschossen faded
* **verschwinden** to disappear
das **Versehen, —** oversight,
mistake
* **versprechen** to promise
verspritzen to spray,
bespatter
verspüren to perceive, feel
verständig intelligent
verstaubt dusty
sich **verstauchen** to sprain
verstecken to hide
* **verstehen** to understand
sich **verstellen** to put up a front,
dissemble
verstockt obdurate
verstorben deceased
verstört disconcerted,
troubled
verstummen (s) to
become silent
der **Versuch, -e** attempt,
experiment
versuchen to try
vertauschen to exchange

verteidigen to defend
sich **vertiefen in** (+*acc.*) to become absorbed in (something), deeply occupied or preoccupied with (something)
* **vertragen** to stand; digest
verursachen to cause
vervollständigen to supplement, complete
der **Verwandte, -en, -en** (*adj. noun*) relative
verwaschen pale, washed-out
verwechseln to confuse, mistake for
verweint tear-stained
* **verweisen an** (+*acc.*) to refer to
* **verwenden** to make use of
verwildern (s) to become wild
verwundert amazed
verzehren to consume, devour
die **Verzeihung** pardon
verzichten auf (+*acc.*) to forego, do without
sich * **verziehen** to withdraw
verzieren to decorate
verzweifelt in despair
der **Vetter, -n** cousin
viel gebraucht much used
vielleicht perhaps, maybe
vier four
viereckig square
das **Viertel, —** quarter
das **Vierteljahr, -e** quarter of a year
die **Viertelstunde, -n** quarter of an hour
vierzehn fourteen
vitaminreich rich in vitamins
das **Volk, ⁼er** people
volkstümlich folksy, popular

voll full
vollendet complete
von of, from
* **vorbei·schreiten** (s) to walk by
* **vor·fahren** (s) to drive up
* **vor·finden** to find
vorgerauscht (*kommen) to come forward with a rustling sound
* **vor·haben** to intend
der **Vorhang, ⁼e** curtain
das **Vorhemdchen, —** small shirt front, dickey
* **vor·kommen** (s) to happen, occur, appear
sich * **vor·kommen** (s) to feel, seem to oneself
* **vor·lesen** to read aloud
der **Vormittag, -e** forenoon
vormittags in the morning
der **Vorname, -n** first name
* **vor·nehmen** to undertake, intend
vor·rücken (gegen) to advance (on, toward)
* **vor·schieben** to extend, push forward
der **Vorschlag, ⁼e** suggestion
* **vor·schreiben** to prescribe (a rule)
einem etwas vor·setzen to set something in front of someone
vor sich hin in front of himself; to himself
vorsichtig careful
vorsorglich as a precaution
die **Vorstadt, ⁼e** suburb
vor·stellen to introduce
sich (etwas) vor·stellen to imagine (something), picture something (to oneself)
die **Vorstellung, -en** notion, idea

vor·täuschen to pretend
* vor·treten (s) to step up, step forward
die Voruntersuchung, -en preliminary investigation
der Vorwurf, ⁼e reproach
  Vorwürfe machen to reproach
  vorzüglich especially

  wach awake
  wachen über (+acc.) to watch over
* wachsen (s) to grow
  wacklig rickety
  wagen to dare, risk
  wählen to choose, elect
  wahllos at random, indiscriminately
  wahr true
  während (gen. prep.) during; (conj.) while
  wahrhaftig in truth, in fact
  wahrscheinlich probable, probably
die Wand, ⁼e wall
der Wanderbursche, -n youthful wanderer
die Wanderung, -en trip on foot
  wann when
  warten auf (+acc.) to wait for
  warum why
* waschen to wash
das Wasser, ⁼ water
  weder ... noch neither ... nor
  weg away
der Weg, -e way, path
  wegen (gen. prep.) because of; for the sake of, due to, on account of
* weg·sehen to look away
  weg·setzen to put away
* weg·werfen to throw away

  weg·winken to wave away
* weg·ziehen (s) to move away
das Weib, -er woman, wife
  weich soft
sich weigern to refuse
der Weihnachtsmann Santa Claus
  weil because, since
die Weile while
  weinen to cry
das Weinen crying
  weise wise
die Weise, -n way, manner
der Weisheitsspruch, ⁼e wise saying
  weiß white
  weit far, distant
  weiter farther, further
  von weitem from a distance
* weiter·gehen (s) to go on
* weiter·schreiten (s) to walk on, stride on
  welch- which
die Welt, -en world
  weltfremd unworldly
der Weltplan the "scheme of things"
sich wenden an (+acc.) to turn to
die Wendung, -en turn; turn of events
  wenig little, few
  wenigstens at least
  wenn when; whenever; if
* werden (s) to become
* werfen to throw
die Werkstatt, ⁼e workshop
  werktags working days
der Wert, -e value
  wertvoll valuable
  weshalb why, on what account
  wichtig important
  wickeln to wrap

widerlegen to refute, disprove

widerstrebend reluctant

wie how

wieder again

die **Wiege, -n** cradle

wiegen to rock

der **Wille** will

die **Willensanstrengung, -en** effort of will

willig willing

wimmeln (von) to teem with

der **Wind, -e** wind

der **Winter, —** winter

winzig tiny

die **Wirklichkeit, -en** reality

der **Wirt, -e** innkeeper

die **Wirtschaft, -en** household; economy; inn

* **wissen** to know (a fact)

das **Wissen** knowledge

wittern to smell, scent, get wind of

die **Witwe, -n** widow

der **Witz, -e** joke

wochenlang for weeks

der **Wochentag, -e** weekday

woher from where

wohl probably

der **Wohlfahrtsbeamte, -n** welfare official

wohlwollend well-meaning, benevolent

wohnen to live, reside

die **Wohnung, -en** apartment

* **wollen** to want to

die **Wolljacke, -n** cardigan, sweater

das **Wort, ⁼er** word

wortlos without (saying) a word, silently

das **Wunder, —** wonder, surprise, miracle

wundern to surprise

sich **wundern über** (+*acc.*) to wonder about; be surprised

die **wundervoll** wonderful

würdevoll with dignity

würdig dignified

der **Wurm, ⁼er** worm

die **Wüste, -n** desert

die **Zahl, -en** number, figure

der **Zahn, ⁼e** tooth

der **Zank** quarrel, squabble

zart delicate

zärtlich loving, tender, affectionate

die **Zärtlichkeit, -en** tenderness

die **Zeche, -n** (bar) tab, bill

die **Zehe, -n** toe

zehn (die Zehner) ten (the tens)

zeigen to show, indicate

der **Zeiger, —** hand (*clock*)

die **Zeit, -en** time

eine **Zeitlang** for a time

* **zerfallen (s)** to fall apart

zerknittert crumpled

der **Zerstäuber, —** atomizer

zerstören to destroy

zerstreut absent-minded, preoccupied

der **Zettel, —** slip of paper, note

der **Zeuge, -n** witness

die **Zeugin, -nen** witness (*female*)

die **Ziege, -n** she-goat

* **ziehen** to draw, pull

* **ziehen (zu)** to move (to)

ziemlich rather

das **Zigarrenetui** cigar box

das **Zimmer, —** room

zittern to tremble

zögern to pause, hesitate

das **Zögern** hesitation

der **Zorn** anger

zornig angry, irate

zu to

* **zu·bringen** to spend (time)

der **Zuckerschaum** icing
der **Zufall, ⸚e** chance
zufrieden satisfied, contented
zugänglich accessible
* **zu·gehen** (s) **auf** (+*acc.*) to go toward, make for
zugeneigt disposed to, inclined to
zugereist- (*adj.*) newly arrived
zugleich at the same time
der **Zuhörer,** — listener, *pl.:* audience
zu·knallen to slam shut
zu·knöpfen to button up
zu·legen to acquire
zumal especially since
zumindest at least
zu·nicken to nod toward
zu·raunen to whisper
zurecht·rücken to straighten
sich **zurecht·setzen** to get oneself settled
zu·reden to advise; console
einem Trost zureden to console a person
* **zurück·gehen** (s) to go back; degenerate, deteriorate
* **zurück·gewinnen** to win back
die **Zurückhaltung** reserve
zurück·kehren (s) to return
* **zurück·reißen** to pull back
zurück·stellen to put back
* **zusammen·halten** to hold together
sich **zusammen·krampfen** to contract

zusammen·rechnen to add or total (things) up
zusammen·zählen to add or total (things) up
zu·schauen (+*dat.*) to watch
der **Zuschauer,** — person watching, *pl.:* audience
zu·schicken to send
zu·schnüren to tie
* **zu·sehen** to watch
(einem etwas) *zu·sprechen** to award (something to someone)
der **Zustand, ⸚e** situation; condition
* **zu·stoßen** (s) (+*dat.*) to befall, happen to
zu·trauen to credit (a person with something)
zuungunsten (+*gen.*) to the disadvantage of
die **Zuversicht** confidence
zuvor previously
zu·wackeln auf (+*acc.*) to totter toward
zu·wandern to keep on wandering
zuweilen occasionally
zwanzig twenty
der **Zweifel,** — doubt
zweifeln to doubt
zweit(ens) second(ly)
zwicken to pinch
der **Zwieback** melba toast, Zwieback
* **zwingen** to force, compel
zwinkern to wink, blink
zwischendurch between times
der **Zwischenfall, ⸚e** incident; disturbance
zwölf twelve

B 4
C 5
D 6
E 7
F 8
G 9
H 0
I 1
J 2
3